교육 방법론

저 자

이경화 한국교원대학교 교수
임천택 부산교육대학교 교수
한명숙 공주교육대학교 교수
서현석 전주교육대학교 교수
이창근 전주교육대학교 교수
전제응 제주대학교 교수
최규홍 진주교육대학교 교수
김상한 한국교원대학교 교수
최종윤 진주교육대학교 교수
이근영 제주대학교 교수
이경남 광주교육대학교 교수
박혜림 한국교원대학교 교수
백희정 공주교육대학교 교수

한국초등국어교육연구소 기획총서 11

미래를 여는 초등 국어과 교육 방법론

초판 인쇄 2024년 8월 19일
초판 발행 2024년 8월 26일

지은이 이경화 · 임천택 · 한명숙 · 서현석 · 이창근 · 전제응 · 최규홍
김상한 · 최종윤 · 이근영 · 이경남 · 박혜림 · 백희정
펴낸이 박찬익
편집 강지영
책임편집 권효진
펴낸곳 ㈜박이정 **| 주소** 경기도 하남시 조정대로45 미사센텀비즈 8층 F827호
전화 031) 792-1195 **| 팩스** 02) 928-4683
홈페이지 www.pijbook.com **| 이메일** pijbook@naver.com
등록 2014년 8월 22일 제2020-000029호
ISBN 979-11-5848-960-1 (93370)
책값 18,000원

한국초등국어교육연구소 기획총서 11

미래를 여는
초등 국어과 교육 방법론

이경화 · 임천택 · 한명숙 · 서현석
이창근 · 전제응 · 최규홍 · 김상한 · 최종윤
이근영 · 이경남 · 박혜림 · 백희정 지음

박이정

머리말

국어교육은 학생들의 사고력, 표현력, 의사소통 능력을 기르는 데 필수적인 역할을 합니다. 국어는 단순히 하나의 교과가 아니라, 모든 학습의 기초가 되는 중요한 도구입니다. 특히, 인공지능(AI) 시대에 접어들면서 국어교육의 중요성이 더욱 커지고 있습니다. 학생들은 디지털 기술과 AI를 활용하여 정보를 탐색하고 평가하며 창의적으로 활용할 수 있어야 합니다.

국어 수업은 의사소통 양식 및 매체 환경의 변화 양상을 반영하여 새롭게 바뀌어야 합니다. 이 책은 국어 수업의 혁신을 실현하기 위해 초등국어 교수 학습을 '이해', '실천', '확장'의 측면에서 살펴볼 수 있게 구성하였습니다. 1부는 초등국어 교수 학습 전반에 대한 조망을 할 수 있게 구성하였습니다. 세부 항목으로 초등국어과 교수 학습 현상과 지향, 좋은 국어 수업의 특징, 국어과 교수 학습 모형, 국어 교수 학습 설계, 국어 수업 재구성, 초등 국어 수업 관찰 및 수업 나눔, 국어과 수업 대화 등을 다루었습니다.

2부는 18개의 초등국어과 학습 주제에 대한 실천적 지침을 익힐 수 있게 구성하였습니다. 국어과 교육의 주요 영역을 듣기·말하기, 읽기, 쓰기, 문법, 문학, 매체로 나누고, 각 영역별로 핵심적인 학습 주제를 선정하였습니다. 구체적으로 듣기·말하기 지도에서는 '배려와 공감적 대화, 자신 있게 말하기, 토론하기'를, 읽기 지도에서는 '읽기 유창성, 문장 독해, 글 내용 독해, 독서 동기'를, 쓰기 지도에서는 '문장 쓰기, 장르별 글쓰기, 쓰기 윤리'를 중점적으로 다루었습니다. 또한 문법 지도에서는 '표준 발음, 어휘, 맞춤법'을, 문학 지도에서는 '그림책, 동시, 교육연극'을, 매체 지도에서는 '정보 검색 도구의 활용, 뉴스의 신뢰도 평가'를 중점적으로 다루었습니다.

3부는 초등국어과 교육의 확장된 주제 3개를 다루고 그에 대한 실천적 지침을 익힐 수 있게 하였습니다. 확장된 주제는 국어과의 특정 영역에 한정되지 않고 여러 영역 및 타 교과 학습에 도움이 되는 주제를 말하는 것으로, 여기서는 '한글 문해 지도, 국어과 부진 지도, 범교과 학습 지도'를 중점적으로 학습할 수 있게 하였습니다.

이 책의 특징은 독자가 2부와 3부, 총 21개의 학습 주제를 교재 순서대로 학습하지 않아도 되고 얼마든지 재배열하여 학습할 수 있다는 것입니다. 학습 주제를 영역별로 선정한 것은 중점 학습 내용을 영역별로 골고루 선정하기 위한 것으로, 실제 교재를 활용할 때는 관심 있는 주제를 중심으로 재배열하여 학습할 수 있습니다.

국어 수업을 잘하기 위해서는 이론적 지식(Theoretical knowledge)과 실천적 지식(Practice knowledge) 둘 다 필요합니다. 이론적 지식은 국어교육에 대한 내용 지식이나 방법에 대한 지식 등입니다. 그러나 이론적 지식의 습득만으로 실제 국어 수업을 잘할 수 있는 것은 아닙니다. 교사는 이론적 지식을 국어 수업에서 문제 상황에 대한 실천적 지식을 형성하고 이에 따라 판단하고 행동할 수 있어야 합니다. 실천적 지식은 대부분 교사가 현장 수업 실천 과정을 통해 형성하지만 예비교사들도 교사양성과정에서 이를 경험해 볼 기회를 가져야 합니다.

필자들은 전국 각지의 초등 교원 양성대학에서 국어교육을 가르치는 교수들로서 모두 초등교사의 경력을 갖고 있습니다. 이에 초등국어교육에 이론적 지식과 초등교사 경험에서 형성된 실천적 지식이 풍부합니다. 이를 기반으로 현장국어수업에서 예비교사들이 갖추어야 할 두 가지 지식을 형성하는 데 도움이 되는 학습 주제와 세부 내용을 구성하였습니다.

이 책은 장래에 초등학교 국어 교과를 가르칠 예비교사들이 국어 수업의 핵심적인 내용을 이해하고 현장 국어교육에 적용할 수 있는 소양을 기를 수 있도록 하는 데 주안점을 두었습니다. 또한 국어교육에 관심을 갖고 있는 유치원 교사, 초등교사, 중등교사, 특수 교사, 연구자, 학부모 등 모든 독자들에게 유용한 지침서가 될 것입니다. 끝으로 이 책의 출판을 위해 아낌없는 지원을 해주신 박이정 출판사의 박찬익 사장님과 세심한 편집을 해주신 권효진 편집장님과 편집부 선생님들께 깊은 감사를 드립니다.

2024년 8월 저자 일동

차례

제3부 초등 국어 교수 학습의 확장

제1부
초등 국어 교수 학습의 이해

제1장
초등 국어과 교수 학습 현상과 지향

1. 초등 국어과 교수 학습 현상

초등 국어과 수업은 초등교육과정의 편제에서 알 수 있듯이, 초등학교 현장에서 가장 큰 비중을 차지하는 막중한 활동이다. 국어 수업을 잘하기 위해서는 초등 국어과 교수 학습 현상을 이해할 필요가 있다. 초등 국어과 교수 학습 현상의 특성을 교수 학습의 역동성, 언어의 다층성, 독자성, 텍스트 매개성으로 정리해 보고자 한다.

가. 국어과 교수 학습의 역동성

국어과 수업은 국어 수업 시간에 교사와 학습자 사이에 일어나는 의도적인 활동이다. 일반적으로 국어 교수 학습은 국어 교재를 매개로 한 교사와 학습자 사이의 의사소통 과정으로 볼 수 있다. 그러나 교사와 학습자, 교과서의 물리적 실체가 있다고 해서 국어 교수 학습이 이루어지는 것이 아니라 다양한 변인의 유기적인 결합을 통한 교육적 실천이 이루어진다.

노명완 외(2012)에서는 국어과 교수 학습에 작용하는 변인으로 실체 요소, 과정 요소, 토대 요소의 세 가지를 들었다. 실체 요소는 국어 교수 학습 과정에 존재하는 물리적 실체로서 교사와 학습자, 교재를 말한다. 과정 요소는 목표, 내용, 활동, 평가의 교육과정 원리를 말한다. 그리고 토대 요소는 교수 학습의 토대가 되는 교실 환경 배경으로, 국어 학습 대상으로서의 국어 현상,

국어과 교수 학습에 참여하는 인적 요소들의 요구, 사회문화적 맥락 등이 포함된다. 국어 교수 학습은 교사와 학습자, 교과서의 실체 요소가 교육과정 원리의 과정 요소와 교실 환경의 토대 요소와의 유기적인 결합으로 존재하게 된다. 이러한 요인들은 고정되고 절대적으로 존재하는 실체가 아니라 수업 맥락에 따라 가변적이고 역동적이다. 교사는 국어 교수 학습의 역동성을 인식할 수 있어야 한다. 초등 국어과 교수 학습 요소를 제시하면 다음과 같다.

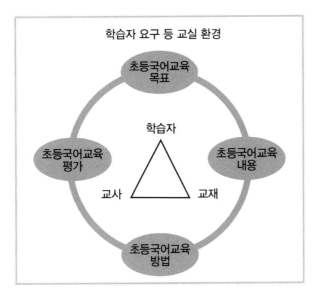

[그림 1] 초등 국어과 교수 학습 요소

나. 국어과 교수 학습 언어의 다층성

국어과 수업은 국어를 통해 국어 능력을 신장시키고자 한다는 점에서 다른 교과와 구별된다. 국어과 교수 학습 현상은 과학, 수학, 사회 등의 교수 학습 현상과 다르다. 과학, 수학, 사회 등 다른 교과 수업에서는 언어를 통해 해당 교과의 능력을 신장시키는 데 비하여, 국어 수업은 교육의 수단과 교육의 대상이 모두 언어와 관련 있다는 특징을 갖는다. 즉, 다른 교과 수업에서는 '교수 학습으로서 언어'가 사용되지만, 국어과 수업에서는 '교수 학습 수단으로서의 언어'와 '교수 학습 대상으로서의 언어'가 모두 사용된다.

국어과 수업은 다른 교과 수업과 달리 두 가지 층위의 언어를 모두 다룬다. 이러한 언어의 다층성 때문에 국어과 수업 설계가 다른 교과 수업 설계보다 더 어려울 수 있다. 국어과 수업은 교수 학습 대상인 국어를 언어(국어)를 수단으로 하여 가르치는 고도의 수업 전문성이 요구된다. 교사는 국어 수업 운영에 대한 언어 구사를 잘할 수 있으면서도 내용이 되는 국어를 잘 지도할 수 있어야 한다.

다. 국어과 교수 학습의 독자성

국어과 수업은 고유한 특성 즉 독자성이 있다. 국어과 수업의 독자성은 '국어'라는 특수성과 '교육'이라는 보편성의 유기적 결합으로 이루어진다(이경화, 최규홍, 2007). 교사는 국어과 수업의 특수성과 교육의 보편성에 대한 이해를 바탕으로 국어 수업의 독자성을 인식할 필요가 있다.

먼저, 국어과 수업의 특수성은 '국어' 활동과 관계가 깊다. 국어 활동은 국어의 표현 및 이해 활동으로, 수학적 문제 해결 활동이나 과학 탐구 및 관찰 학습 활동과 구별되는 국어 교과 고유의 활동이다. 예를 들어, 과정중심 읽기와 쓰기 활동, 낱자의 음가 파악, 낱말의 뜻 파악, 받아쓰기, 시 낭송과 시 창작, 중심 생각 찾기, 추론하며 읽기, 인물의 성격 파악, 이야기의 줄거리 간추리기 등을 말한다.

다음으로, 국어과 수업의 보편성은 '수업' 활동과 관계가 깊다. 수업 활동은 좋은 수업의 일반적인 특성을 말한다(김대식 외, 2021). 수업 활동은 여러 교과에서 좋은 수업의 항목으로 보편성을 가진 활동이다. 예를 들어, 명확한 학습 목표 설정, 효과적인 동기 부여, 수업 과정상의 명료한 구조화, 다양한 교수 학습 방법, 적절하고 충분한 연습과 적용, 개별화된 학습과 성장, 학습 분위기 조성 등을 말한다.

라. 국어과 교수 학습의 텍스트 매개성

국어과 수업은 텍스트를 중심으로 한 교사와 학생의 의미 있는 상호작용으로 이루어진다. 상호작용에는 수업의 목표를 공동으로 인식하는 것부터 수업의 구체적인 활동을 통해 교사와 학생, 학생과 학생이 서로의 생각과 반응을 확인하는 것까지 모두 해당된다. 국어과 수업에서 다양한 상호작용을 촉진하는 중요한 매개체가 바로 텍스트이다.

글, 담화, 아동문학 작품, 매체 자료 등 다양하고 풍부한 텍스트는 국어 교수 학습의 매개체로 교사와 학생의 언어활동에 관한 상호작용을 활발하게 불러일으킬 수 있도록 해 준다. 어떤 텍스트를 선택하느냐에 따라 국어 수업의 전개 양상이 달라질 수 있고, 교사와 학생의 상호작용이나 공감이 크게 달라질 수 있다. 따라서 교사는 국어 교수 학습의 매개체인 텍스트에 많은 관심을 갖고 텍스트의 특성을 잘 이해해야 한다.

2. 초등 국어과 교수 학습의 지향

초등 국어과 교수 학습의 특징은 목표가 강조된다거나 학습자를 좀 더 중심에 둔다거나 혹은 언어 수행 과정을 중심으로 하는 등 다양하게 변주될 수 있다. 이를 목표 중심, 학습자 중심, 과정 중심, 사회적 상호작용 중심의 수업이라고 명명하고 각각에 대해 좀 더 자세히 살펴보겠다.

가. 목표 중심의 교수 학습

교수 학습 활동을 목표 중심으로 운영해야 한다는 것은 지극히 당연한 일이다. 국어과 교수 학습에서 목표는 매 단원, 매 차시마다 제시되며 주별, 월별, 학기별 학년별 목표도 제시되는데, 이때의 목표는 교수 학습 활동의 구심점 역할을 하고 교수 학습의 방향을 결정하는 일을 한다. 만일 이때 교수 학습이 목표 중심으로 이뤄지지 않거나, 학습자들이 목표를 달성하지 못한다면 그 수업은 실패한 셈이 된다.

오늘날 국어과 교육의 궁극적 목표는 국어 사용 능력을 향상시키는 데 있다. 그리하여 국어과의 모든 교육 내용과 활동은 바로 이 목표를 이루기 위한 것으로 구성되어 있다. 아울러 교사도 국어과 교수 학습에서 처음부터 목표를 학습자에게 알려줌으로써, 학습자로 하여금 자신의 학습 활동이 어떤 목표를 이루기 위한 것인지 분명히 알 수 있도록 해야 한다. 그래야만 교수 학습 활동을 학습자가 주도적으로 할 수 있기 때문이다.

국어과 교수 학습 목표는 교과서를 중심으로 보면, 각 단원별로 그 서두에 단원 목표를 제시해 놓고, 이를 세분화한 목표를 각 차시별 목표로 구체화시켜서 결국 이 모든 세분화된 목표를 수렴하여 단원 목표를 이루게 하는 것으로 구조화되어 있다. 이처럼 국어과 교수 학습에서는 각 단원별로 구조화된 목표에 대한 이해가 필수적이다. 그리고 이런 이해를 바탕으로 각 차시별 목표를 인식하고 해석해야 한다.

국어과 교수 학습 목표의 특징으로는 국어 수업에서는 제재의 내용을 가르치는 것이 아니라 국어 사용 능력에 관련된 지식, 개념, 방법을 가르친다는 것을 들 수 있다. 예를 들어, '전기문(이황 제재)을 읽고, 인물의 가치관을 평가하여 봅시다'라는 차시 목표가 있다고 하자. 이 차시 수업은 학습자가 장르로서의 '전기문'의 특성을 아는 데 초점을 두어야 한다. 그리고 전기문을 읽고 인물의 가치관을 평가하는 능력을 갖추는 데 초점을 두어야 한다. 만약 이 차시 수업에서 이황의 생애 파악에만 초점을 둔다면 이는 국어 수업이 아니라 자칫 도덕 수업이나 사회 수업 등이 되기 쉽다. 이 국어 수업에서 사용되는 전기문이 반드시 사실 '이황' 제재가 아니어도 상관없다는 말이다. 국어 수업에서 사용되는 제재는 얼마든지 다른 제재로 대체될 수 있기 때문이다. 학습자가 '이황'이 아닌 다른 인물의 전기문을 읽고 전기문 장르의 특성을 이해하고 그 인물의 가치관을 평가할 수 있게 되었다면 이는 국어 목표에 제대로 도달한 것으로 볼 수 있다.

또 다른 예로 '설명문(김치 제재 등)을 읽고, 중요한 내용을 간추리는 방법을 알아봅시다'라는 목표를 살펴보자. 이 국어 수업의 목표는 '김치' 글에 제시된 김치의 역사, 김치의 종류, 김치의 효과 등에 대해 아는 것이 아니라 한 편의 설명문을 읽고 중요한 내용을 간추릴 수 있는 방법을 아는 데 있는 것이다. 이러한 국어 교수 학습 목표의 특성을 제대로 인식하지 못하고 제재 내용에 초점을 두면 국어 수업이 아닌 타 교과 수업이 되고 만다.

이와 같이 국어과 교수 학습은 국어 학습 목표에 대한 이해를 바탕으로 학습 내용을 구체적으로 찾아내고 내용에 따른 학습 방법을 선택해야 한다. 또한 학습의 내용을 학생들이 잘 학습할 수 있도록, 알맞은 교수 학습 모형과 구체적인 교수 학습 활동을 치밀하게 설계해야 할 것이다. 그리고 이를 실천에 옮겨서 교육 목표에 도달할 수 있도록 유념해야 할 것이다. 요컨대, 모든 국어과 교수 학습은 목표를 중심으로 구안해야 하고, 목표 도달을 위한 운영으로 일관해야 할 것이다.

나. 학습자 중심의 교수 학습

초등 교육이 지향하는 또 하나의 교수 학습 관점은 학습자를 중심으로 한다는 점이다. 초등 교육에서는 개별 학습자들의 인지적인 능력과 경험, 배경지식이 학습에 직접적인 영향을 준다. 또한 초등학생에게는 학습 내용이나 방법이 학생들의 경험 세계와 직결되지 않고서는 자발적인 학습이 일어날 수 없다. 따라서 초등 국어과 교육은 이러한 점을 고려하여 교수 학습하는 것이 필요하다. 특히 국어과는 그 가르쳐야 할 내용이 지닌 특성 때문에 학습자 중심의 교수 학습이 되지 않을 수 없다.

만일 국어과의 학습 내용이 기존의 학자들이 탐구하여 학문으로 체계화한 언어 지식이나 관습 뿐이라면 학습자의 역할은 수동적인 수용자의 입장에 머물 수밖에 없을 것이다. 그러나 국어과 교육은 그런 언어 지식이 아니라 그 지식을 구성하고 효과적으로 활용하는 방법과 전략을 가르치는 것이므로 학습자의 능동적인 활동과 주체적인 학습이 필요하다.

현재 국어과 교육과정의 주요 내용들은 모두 교사가 학생들에게 일방적으로 전달하는 것이 아니라, 학습자들이 자발적으로 익히고, 그 익힌 것을 직접 적용하여 문제를 해결하도록 구성되어 있다. 따라서 이런 학습 내용의 특성 때문에 학생들은 학습 활동의 주체가 될 수밖에 없다. 국어과 주요 교육 내용인 기능과 전략은 그 본질상 학습자가 주체적으로 익혀야 하는 것이고, 이를 주체적으로 활용할 때에만 획득될 수 있는 것이다.

그러므로 학습자는 우선 자신이 해결해야 할 문제가 무엇인지를 분명히 알고, 문제를 스스로 해결해 나가야 한다. 예를 들어, 한 편의 글을 읽고 이해한다는 것은 글 속에 주어진 의미를 수동적으로 받아들이기만 하는 것이 아니라, 자신이 가지고 있는 배경지식을 활용한 사고를 통하여 스스로 의미를 구성할 때 이뤄질 수 있는 목표이다. 생각을 글로 표현하는 활동도 마찬가지다. 학생들은 스스로 생각한 내용을 직접 구조화하여 표현한다. 이런 이해 활동과 표현 활동은 누가 대신해 줄 수 있는 활동이 아니라, 학습자가 주체가 될 때만이 가능하다.

이와 같이 학습자가 주체가 되는 학습자 중심의 교수 학습 활동은 학습자의 배경지식의 확장과 사고 능력의 신장 및 텍스트와 독자 간의 상호작용 방법의 정교화와 불가분의 관계에 있는 것이다. 따라서 국어과도 학습자 중심의 교수 학습을 지향할 때, 언어 이해와 표현이 효과적으로 이루어지게 된다.

국어과 교수 학습이 학습자 중심으로 이루어지기 위해서는 무엇보다 그 학습 과제가 학생들에게 유의미한 것이어야 한다. 학습 과제가 학습자들에게 유의미한 것이 되려면 교육 내용과 교육 자료가 학생들의 발달 수준에도 맞을 뿐 아니라, 배경지식이나 생활도 알맞아야 한다. 또한 교수 학습 방법도 학습자들을 활동에 적극적으로 끌어들일 수 있도록 동기 부여를 시킬 만한 것이어야 한다. 학습자에게 관심을 끌지 못하는 국어 교수 학습으로는 학습자 중심의 자발적인 학습을 기대하기 어렵기 때문이다.

다. 과정 중심의 교수 학습

국어를 통한 이해 활동과 표현 활동은 인지적 문제 해결 과정을 바탕으로 이루어진다. 말을 듣거나 글을 읽고 의미를 파악하는 활동은 물론이거니와, 생각을 말이나 글로 표현하는 활동 역시 국어 사용자의 머릿속에서 일련의 과정을 거쳐 이루어지기 마련이다. 이러한 과정을 간과하거나 무시하게 되면 국어 사용 활동은 효과적으로 일어날 수 없다. 국어과 교수 학습에서 특히 이런 과정과 관련하여 중요하게 여길 만한 두 가지 요소가 있다. 하나는 회귀적인 과정이고, 다른 하나는 모든 과정을 점검해내는 조정하기 과정이다. 이들 두 요소는 상호보완적으로 작용한다.

국어과의 이해 활동과 표현 활동에서 과정에 대한 인식은 인지적 사고의 탐구에서 비롯되었다. 능숙한 독자와 필자의 사고를 분석하여 보면, 이해 활동과 표현 활동은 문제 해결을 하는 일련의 사고 과정이며, 이 과정에서 적절한 전략들을 잘 사용한다는 특성을 보인다. 그러므로 국어과 수업에서도 학습자가 능숙한 필자와 독자가 되기 위한 훈련으로 일련의 과정에 따른 사고를 해야 하고, 이 사고를 하기 위한 훈련으로 사고 과정에서 부딪히는 문제를 해결해내는 전략을 학습해야 한다.

과정 중심의 교수 학습에서는 이해 활동과 표현 활동을 일련의 사고 과정으로 인식하고, 사고 과정에서 부딪히는 문제를 해결하기 위하여 사고 기능과 전략을 교육해야 한다고 본다. 그래서 이해와 표현 과정을 단계화하여 각 단계별로 사고 전략을 탐구하고 이 과정에서 추출해낸 전략은 교육 내용으로 삼는 것이다. 예컨대 쓰기 영역의 경우, 쓰기 과정을 계획하기(내용생성과 내용조직하기), 표현하기, 고쳐쓰기로 나누고, 각 단계에 필요한 전략들을 추출해낼 수 있다. 그리고 이 이들 전략이 쓰기 능력을 향상시키는 요체로 보고, 국어 교수 학습에서도 지도할 주된 주요 내용으로 삼는 것이다.

과정 중심 활동에서 강조되는 바, 조정하기는 본디 초인지적인 사고 작용의 하나로서, 인지적 문제 해결 과정을 회귀적으로 이루어지게 한다. 즉 문제 해결자의 사고 활동은 그 사고를 점검하고 확인하는 또 다른 사고 작용에 의하여 조절되는 것이다. 때문에 과정 중심의 학습 활동에서는 이 초인지의 역할을 매우 소중히 여긴다. 인지적 과정의 원활한 수행을 통하여 효과적으로 문제를 해결할 수 있다고 보기 때문이다.

라. 사회적 상호작용 중심의 교수 학습

사회적 상호작용은 다른 사람의 언어가 사고를 활성화한다는 생각에서 뿐 아니라, 의미 구성은 다른 사람과의 관계에서 이루어진다고 보는 관점에서 비롯한 것이다. 국어과 학습은 필연적으로 언어를 사용한 의미 구성과 의사소통을 기반으로 이루어지므로 사회적 상호작용은 필연적이라 할 수 있다.

사회적 상호작용은 학습자가 주로 동료나 교사와 대화를 나누는 데서 이뤄지는데, 바로 이를 통해서 학습자의 언어 사용 학습은 효과적으로 일어날 수 있다. 그와 더불어 학습자의 인지적 능력도 높일 수 있다고 보는데, 이는 이질적인 배경지식과 능력을 가진 학생들이 상호작용 과정에서 다양한 생각을 공유하게 되기 때문이다.

이런 상호작용의 중요성을 강조한 이는 러시아의 비고츠키이다. 그는 특히 능력이 우수한 이와의 상호작용을 강조하는데, 능력이 우수한 이는 비계(scaffolding, 디딤돌)를 마련해줌으로써 부족한 이의 능력을 효과적으로 높일 수 있기 때문에 소중하다는 것이다.

이처럼 사회적 상호작용 중심의 교수 학습에 대한 관심은 인지 발달에 대한 사회적 상호작용 역할에 대한 탐구에서 비롯되었다. 비고츠키는 사고의 발달은 언어를 매개로 이루어지며 언어는 사회적인 상호작용 속에 존재한다고 보았다. 그리하여 언어를 통한 사회적 상호작용으로 사고의 발달이 일어나며 사고가 활발하게 이루어질 수 있다고 본 것이다. 이러한 관점이 교수 학습 이론에 받아들여지면서 사회적인 상호작용을 강조하는 교수 학습이 이루어지게 되었고, 학습자 간의 대화를 강조하는 협동학습의 방법이 각광을 받기에 이른 것이다.

사회적 상호작용 중심의 교수 학습에서는 학습자의 인지적 조작을 돕기 위한 외적 도움을 강조한다. 학습자의 사고 활동은 다른 사람과 상호 작용을 하게 되면 현재 수준에서 할 수 있는 능력보다 더 높은 능력을 발휘할 수 있다고 본다. 이런 관점에서 현재의 사고 능력을 강화해 주는 외부의 조력자를 가정하게 되는데 그 조력자가 바로 우수한 동료 학습자이거나 교사이다. 다른 사람과의 언어를 통한 상호작용은 학습자의 이해와 표현 능력을 확장시켜 학습력을 높인다. 다른 사람의 도움은 학습자가 문제를 해결하게 하는 비계를 만들어 준다. 학습자는 타인의 도움을 받게 됨으로써 어려운 문제를 해결할 수 있게 되고, 이를 통해 언어 능력 또는 사고력의 향상이 이루어지게 된다.

제2장
좋은 국어 수업의 특징

1. 국어 수업 내용 측면

가. 수업 내용의 초점을 정확히 반영하는 수업

교사가 교육과정에 제시된 성취기준을 제대로 실행할 수 있도록 가르칠 내용을 수업에 정확히 반영하는 것은 좋은 국어 수업의 기본 조건이다. 대부분의 교사들이 교과서를 중심으로 수업을 운영한다는 점, 교과서는 교육과정에 제시된 성취 기준을 토대로 구성된다는 점을 고려하면, 사실상 교사가 가르칠 내용을 새롭게 마련하거나 내용 자체를 수정할 일은 많지 않다. 다만 교육과정이나 교과서에 반영된 성취 기준이나 학습 요소를 교사가 제대로 읽어내지 못하거나 수업 속에서 제대로 구현해 내지 못할 경우에 문제가 될 수 있다. 예를 들면 상황에 어울리는 인사말의 지도를 위해 교과서에 제시된 역할놀이를 활용할 때, 상황에 어울리는 인사말이라는 내용에 초점을 두기보다는 역할놀이라는 활동에 초점을 두는 경우가 그러하다. '경주 문화재 탐방'을 제재로 '기행문의 특성'을 지도할 때, '기행문의 특성'보다는 '경주 문화재'에 초점을 두는 경우도 마찬가지이다. 수업에서 교육과정에 제시된 내용 요소를 지도하기 위해 관련 활동이나 자료를 지도하는 것이 당연하지만 주객이 바뀌어서는 안 된다.

나. 수업 내용의 수준과 범위가 적절한 수업

수업 내용의 수준과 범위를 명확히 함으로써 학습자의 눈높이에 맞고 학습의 체계성이 확보된 수업을 운영하는 것은 좋은 국어 수업이 갖는 특징 중의 하나이다. 교육과정에 제시된 특정 성취기준은 교과서에서 둘 이상의 단원에 중복 제시되는 경우가 많으므로, 수업 내용의 수준과 범위를 결정할 때는 해당 성취기준이 반영된 단원을 모두 살핀 다음 학습 내용의 수준과 범위를 정해야 한다. 이를 제대로 살피지 못할 경우, 이전 단원에서 학습한 내용을 반복 학습하거나 이후 단원에서 학습해야 할 내용을 선행학습 하는 것이 된다. 이렇게 될 경우 학습자의 흥미나 학습 참여도를 떨어뜨리는 것은 물론이고 단원 간 위계나 연계성에도 문제가 생겨 정작 해당 단원에서 가르치고 배워야 할 학습 내용을 제대로 다루지 못할 가능성이 높다.

다. 실질적인 언어 수행 능력을 높여 주는 수업

좋은 국어 수업은 당장의 과제 해결이나 차시 목표 도달에 그치는 것이 아니라 실질적인 언어 수행 능력의 제고를 지향하는 수업이다. 이를테면 토의의 특성이나 절차를 아는 것에 그치지 않고 실제 토의를 수행함으로써 토의 능력을 높이는 것, 일상의 읽기에서처럼 글을 읽어가면서 질문하고 추론하고 요약하는 능력을 길러주는 것, 논설문 쓰기에 필요한 지식이나 원리를 아는 것에 그치지 않고 타당한 이유나 근거를 들어 설득력 있게 글을 잘 쓰는 것, 문학적인 개념이나 지식 자체보다는 그것을 활용해서 한 편의 시나 소설을 제대로 감상할 수 있도록 하는 것, 문법 지식 자체를 아는 것보다는 그것을 활용하는 것에 수업의 주안점을 두는 것이다. 이를 위해서 교사는 교과서에 제시된 활동 하나하나의 해결에 만족하기보다는 그것이 실질적으로 학생들의 언어 수행 능력에 어떤 의미를 갖는가를 성찰하고 이를 학생들의 실질적인 언어 수행 능력에 기여할 수 있는 방향으로 안내하고 지도할 수 있어야 한다.

라. 학습자의 사고력과 문제 해결력을 중시하는 수업

학습자는 해당 차시에 주어진 학습 문제나 학습 과제를 해결하는 것에 그치지 않고 해당 차시에서 학습한 사고 기능이나 전략을 확장된 언어사용 영역에서 주도적이고 창의적으로 활용할 수 있어야 한다. 따라서 이에 필요한 사고력과 문제 해결력을 충분히 경험시키고 길러주는 수업이 좋은 국어 수업이다. 수업에서 해당 차시의 학습 문제나 학습 과제 해결에만 매몰될 경우, 자칫하면 사고력이나 문제해결력과 같은 요소를 소홀히 다룰 수 있다. 하지만 학습자가 한 편의 설명문을 읽고 요약하는 학습을 한다고 가정했을 때, 해당 차시에 제시된 한 편의 설명문을 이해하고 요약하는 것만 중요한 것이 아니라, 학습 내용을 바탕으로 일상에서 유사한 수준의 그 어떤 설명문을 만나더라도 이해하고 요약할 수 있는 능력을 갖추도록 하는 것이 필요하다. 이를 위해서는 다양한 설명문을 이해하고 요약하는 데 필요한 사고력과 문제해결력이 바탕이 되어야 한다. 일부 수업을 보면 어떻게든 학생들이 시간 내에 문제를 쉽게 해결할 수 있도록 도와주는 것에만 집중하는 경우가 있는데, 지나친 개입이 오히려 학습자의 사고력이나 주도적 문제 해결력 향상에 방해가 될 수 있다. 그리고 교사가 학생들의 사고나 문제 해결을 돕기 위해 도움을 제공한다면, 그것이 도움으로만 그쳐서는 안 되고 학습자의 자기주도 학습에 비계로 작용할 수 있도록 해야 한다.

2. 국어 수업 방법 측면

가. 학습의 중요성을 학생들에게 충분히 인식시키는 수업

수업은 적절한 활동과 자료를 활용하여 주어진 시간 내에 기대하는 목표에 도달해야 하는 과업 지향적 행위이다. 그러다보니 해당 차시에 가르치고 배워야 할 내용의 필요성이나 중요성에 대하여 학습자와 공감대를 형성하는 일은 그다지 중요하지 않은 것으로 취급되는 경우가 많다. 그러나 교사가 해당 차시의 학습 내용에 대한 필요성이나 중요성을 안내하는 것은 수업에 참여하는 학습자의 내적 동기 유발에 기여할 뿐만 아니라 학습 내용과 일상 언어생활과의 관련성을 이해하고 실제 맥락에서의 적용을 탐구하고 실천하는 데 긍정적인 영향을 미칠 수 있다. 교사가 가르치는 것이기 때문에, 교과서에 제시되어 있기 때문에 일방적으로 받아들이고 배워야 하는 것이 아니라, 그것이 내 언어생활에 어떤 긍정적인 영향을 줄 수 있는가에 대하여 진지하게 검토하고 적극적으로 학습에 임할 수 있도록 해야 한다. 이를 위해서 교사는 사전에 학습의 필요성과 중요성에 대하여 학생들과 공감대를 형성할 수 있는 활동이나 자료를 준비하는 것이 좋다. 다만 동일한 내용을 반복적으로 다루는 단원이나 차시가 있을 경우 상황에 맞게 변형하거나 선택적으로 적용한다.

나. 문제 해결을 위해 명확한 안내와 비계를 제공하는 수업

학생들이 스스로 문제를 탐구하고 해결할 수 있도록 학습 동기와 사고를 자극하고 설명, 예시, 시범을 통하여 문제 해결에 필요한 비계를 제공하는 것은 국어과 교사의 기본 책무이다. 좋은 국어 수업은 교사가 이러한 책무를 효율적으로 잘 수행하는 수업이다. 흔히 국어 수업에서 개선점으로 지적되는 것 중의 하나는 교사가 교과서에 제시된 활동을 하라고만 했지 어떻게 할 것인가에 대해서는 지도가 충분하지 않다는 점이다. 예를 들면 '상황에 맞게 인사말을 할 수 있다.'가 학습 목표인 수업에서 '상황에 맞는 인사말'이 무엇인지, 그것이 갖는 가치는 무엇인지, 어떻게 하는 것이 상황에 맞게 인사말을 하는 것인지에 대해 학생들은 충분한 안내와 비계 제공을 필요로 한다. 읽기에서도 '인물의 성격을 짐작하며 글을 읽을 수 있다.'가 학습 목표인 수업에서 '인물의 성격을 짐작하며 읽는' 것에 대한 충분한 비계 제공이 없다면 학생들은 텍스트에만 집중한 '그냥 읽기'를 하게 될 것이다.

다. 수업 기법과 교사 화법의 구사가 뛰어난 수업

수업 상황에서 교사의 적절한 수업 기법과 발화는 교수 학습을 효율적으로 전개하고, 학습 내용에 대한 이해도를 높이며, 학생들의 적극적인 학습 참여를 유도하고, 좋은 수업 분위기를 조성하는 데 중요한 역할을 한다. 수업 기법에는 동기유발, 학습 문제 제시, 활동 안내, 설명과 시범, 발문, 발표에 대한 피드백, 질문에 대한 답변, 판서, 학습 과제 제시, 수업 진행이나 수업 관리 등이 있다. 초등 수준에서는 교사가 학습자의 언어사용 모델이 될 수 있다는 점에서 수업 중 교사 발화나 판서도 중요하다. 교사는 수업 국면에서 언어적·준언어적·비언어적 표현을 적절히 사용함으로써 모범적인 언어사용 모델로서 역할을 수행하면서 수업 내용에 대한 학생들의 관심을 집중시키고 교수 학습의 효율성을 높일 수 있어야 한다.

라. 수업 내용, 활동, 자료가 체계적으로 잘 조직된 수업

수업 내용, 수업 활동, 수업 자료와 도구가 학습 목표 도달에 기여하면서 짜임새 있게 잘 조직된 수업은 좋은 국어 수업의 특성 중 하나이다. 수업을 짜임새 있게 구성하는 방법 중의 하나는 교수 학습 모형을 적절하게 활용하는 것이다. 우선 제반 교수 학습 변인을 고려하여 알맞은 교수 학습 모형을 선택하는 것이 중요하다. 예를 들어 '글을 읽고 문단의 짜임을 알 수 있다.'가 학습 목표인 차시에 반응중심 학습 모형이나 창의성 계발 학습 모형을 적용한다면 수업이 체계적으로 구성되기 어렵다. 적절한 모형 선정이 이루어지고 나면 적용 모형의 단계와 교수 학습의 흐름을 고려하여 수업 내용, 활동, 자료를 유기적으로 연결하여 적절하게 배치해야 한다. 이 때 학습 요소는 물론이고 활동이나 자료의 난이도 등을 잘 고려하고, 특정 활동이나 자료의 유형을 반복 제시하거나, 특정 단계에 주요 활동이나 자료를 집중 제시하는 것을 지양하고, 수업의 전 단계에 골고루 분산 배치하는 것이 필요하다. 수업 설계가 짜임새 있게 이루어졌다면 이것을 실제 수업에서 잘 구현해 내는 것도 중요하다. 해당 교수 학습 모형의 장점이 잘 드러나도록 하고, 각 단계와 활동 간의 연결이 자연스럽게 이루어질 수 있도록 발문이나 반응 처리를 적절하게 구사할 수 있어야 한다.

마. 교수 학습의 주도권을 학습자에게 많이 부여하는 수업

교사와 교과서 중심의 수업에서는 학습자가 학습 과제나 학습 방법을 선택할 기회를 제대로 갖지 못한 채, 교사가 지시하는 대로, 교과서에서 제시한 대로 절차를 수행하고 답을 구하는 수동적인 역할에 머무는 경우가 많다. 그러다보니 학생들은 정작 일상의 언어생활에서 학교에서 배운 것을 적용하거나 실천하는 데 많은 어려움을 겪는 것이 사실이다. 따라서 국어 수업에서는 학생들 각자가 스스로 문제를 해결할 수 있도록 지도하는 것이 중요하다. 학습 초기에는 교사가 좀 더 많이 도와주되 점차 교사의 역할을 줄이면서 학생들이 학습을 주도적으로 수행할 수 있도록 하고, 중간 중간에 자신의 학습 활동을 점검하고 반성하는 기회를 자주 갖게 해야 한다. 학습자가 주도적으로 학습을 전개해 나간다고 해서 교사의 역할이 줄어들거나 교사의 전문성이 덜 필요하다고 생각해서는 곤란하다. 학습자 특성을 고려하여 학습 방법을 안내하고 맞춤형 도움을 제공해야 하는데 이는 교사의 전문성이 뒷받침되어야 하는 부분이다.

바. 학생 상호 간, 교사와 학생 간 상호작용이 잘 이루어지는 수업

수업에서 상호작용은 주로 교사 학생 간 상호작용이나 학생 간 상호 작용으로 나타난다. 교사 학생 간 상호작용으로는 교사의 발문과 이에 대한 학생 답변, 교사의 순회지도, 학생 질문에 대한 교사의 답변, 학생 답변에 대한 반응 처리 등이 있고, 학생 간 상호작용에는 짝 활동, 모둠 활동, 전체 활동 등이 있다. 최근 국어 수업은 교사의 일방적인 안내와 설명보다는 다양한 방식의 상호작용을 지향하고 있는데, 이는 빈번한 상호작용을 바탕으로 사고를 자극하고 비계를 제공하면서 문제 해결을 지향하는 것이다. 그러나 상호작용을 하는 것 자체가 수업의 효율성을 높여 주거나 좋은 국어 수업을 보장하는 것은 아니다. 예를 들면 순회 지도를 하는 교사가 학생의 어려움을 제대로 진단하지 못한 채 부정확한 피드백 대화를 나누거나 학생 답변에 대하여 교사가 타당한 평가나 적절한 반응 처리를 하지 못한다면 상호작용이 긍정적인 영향을 미친다고 보기 어렵다. 마찬가지로 모둠 토의가 단순히 각자의 의견을 발표하는 것에 머문다면 이 역시 바람직한 상호작용으로 보기 어렵다. 따라서 교사는 상호작용이 이루어지는 것 자체에 의미를 부여하기보다는 긍정적인 효과를 기대할 수 있는 상호작용에 초점을 두고 수업을 운영해야 한다.

사. 학생들의 발달 수준과 흥미를 고려하는 수업

수업에서 내용, 활동, 자료가 학생들의 눈높이에 맞아야 한다는 것은 상식이며, 이를 잘 고려한 수업이라면 좋은 국어 수업이라고 할 수 있다. 학생들의 발달 수준과 흥미를 고려하는 방법 중의 하나는 사전에 간단한 실태 조사를 하는 것인데, 자기 평가가 익숙하지 않은 학생들의 경우에는 교사가 과제를 제시하여 그 수행 결과를 분석하는 것이 보다 타당하고 객관적인 정보를 얻는 방법이 될 수 있다. 수업 내용, 활동, 수업 자료는 교과서에 제시된 것을 기본으로 하되, 교과서가 수업에 필요한 모든 것들을 제공할 수 없으므로 학생들의 실태를 고려하여 교재의 재구성이나 새로운 활동 및 자료의 개발도 필요하다. 학교에서 학습한 내용이 일상의 언어생활에서 실천되고 일상의 언어생활이 수업에 자연스럽게 반영되는 선순환의 과정이 되려면 수업 활동이나 자료는 최대한 학습자의 실제 삶과 밀접한 관련이 있는 것이어야 한다. 아울러 최근의 학습 환경이나 언어사용 환경을 고려하여 다양한 디지털 매체를 적절하게 활용하거나, 학생들이 각자의 수준이나 흥미에 따라 활동이나 자료를 선택하여 수행할 수 있도록 다양한 선택지를 제시하는 것도 좋은 방법이다.

아. 언어 사용의 과정을 중시하는 수업

좋은 국어 수업은 언어 사용의 결과 자체보다는 '결과에 이르기까지의 과정'을 강조한다(이재승, 2005: 19). 예를 들어, 글쓰기 지도에서 한 편의 완성된 글 자체보다는 그 글을 완성하기까지의 과정을 강조하여 내용을 생성하고 조직, 표현, 교정하는 일련의 과정을 강조해야 한다. 각 과정에서 학생들이 필요로 하는 기능이나 전략을 가르쳐 주어야 한다. 읽기의 경우에도 마찬가지이다. 읽기 전에 목표를 설정하고, 배경 지식을 활성화하고, 예측을 하는 것을 강조해야 한다. 과정을 강조했을 때, 학생들이 배워야 할 것이 분명해지고, 교사는 각 과정에서 학생들이 배워야 할 것을 가르쳐 줄 수 있다. 실제로 현행 국어과 교육과정이나 교과서에서는 글을 읽고 쓰는 과정을 강조하고 있다. 그런데 읽기나 쓰기 수업에서 일련의 과정을 강조할 때 몇 가지 주의해야 할 점이 있다. 단계를 너무 엄격히 나누어서는 안 된다는 점, 회귀성을 고려하지 않고 무조건 단계별로 나아가는 것은 지양해야 한다는 점, 각 과정에서 학생들의 언어 사용 행위를 자주 단절시켜서는 안 된다는 점, 그냥 과정만 거칠 것이 아니라 그 과정을 거치는 동안 학습이 이루어져야 한다는 점 등이다.

자. 통합적인 활동을 유도하는 수업

최근 국어 수업에서는 교과 내(영역 간) 또는 교과 간 통합 교육을 강조하고 있다. 하지만 통합적으로 가르치더라도 특정 영역이나 기능에 너무 치중하지 않도록 해야 한다. 예를 들어, 말하기와 듣기를 통합적으로 지도한다고 하면서 실제로는 말하기에 집중하여 듣기를 소홀히 다루거나, 읽기나 쓰기를 통합적으로 지도한다고 하면서 실제로는 읽기에 집중하여 쓰기를 소홀히 다루는 것을 경계해야 한다. 국어 교과는 도구 교과의 특성으로 타 교과와 통합 수업이 용이하다. 예를 들면 사회 수업의 '고장 소개하기'에서 국어 교과와 통합적인 활동을 구성할 수 있다. 자기 고장에 대한 정보를 조사하고, 관련 민담, 전설, 신화 이야기 등을 읽고 소개하는 글쓰기를 하거나 발표하는 활동을 하면서 교과 간 통합과 교과 내(영역 간) 통합 교육을 구성할 수 있다.

차. 수업 중 평가를 잘 활용하고 반영하는 수업

평가라고 하면 학생들의 학업 성취도를 판별하여 서열화하는 것만을 생각하기 쉽다. 좋은 국어 수업이 되기 위해서는 끊임없이 학생들의 성취 정도나 발달 과정을 점검하고 그것을 수업에 반영할 수 있어야 한다. 수업이 곧 평가이고 평가가 곧 수업이라고 할 수 있다. 평가라고 해서 기존의 형식적인 지필 검사 방식만 생각할 필요는 없다. 수업 시간에 하는 질문이나 관찰 등도 좋은 평가 도구이고, 평가 시기 또한 특정할 것이 아니라 다양한 상황에서 이루어질 수 있다. 그리고 평가의 결과를 체계적으로 수집, 보관, 분석, 활용하는 것도 중요한데, 특히 평가의 결과가 교사나 학생, 학부모 모두에게 의미 있는 자료로 활용될 수 있도록 해야 한다.

제3장
국어과 교수 학습 모형

1. 국어과 교수 학습 모형의 개념

  교수 학습 모형은 교수 학습 절차, 전략, 활동, 기법 등을 단순화하여 나타낸 틀이다. 건물의 설계도를 보면 건물의 얼개를 알 수 있듯이, 교수 학습 모형을 보면 교수 학습의 구조를 알 수 있다. 교사는 교수 학습 모형을 활용하여 수업을 짜임새 있고 효율적으로 운영함으로써 교수 학습의 효율성을 높일 수 있다. 따라서 교사는 교수 학습 내용, 학습자의 수준, 자신의 교수 능력, 교수 학습 환경 등의 변인을 고려하여 최적의 모형을 선택하고 수업에 적용할 수 있어야 한다. 국어과 교수 학습 모형을 활용함에 있어서 공통적으로 고려할 점이 몇 가지 있다.

  첫째, 각 교수학습 모형의 특성, 절차, 활용에 대한 충분한 이해와 장단점에 대한 고려가 필요하다. 각 모형은 교수 학습 변인에 따라 장단점을 갖고 있으므로 어떤 모형을 선택하든 해당 모형의 장점은 극대화하고 단점은 최소화하는 방향으로 모형이 적용되어야 한다. 예를 들어 학습 내용의 난이도가 높고 학습자 수준이 낮을 경우에는 직접 교수법과 같은 교사 중심의 모형이 유리하지만, 학습 내용의 난이도가 높고 학습자 수준도 높을 경우에는 교사 중심 모형이든 학습자 중심 모형이든 모형 선택에 따라 교사의 개입 정도를 적절하게 조절할 수 있어야 한다.

  둘째, 각 모형에 제시된 절차는 필요에 따라 재구성될 수 있다. 예를 들어 수업 흐름 상 단계를 분리하여 지도하는 것이 여의치 않거나 비효율적인 경우 두 단계를 하나로 통합할 수도 있고, 필요할 경우 새로운 단계를 추가할 수도 있다. 다만 모형을 재구성하여 활용할 때는 해당 모형의 본질이 훼손되지 않도록 한다. 해당 모형의 본질에 벗어날 정도로 재구성이 필요하다면 다른 적합한 모형을 찾는 것이 바람직하다.

셋째, 교수 학습 모형의 적용 단위는 한 차시(40분)가 기준이 아니라 하나의 학습 문제가 기준이 된다. 예를 들어 특정 학습 문제가 한 차시로 제시된다면 당연히 모형의 적용 단위는 40분이 되겠지만, 특정 학습 문제가 두세 차시 연속으로 제시된다면 모형의 적용 단위는 두세 차시(80분~120분)가 된다. 물론 연속 차시라고 하더라도 상황에 따라 차시별로 학습 문제를 세분화하여 운영한다면 각 차시별로 적용 모형을 달리할 수 있다.

넷째, 수업 운영 시 각 교수 학습 모형의 특성이 잘 드러나야 한다. 교수 학습 과정 안에 적용된 모형의 특성이 실제 수업 시에는 제대로 드러나지 않는 경우가 많다. 교수 학습 모형을 적용하는 궁극적인 목적은 교수 학습 과정 안 자체를 짜임새 있게 구성하기 위한 것이 아니라 실제 교수 학습의 효율성을 높이기 위한 것임을 잊지 말아야 한다.

여기에서는 국어과 수업에 활용할 만한 모형으로 교사용 지도서 부록에 제시된 직접 교수 모형, 문제 해결 학습 모형, 창의성 계발 학습 모형, 지식 탐구 학습 모형, 반응 중심 학습 모형, 역할 수행 학습 모형, 가치 탐구 학습 모형, 토의·토론 학습 모형을 소개하겠다. 교수 학습 모형별로 특징, 절차, 활용 방법 및 활용 예시를 제시하였다.

2. 국어과 교수 학습 모형 예시

가. 직접 교수 모형

(1) 특징

직접 교수 모형은 언어 수행에 필요한 특정 학습 내용이나 과제 해결을 명시적이고 단계적으로 지도하는 데 초점을 두는 교사 중심의 교수 모형이다. 이 교수 모형은 전체를 세부 요소나 과정으로 나눈 뒤, 이를 순서대로 익히면 전체에 도달할 수 있다는 가정에 기초하고 있다. 학습 내용을 세분화하여 구체적이고 명시적으로 지도하므로 학습 목표 도달에 유리한 교수 모형이다. 그리고 학습 목표 도달에 불필요한 과정이나 활동을 최대한 배제함으로써 교수학습의 효율성을 높일 수 있다.

(2) 절차

단계	주요 활동
설명하기	• 동기 유발 • 학습 문제 제시 • 학습의 필요성 또는 중요성 안내 • 학습의 방법 또는 절차 안내
시범보이기	• 적용 사례 또는 예시 제시 • 방법 또는 절차 시범
질문하기	• 세부 단계별 질문하기 • 학습 내용 및 방법 재확인
활동하기	• 적용 • 반복 연습

설명하기는 학습하기 전에 동기를 유발하고 학습 내용을 소개하고, 그것을 왜 학습해야 하는지 그 필요성과 중요성을 인지하고, 어떤 절차나 방법으로 그것을 습득할 수 있는지 세분화하여 안내하는 단계이다. 시범보이기 단계는 학습 내용 적용의 실제 예시를 보여주고, 그것이 습득 방법이나 절차를 세부 단계별로 나누어 직접 시범을 보이거나 매체를 활용하여 시범을 보이는 단계이다. 질문하기는 앞서 설명하고 시범 보인 내용을 잘 이해했는지 확인하고자 주어진 학습 과제를 해결하는 데 필요한 지식, 전략, 과정 등을 세부 단계별로 질문하고 대답하는 단계이다. 활동하기는 목표를 달성하고자 이미 학습한 지식 및 전략을 사용하여 일정한 절차에 따라 언어활동을 실행하거나 과제를 해결하는 단계이다.

(3) 활용

직접 교수 모형은 과정이나 절차를 세분화할 수 있고 구체적인 시범이 가능한 학습 과제나 개별 기능 요소를 가르치는 데 적합하다. 따라서 교사가 구체적으로 시범보일 수 있는 문제 해결 과정이나 언어 사용 기능 영역은 물론, 문법나 문학 영역의 개념이나 원리 학습에도 적용할 수 있다. 학습자의 수준에 비추어 학습 내용이 새롭거나 어려운 경우 또는 자기 주도적 학습 능력이 부족한 경우에 적용하는 것이 바람직하다. 교과서의 단원이 '준비 학습→소단원 학습→실천 학습'의 흐름으로 구성된다고 볼 때, 직접 교수 모형은 소단원 학습 차시에 많이 활용할 수 있다.

직접 교수 모형을 적용할 때 교사는 학습자가 문제 해결 과정을 충분히 이해할 수 있도록 해야 한다. 이를 위해서는 가르칠 내용이나 과정을 세분화하고, 구체적이고 명시적인 설명과 시범을 보여줄 수 있어야 하며, 단계별로 학습할 내용을 알리고 학습 방향을 이끌 수 있어야 한다. 가시적으로 드러나지 않는 과정을 설명하고 시범 보일 때는 생각구술법(사고구술법, think-aloud) 등을 활용해 볼 만하다. 직접 교수 모형은 자칫하면 교사 중심으로 수업이 흘러갈 수 있으므로, 설명하기와 시범보이기 단계에서 학생들의 참여를 최대한 확대하고, 교사 유도 활동과 학생 주도 활동에서는 단순 모방에 그치지 않도록 확장된 사고와 활동을 적극 권장한다.

〈표 1〉 직접 교수 모형을 적용한 국어과 교수 학습 과정안

(2015 개정 국어과 교육과정, 5-2학기 7단원)

단계(시간)	학습내용	교수 학습 활동	자료(▶) 및 유의점(※)
설명하기 (20분)	동기 유발	■말놀이하기 ○'과일 가게에 가면' 말놀이하기 • 선생님과 함께 '과일 가게에 가면' 말놀이를 해 봅시다. • 낱말 의미 지도를 친구들에게 보여 주고 서로 비교해 봅시다.	
	학습 목표 확인하기	■학습 목표 확인하기 <div align="center">글의 구조에 따라 요약할 수 있다.</div>	
	학습 순서 안내하기	■학습 순서 알기 ○이 차시의 학습 순서 알아보기 • 글을 읽고 내용 파악하기 • 글의 구조 파악하기 • 글의 구조에 따라 요약하기	
	학습의 필요성 안내하기	■학습의 필요성 알기 ○요약하기의 개념과 글의 구조 파악하기의 필요성 알기 • 요약하기란 '글에 있는 중요한 생각을 간략하게 간추리는 활동'을 말합니다. 글을 잘 요약하려면 글에서 중요한 내용을 찾은 뒤에 자신의 언어로 다시 정리하고 종합해야 합니다. 이때 글의 구조를 파악하면 글 전체의 내용을 보다 더	※지난 차시에서 공부한 요약하기의 기본 개념을 다시 한 번 간략하게 학생들에게 알려 준다.

설명하기	글 읽기	잘 이해할 수 있고, 중요한 내용이 드러나도록 요약하기 쉽습니다. ■글을 읽고 내용 파악하기 ○「한지돌이」 읽기 　•각 문단의 중심 내용을 생각하며 「한지돌이」를 읽어 봅시다. ○글을 읽고 내용 파악하기 　•이 글은 무엇을 설명하고 있나요? 　•한지를 만드는 첫 번째 과정은 무엇인가요? 　•한지를 만드는 두 번째 과정은 무엇인가요? 　•한지를 만드는 세 번째 과정은 무엇인가요? 　•한지를 만드는 네 번째 과정은 무엇인가요? 　•한지를 만드는 다섯 번째 과정은 무엇인가요? 　•한지를 만드는 마지막 과정은 무엇인가요?	※학생들이 글의 구조인 '순서 구조'를 짐작할 수 있도록 한지를 만드는 과정을 물어본다.
시범 보이기 (20분)	글을 요약하는 방법 알기	■글의 구조에 따라 요약하는 방법 알기 ○글의 구조 파악하기 　•「한지돌이」에서는 설명하려는 내용을 어떤 방법으로 소개하고 있나요? (한지를 만드는 과정을 순서대로 설명하고 있습니다.) 〈교사 시범 예시〉 　이 글의 앞부분에는 먼저, 그러고는, 이제, 그런 다음, 마지막으로 등의 시간 순서를 나타내는 말이 있습니다. 설명하려는 내용을 시간 순서대로 설명하고 있으므로, '순서 구조'라는 것을 알 수 있습니다. 또 이 글의 뒷부분에는 한지의 쓰임새를 쭉 나열해 설명하고 있으므로 '나열 구조'라는 것을 알 수 있습니다. ○글의 구조에 따라 요약하기 　•선생님의 시범을 살펴보며 글의 구조에 따라 요약하는 방법을 알아봅시다. 〈교사 시범 예시〉 　다음은 도서관에서 책 빌리는 과정을 나타낸 글입니다. 　도서관에는 많은 책이 있다. 도서관의 책은 일정한 과정을 거치면 빌릴 수 있는데 도서관에서 책을 빌리는 과정은 다음과 같다. 먼저 읽을 책을 선정한다. 도서관에는 많은 책이 있으므로 그 가운데에서 어떤 책을 읽을지 먼저 결정해야 한다. 그러고는 도서관에서 빌릴 책을 찾는다. 십진분류법을 활용하면 빌릴 책을 쉽게 찾을 수 있다. 그런 다음 사서 선생님께 빌릴 책을 제출한다. 마지막으로 사서 선생님께서 대출 확인을 해 주시면 책을 빌려갈 수 있다.	

시범보이기		이 글은 도서관에서 책 빌리는 과정을 '먼저', '그러고는' 따위의 시간 순서를 나타내는 말로 설명하고 있으므로 '순서 구조'입니다. 순서 구조 틀로 책을 빌리는 과정을 파악할 수 있습니다. (칠판에 직접 순서 구조 틀을 그리며 시범을 보인다.)	

읽을 책 고르기	→	십진분류법을 활용해 빌릴 책찾기	→	사서 선생님께 빌릴 책 제출하기	→	대출 확인 후 책 빌려 가기

순서 구조 틀을 바탕으로 하여 다음과 같이 요약할 수 있습니다.

> 도서관에서 책을 빌리는 과정은 다음과 같다. 먼저 읽을 책을 고른다. 그러고는 십진분류법을 활용해 빌릴 책을 찾는다. 그런 다음 사서 선생님께 빌릴 책을 제출한다. 마지막으로 대출 확인 후 책을 빌려간다.

〈교사 시범 예시〉
다음은 종이의 쓰임새를 나타낸 글입니다.

> 종이는 우리 생활 곳곳에서 활용되고 있을 만큼 쓰임새가 많다. 종이는 학교에서 학생들이 수학 문제를 풀 때 연습장으로 사용할 수 있다. 그리고 미술 시간에 그림 그리기 재료로도 사용할 수 있다. 또 점심시간에 친구와 놀려고 종이비행기를 만들 때 재료로도 사용할 수 있다.

이 글은 종이의 쓰임새를 나열하고 있으므로 '나열 구조'입니다. 나열 구조 틀로 종이의 쓰임새를 파악해 봅시다. (칠판에 직접 나열 구조 틀을 그리며 시범을 보인다.)

나열 구조 틀을 바탕으로 하여 다음과 같이 요약할 수 있습니다.

> 종이는 쓰임새가 많다. 수학 문제를 풀 때 연습장으로 사용할 수 있다. 그리고 그림을 그릴 수도 있다. 또 종이비행기를 만들 수도 있다.

질문하기 (5분)	방법 질문하기	■글의 구조에 따라 요약하는 방법 확인하기 ○글의 구조에 따라 요약하는 방법 묻고 답하기 • 글의 구조에 따라 요약하기는 어떤 차례로 하나요? (글을 읽고 구조를 파악한 뒤에 중심 내용을 간추립니다. / 글의	※문단의 중심 내용을 그대로 옮겨 쓰는 것이 아니라 자신이 글을 읽으

활동하기 (35분)	글의 구조에 따라 내용 정리하기	구조에 적당한 틀을 골라 각 문장의 중심 내용을 정리한 뒤 에 그 내용을 간결하게 다듬고 정리합니다.) • 짝과 묻고 답하면서 서로 글의 내용을 설명해 봅시다. • 더 궁금한 점이 있으면 추가로 묻고 답해 봅시다.	면서 이해한 말로 다듬고 정리해야 함을 다시 한 번 알려준다.
		■글의 구조에 따라 요약하기 ○시간의 순서대로 내용 요약하기 • 265쪽은 어떤 방법으로 내용을 소개했나요?(시간의 순서 대로 소개했습니다.) • 265쪽을 요약하기에 적당한 틀을 그려봅시다. • 자신이 만든 틀에 내용을 요약해봅시다.	

한지가 만들어지는 과정

1. 닥나무를 푹 찌고, 겉껍질을 긁어내어 속껍질만 모은다.

↓

2. 속껍질을 더 보드랍고 하얗게 만든다.

↓

3. 속껍질을 나무판 위에 올려놓고 찧는다.

↓

4. 풀어진 속껍질을 물에 넣어 젓고, 거기에 닥풀을 넣어 다시 젓는다.

↓

5. 엉겨 붙은 속껍질을 물에서 떠내 한 장씩 쌓고 돌로 눌러둔다.

↓

6. 눌러둔 한지를 한 장씩 떼어서 말린다.

○나열 방식으로 내용 요약하기
• 266~267쪽은 어떤 방법으로 내용을 소개하고 있나요? (주제에 대한 특징을 나열하는 방법으로 소개하고 있습니다.)
• 266~267쪽을 요약하기에 적당한 틀을 그려 봅시다.
• 자신이 만든 틀에 내용을 요약해 봅시다.

한지의 쓰임새
- 방 안 온도 및 습도 조절
- 생활용품(안경집, 갓집, 버선본, 붓통, 표주박, 찻상, 부채, 탈 등) 재료
- 놀이용품(연, 제기, 고깔 장식 등) 재료

○글의 내용 요약하기
• 설명하려는 내용을 어떤 방법으로 소개하고 있는지 생각하며 「한지돌이」의 내용을 요약해 봅시다.

| 활동하기 | | 　사람들은 좀 더 쓰기 쉽고 그리기 편한 것, 옮기기 쉽고 간직하기 좋은 것을 찾아 종이를 발명했다. 종이 가운데에서 으뜸은 한지이다. 한지를 만드는 과정은 먼저, 닥나무를 베어다 쪄서 겉껍질을 긁어내어 보드라운 속껍질만 모은다. 속껍질을 삶고 씻어서 나무판위에 올려놓고 찧는다. 그리고 풀어진 속껍질을 물에 넣어 젓고, 거기에 닥풀을 넣어 다시 젓는다. 엉겨 붙은 속껍질을 물에서 떠내 한 장씩 쌓아 누른 다음, 그것을 한 장씩 떼어서 판판하게 말리면 한지가 완성된다. 한지는 쓰임새도 많다. 방안 온도와 습도를 조절하는데 사용하고 안경집, 갓집, 버선본, 붓통, 표주박, 찻상, 부채, 탈 등의 생활용품이나 연, 제기, 고깔장식 등의 놀이용품을 만들 때도 사용한다. | |
| 학습 내용 정리하기 | | ■학습 내용 정리하기
○이 차시의 학습 내용 정리하기
• 글의 구조에 따라 요약하는 방법을 정리해 봅시다. (글의 구조를 파악하며 읽는다. / 문단의 중심 내용을 간추린다. / 글의 구조에 알맞은 틀을 그려 내용을 정리한다. / 정리한 내용은 중요한 내용이 잘 드러나도록 간결한 문장으로 쓴다.) | |

나. 문제 해결 학습 모형

(1) 특징

　문제 해결 학습 모형은 학습자 주도의 문제 해결 과정을 강조하는 학습자 중심의 학습 모형으로, 타 교과에서도 많이 활용한다. 하지만 국어과에서의 문제 해결 학습은 엄격한 가설 검증과 일반화에 따른 결과에 초점을 두기보다는 그 결과에 도달하기까지의 과정에 초점을 둔다. 즉 교사나 친구들과 함께 해결해야 할 문제를 확인하고, 문제 해결 방법을 찾아 문제를 해결하며, 이를 일반화하는 활동을 강조하는 것이다. 이 모형은 최대한 학습자 스스로 문제 해결 방법을 찾아 문제를 해결하도록 유도함으로써 자발적인 학습 참여를 유도하고 학습자의 자발적인 학습 참여를 유도하고 탐구력을 기르는 데 유리하다. 학습자는 문제 해결 과정에서 지식이나 개념을 단순 수용하는 것이 아니라, 나름대로 재구성할 수 있는 기회를 가짐으로써 학습에 대한 책임감도 느끼게 된다.

(2) 절차

단계	주요 활동	
문제 확인하기	• 동기 유발 • 학습의 필요성 또는 중요성 확인	• 학습 문제 확인
문제 해결 방법 찾기	• 문제 해결 방법 탐색	• 학습 계획 및 절차 확인
문제 해결하기	• 문제 해결 활동	• 문제 해결
일반화하기	• 적용 및 연습	• 점검 및 정착

문제 확인하기는 해결해야 할 문제와 관련되는 상황을 파악하고, 그 가운데에서 해결해야 할 문제를 추출하거나 확인하는 단계이다. 문제 해결 방법 찾기는 학습 문제 해결을 위한 방법을 탐구하고, 이를 바탕으로 학습 절차를 계획하거나 확인하는 단계이다. 문제 해결하기는 탐구한 문제 해결 방법을 바탕으로 문제를 해결하고, 이로써 새로운 원리를 터득하거나 기존의 원리를 재구성하는 단계이다. 일반화하기는 터득한 원리를 다른 상황에 적용하고 연습함으로써 학습 내용을 점검하고 정착하는 단계이다.

(3) 활용

문제 해결 학습 모형은 모든 국어과 수업 차시가 해결해야 할 문제(학습 문제)를 포함한다는 점에서 그 적용 범위가 넓다. 다만 이 모형은 문제 해결 과정을 중시하고 학습자의 탐구 능력을 강조한다는 점, 다소 시간이 걸릴 수 있다는 점에 유의하여 적절한 적용 상황을 선택해야 한다. 따라서 이 모형은 이미 학습한 내용을 실제 상황에 적용하는 경우, 학습자의 수준에 비하여 학습 내용이나 절차가 쉽고 간결한 경우, 기본 학습 훈련이 잘 되어 있는 학습자의 경우에 적용하는 것이 더 바람직하다.

문제 해결 학습 모형을 적용할 때 교사는 학습자에게 문제를 명확히 인식시키고, 학습자가 스스로 문제 해결 방법을 탐구하고 문제를 해결할 수 있도록 해야 한다. 이를 위해서는 문제 해결 방법 찾기와 문제 해결하기 단계에서 교사의 직접적인 개입을 최대한 줄이고 학습자들의 자발적인 탐구 활동을 최대한 강조한다. 이는 학습자에게 해 보라고만 하는 방관자로서의 교사를 의미하는 것이 아니라, 학습자의 사고를 자극하고 탐구를 지원하는 적극적인 중재자로서의 교사를 의미한다. 학습자의 학습 능력이 부족하거나 시간이 충분하지 못할 경우에는 처음부터 일련의 문제 해결 과정을 거치게 하기보다 한두 과정(단계)에서 학습자 주도의 활동을 강조하는 것이 효과적이다. 개별적으로 문제 해결이 어려울 경우에는 모둠별로 문제 해결 방법을 찾고 문제를 해결할 수 있도록 지도한다.

〈표 2〉 문제 해결 학습 모형을 적용한 국어과 교수 학습 과정안

(2015 개정 국어과 교육과정, 3-1학기 8단원)

단계(시간)	학습내용	교수 학습 활동	자료(▶) 및 유의점(※)
문제 확인하기 (10분)	동기유발	■'홍비의 편지' 읽기 ○편지의 내용 알아보기 • 어제 홍비가 지우를 만난 곳은 어디인가요? (도서관입니다.) • 홍비는 편지에서 어떤 말을 하고 있나요? (도서관에서 뛰어다니지 말라고 이야기하고 있습니다.) • 홍비가 편지를 쓴 까닭은 무엇일까요? (도서관에서 뛰지 않으면 좋겠다고 말하려고 편지를 썼습니다.)	
	학습 목표 확인하기	■학습 목표 확인하기 의견을 파악하며 글을 읽을 수 있다.	
	학습의 중요성 확인하기	■글쓴이의 의견 파악하기의 중요성 알기 ○글을 읽고 글쓴이의 의견을 파악하는 것의 중요성 발표하기 • 글을 읽고 글쓴이의 의견을 파악하는 것은 왜 중요한가요?	
문제 해결 방법 찾기 (30분)	문제해결 방법 탐색하기	■글쓴이의 의견을 찾는 방법 탐색하기 ○글쓴이의 의견을 찾는 방법 알아보기 • 글 제목을 보고 「좋은 습관을 기르자」는 어떤 내용일지 생각해 봅시다. ※읽기 전 활동으로 글의 내용을 짐작할 때 제목뿐만 아니라 책에 제시된 그림이나 사진 자료 등도 함께 살펴볼 수 있도록 안내한다. ○글쓴이의 의견을 파악하는 방법 확인하기 • 글쓴이의 의견을 파악하는 방법으로는 어떤 것이 있었나요? (글 제목을 주의 깊게 살펴봅니다. / 문단의 중심 문장을 정리해 봅니다. / 글쓴이가 그 글을 쓴 목적이 무엇인지 짐작해 봅니다.)	※문제 해결 방법을 탐색할 때에는 학생들이 스스로 방법을 찾을 수 있도록 확산적 발문을 함과 동시에 자유로운 분위기를 조성해 여러 가지 방법을 생각하고 자유롭게 발표해 보게 한다.
	글을 읽고 내용 파악하기	■글을 읽고 내용 파악하기 ○「좋은 습관을 기르자」를 읽고 내용 파악하기 • 좋은 습관에는 어떤 것이 있다고 했나요?	

문제 해결하기 (20분)	문제 해결 활동하기	• 약속을 잘 지켜야 하는 까닭은 무엇인가요? • 날마다 운동하는 습관을 길러야 하는 까닭은 무엇인가요? • 고마워하는 마음을 표현하는 습관을 길러야 하는 까닭은 무엇인가요? ■글쓴이의 의견을 나타낸 문장 찾기 ○글쓴이의 의견 찾기 • 글쓴이의 의견을 나타낸 문장은 어떤 것인가요?
	문제 해결하기	■글쓴이의 의견 파악하기 ○제목을 보고 글쓴이의 의견 짐작하기 • 글쓴이가 글 제목을 이렇게 지은 까닭은 무엇일까요? • 이 글을 쓴 글쓴이의 의견을 파악해 봅시다(우리 모두 좋 은 습관을 기를 수 있도록 꾸준히 노력합시다.)
일반화하기 (20분)	적용 및 연습하기	■자신이 기르고 싶은 좋은 습관 선택하기 ○자신의 생활에서 기르고 싶은 습관 떠올리기 • 자신의 생활에서 기르고 싶은 습관을 떠올려 봅시다. ○자신이 기르고 싶은 습관과 그 까닭 발표하기 • 좋은 습관을 기르기 위해 어떻게 하면 좋을지 자신의 의견 을 발표해 봅시다. • 친구들의 발표를 듣고 좋은 생각을 선택해 봅시다. • 그 까닭도 말해 봅시다. ■실천하고 싶은 내용을 선택하고 다짐하기 ○좋은 습관을 기르기 위해 실천하고 싶은 내용을 선택하고 실천 다짐하기 • 친구들과 이야기 나눈 것 가운데에서 어떤 내용을 실천하 고 싶나요? • 자신이 선택한 실천 내용을 잘 지키기 위한 다짐을 해 봅 시다.
	정리하기	■학습 내용 정리하기 ○배운 내용 살펴보기 • 오늘 배운 내용은 무엇이었나요?(의견을 파악하며 글을 읽는 것이었습니다.) • 어떤 방법으로 글쓴이의 의견을 파악했나요? • 오늘 공부를 잘했는지 생각해보고 스스로 평가해 봅시다.

다. 창의성 계발 학습 모형

(1) 특징

창의성 계발 학습 모형은 창의적 국어사용 능력을 계발하는 데 초점을 둔다. 즉 언어 수행

과정에서 사고의 유창성, 독창성, 융통성, 다양성을 강조하는 모형이라고 할 수 있다. 유창성은 풍부한 사고의 양을, 독창성은 사고의 새로움을, 융통성은 사고의 유연함을, 다양성은 사고의 폭넓음을 강조한다. 따라서 이 모형은 주어진 문제를 해결하기 위하여 정답을 요구하기보다 학습자의 독창적이고 다양한 아이디어나 문제 해결 방법을 중시한다.

(2) 절차

단계	주요 활동
문제 발견하기	• 동기 유발 • 학습 문제 확인 • 학습의 필요성 또는 중요성 확인 • 학습 과제 분석
아이디어 생성하기	• 문제 또는 과제를 다른 각도에서 검토 • 문제 해결을 위한 다양한 아이디어 산출
아이디어 선택하기	• 아이디어 비교하기 • 최선의 아이디어 선택하기
아이디어 적용하기	• 아이디어 적용하기 • 아이디어 적용 결과 발표하기 • 아이디어 적용 결과 평가하기

문제 발견하기는 학습 문제를 확인하고, 학습 문제 해결을 위하여 주어진 학습 과제를 이해하고 분석하는 단계이다. 아이디어 생성하기는 아이디어를 생성할 수 있는 방법을 탐구하고 이를 바탕으로 하여 다양한 아이디어를 생성하는 단계이다. 아이디어 선택하기는 다양하게 생성된 아이디어를 검토하여 최선의 것을 선택하는 단계이다. 아이디어 적용하기는 앞에서 선택한 아이디어를 실제 상황에 적용해 보고 평가하면서 이를 수정 · 보완 · 확장하는 단계이다.

(3) 활용

창의성 계발 학습 모형은 창의적인 아이디어 생성이나 적용이 많이 요구되는 표현 영역, 비판적 이해 영역, 문학 창작 및 감상 영역에 적합한 모형이라고 할 수 있다. 예를 들어 "이야기를 읽고 줄거리를 간추려 봅시다."라는 차시와, "이야기를 읽고, 이어질 이야기를 상상해 써 봅시다."라는 차시가 있을 경우, 전자보다는 후자에 적합한 모형으로 볼 수 있다.

창의성 계발 학습 모형을 적용하는 교사는 허용적인 수업 분위기를 조성해야 하고, 학습자의 아이디어 생성과 적용 과정을 일방적으로 주도하거나 지나치게 개입하지 않아야 한다. 그리고 아이디어 생성하기나 아이디어 적용하기 단계에서 모둠 활동을 적절히 활용하는 것도 좋은 방법이다. 저학년 단계에서는 풍부하고 다양한 아이디어를 생성하는 데 초점을 두고, 학년이 올라갈수록 점차적으로 그 아이디어를 검증하고 다듬어 나가는 단계에 이르도록 한다. 그리고 학생이 아이디어 생성에 어려움이 있을 경우를 대비하여 교사가 사고를 자극할 수 있는 발문이나 과제를 미리 몇 가지 준비하는 것도 좋다. 아이디어 적용하기 단계에서는 교사가 평가 관점을 명확히 제시하여 수업에서 의도한 목표에 부합되는 결과물이 정당한 평가를 받을 수 있도록 해야 한다.

〈표 3〉 창의성 계발 학습 모형을 적용한 국어과 교수 학습 과정안

(2015 개정 국어과 교육과정, 4-1학기 5단원)

단계(시간)	학습내용	교수 학습 활동	자료(▶) 및 유의점(※)
문제 발견하기 (15분)	동기유발	■ '집어!' 놀이 하기 ○ '집어!' 놀이의 놀이 방법을 알고 놀이하기 • '집어!' 놀이의 놀이 방법을 알고 놀이해 봅시다.	※교사가 바로 "집어!"를 하지 않고 "집을까?", "잡아.", "집자." 등 다른 구령으로 혼란을 주면 놀이가 더욱 재밌어진다.
	학습목표 확인하기	■ 학습 목표 확인하기 이야기를 읽고 이어질 내용을 상상해 쓸 수 있다.	
	학습과제 확인하기	■ 「초록 고양이」 읽기 ○ 이야기의 흐름을 생각하며 「초록 고양이」 읽기 • 이야기의 흐름을 생각하며 「초록 고양이」를 읽어 봅시다.	※이야기의 처음, 가운데, 끝 가운데에서 어디에 해당하는 내용인지 생각하며 「초록고양이」를 읽도록 한다.
	학습과제 분석하기	■ 이야기의 내용 파악하기 ○ 「초록 고양이」를 읽고 내용 파악하기 • 이야기에 등장하는 인물은 누구누구인가요? • 엄마는 어디로 사라졌나요? • 초록 고양이는 엄마가 어디에 있다고 했나요? • 초록 고양이는 꽃담이에게 무엇을 하면 안 된다고 했나요? • 꽃담이는 엄마를 어떻게 찾을 수 있었나요? • 꽃담이에게 어떤 일이 일어났나요?	
아이디어 생성하기 (25분)	아이디어를 생성할 수 있는 방법 탐구하기	■ 사건의 흐름 정리하기 ○ 「초록 고양이」에서 꽃담이에게 일어난 일 정리하기 • 일이 일어난 차례, 원인과 결과의 관계를 생각하며 사건의 흐름을 정리해 봅시다. (초록 고양이는 욕실에 있던 엄마를 어디론가 데려갔습니다.→엄마를 데려간 초록 고양이는 꽃	

		담이에게 엄마를 찾고 싶으면 자신을 따라오라고 했습니다.→초록 고양이는 항아리 40개 가운데에서 엄마가 들어가 있는 항아리를 한 번에 찾으라고 했습니다.→꽃담이는 엄마 냄새를 맡고 엄마가 있는 항아리를 찾습니다.→심통이 난 초록 고양이는 꽃담이를 항아리에 숨기고 엄마에게 찾으라고 했습니다.)	
		■이야기의 흐름에 맞게 이어질 내용 상상하기 ○「초록 고양이」를 다시 읽고 이야기의 흐름에 맞게 이어질 내용 상상하기 • 엄마가 꽃담이를 찾을 때 무엇을 하면 안 되나요? • 엄마는 어떤 방법으로 꽃담이를 찾을 수 있을까요? • 앞으로 엄마와 꽃담이, 초록 고양이는 어떻게 될지 상상해 봅시다.	※브레인스토밍을 활용해 학생들이 엄마가 꽃담이를 찾기 위해 할 수 있는 행동을 가능한 많이 말할 수 있도록 허용적인 분위기에서 지도한다.
아이디어 선택하기 (20분)	최선의 아이디어 선택하기	■이야기의 흐름을 생각하며 「초록 고양이」의 이어질 내용 정리하기 ○앞에서 상상한 내용 가운데에서 사건의 흐름에 가장 적절한 것 고르기 • 엄마는 꽃담이를 찾기 위해 어떤 행동을 할까요?(꽃담이를 찾을 때까지 항아리를 깨뜨릴 것 같습니다.) • 그 행동의 결과는 어떠할까요?(엄마가 꽃담이를 찾을 것 같습니다.) • 이야기는 어떻게 끝날까요?(엄마는 꽃담이를 찾고, 초록 고양이는 사라져 다시는 나타나지 않을 것 같습니다.)	※앞의 활동에서 다양하게 생성된 아이디어들 가운데에서 가장 최선의 것을 고르도록 한다.
	아이디어 수정 보완하기	■이어질 내용 상상해 쓰기 ○정리한 내용을 바탕으로 하여 「초록 고양이」에 이어질 내용을 상상해 쓰기 • 사건이 일어난 차례, 원인과 결과의 관계를 생각하며 이야기의 흐름에 맞는 이어질 내용을 상상해 써 봅시다.	
아이디어 적용하기 (20분)	아이디어 적용하기	■이야기의 흐름에 맞게 고쳐 쓰기 ○쓴 내용이 이야기의 흐름에 잘 맞는지 다시 살펴보기 • 이야기의 흐름이 자연스러운지, 이야기 앞부분에 나온 내용과 새롭게 쓴 내용이 어울리는지, 전체 이야기가 처음, 가운데, 끝의 흐름에 잘 맞는지 살펴봅시다. • 어색한 부분이나 흐름이 맞지 않는 부분을 고쳐 써 봅시다.	
	결과 발표하기	■발표하기 ○친구들 앞에서 자신이 쓴 글 발표하기 • 자신이 쓴 글을 친구들 앞에서 발표해 봅시다. • 친구들이 한 이야기에서 재미있는 점, 잘한 점은 칭찬해 줍시다.	
	학습내용 정리하기	■정리 및 평가하기 ○학습한 내용 확인하고 정리하기 • 이 시간에 학습한 내용은 무엇인지 말해 봅시다. • 이어질 내용을 상상해 쓰기 위해서는 어떻게 해야 하나요? (사건의 흐름에 맞게 이어질 내용을 상상해야 합니다. / 이야기의 처음, 가운데, 끝을 생각하고 써야 합니다. / 사건들 사이에 원인과 결과 관계가 있어야 합니다.)	

라. 지식 탐구 학습 모형

(1) 특징

지식 탐구 학습 모형은 구체적인 국어사용 사례나 자료의 검토를 통하여 국어 생활에 일반화할 수 있는 개념이나 규칙을 발견하는 데 초점을 두는 학습자 중심의 모형이다. 교사는 학습 과제를 제시하고 학습자가 자발적으로 주어진 맥락에서 다양한 언어 자료를 탐구하고, 그 속에서 일반화할 수 있는 개념이나 규칙을 발견하도록 권장한다. 이러한 과정에서 학습자는 스스로 학습의 필요성을 느끼고 배우게 되므로 유의미한 학습을 할 수 있고 학습한 내용을 오래 기억할 수 있다. 또 발견 학습 활동을 성공적으로 마쳤을 때 학습자는 지적인 쾌감을 맛보고 새로운 문제에 도전하려는 강한 내적 동기를 형성할 수 있게 된다.

(2) 절차

단계	주요 활동	
문제 확인하기	• 동기 유발 • 학습의 필요성 또는 중요성 확인	• 학습 문제 확인
자료 탐색하기	• 기본 자료 또는 사례 탐구	• 추가 자료 또는 사례 탐구
지식 발견하기	• 자료 또는 사례의 비교	• 지식의 발견 및 정리
지식 적용하기	• 지식의 적용	• 지식의 일반화

문제 확인하기는 학습 문제를 발견 또는 확인하고 관련 배경 지식을 활성화하는 단계이다. 자료 탐색하기는 문제를 해결하기 위하여 둘 이상의 사례를 검토하는 단계로, 일관성 있는 지식을 추출할 수 있도록 다양한 사례 제시와 함께 교사의 적극적인 비계가 필요한 단계이다. 지식 발견하기는 둘 이상의 실제 사례로부터 공통점이나 차이점을 추출함으로써 일반화할 수 있는 개념이나 규칙을 발견하는 단계이다. 지식 적용하기는 발견한 개념이나 규칙을 실제의 언어생활에 적용하는 단계이다.

(3) 활용

지식 탐구 학습 모형은 국어사용 영역의 '지식', '문법 지식', '문학 지식'을 습득하는 데 유용한 모형이다. 예를 들어 '주장하는 글의 특성', '토론을 할 때 지켜야 할 점', '문장 부호의 종류와 기능', '이어질 이야기를 쓸 때의 주의할 점'등을 학습할 때 활용할 수 있다. 그리고 학습자의 학습 동기가 일정 수준을 유지하면서 학습자가 관련된 정보를 많이 가지고 있을수록 유리하다. 다시 말하면 학습자 내적으로 공부할 준비가 되어 있지 않다거나 학습자의 경험이 부족하다면 관련 지식을 스스로 발견하는 학습은 어려울 것이다.

지식 탐구 학습 모형을 적용할 때 교사는 학생이 지식을 발견할 때까지 무작정 기다리는 것이 아니라, 적절한 자료를 제공하고 학습자가 적극적으로 학습에 참여할 수 있도록 유도해야 한다. 즉 절대적인 답변을 하지 않으면서 학생과 함께 탐구하는 동료로서의 역할을 하되, 필요할 경우 추가로 자료를 지원하거나 단계적으로 질문하여 탐구 과정을 유도할 수 있어야 한다. 학습 내용의 난이도나 학습자 수준을 고려하여 모둠 활동을 적절히 활용할 수도 있다.

〈표 4〉 지식 탐구 학습 모형을 적용한 국어과 교수 학습 과정안

(2015 개정 국어과 교육과정, 5-2학기 4단원)

단계(시간)	학습내용	교수 학습 활동	자료(▶) 및 유의점(※)
문제 확인하기 (15분)	동기유발	■학생들이 쓴 글 읽기 ○학생들이 쓴 글 찾아 읽기 ○문장 성분의 호응이 잘 이루어진 문장 찾기 ○좋은 문장 찾기	▶지도서 184쪽 참고 자료 ※참고자료나 지역의 초등학교에서 발간한 문집을 활용해 학생들이 직접 쓴 글을 복사해서 나누어 주거나 직접 도서관에서 책을 찾아 써보도록 한다.
	학습 목표 확인하기	■학습 목표 확인하기 <p style="text-align:center">문장 성분의 호응 관계를 안다.</p>	
	학습 순서 알아보기	■공부할 순서 알아보기 ○이 시간에 학습할 내용 알아보기 • 문장 성분의 호응이 알맞지 않은 경우 알기 • 잘못된 문장 고쳐 쓰기 • 문장 완성하기 놀이 하기	
	배운 내용 살펴보기	■배운 내용 살펴보기 ○문장 성분의 호응 관계가 알맞지 않은 까닭 알기 • 「국어」 132쪽 1번에서 윤서가 고친 문장은 어떤 문장 성분의 호응 관계가 잘못된 문장인가요? • '까닭은'과 어울리는 서술어는 무엇인가요?('때문이다' 입니다.)	

| 자료
탐색하기
(25분) | 기본 자료
탐색하기 | • "할아버지는 얼른 밥을 다 먹고"는 어떻게 고쳐야 할까요?('할아버지께서는 얼른 진지를 다 잡수시고'입니다.)
• "어제저녁 우리 가족은 함께 동네 공원으로 산책을 나간다."에서 문장 첫 부분이 '어제저녁, 지금, 내일'로 바뀔 경우에 서술어는 각각 어떻게 변할까요?('나갔다', '나간다', '나갈 것이다'로 바뀌어야 합니다.)

■ 부사어와 서술어의 호응 관계 알기
○ 어색한 문장 살펴보기
• 「국어」133쪽 2번에서 윤서가 찾은 세 문장을 큰 소리로 읽어 봅시다.
• 윤서가 찾은 문장이 잘못된 까닭은 무엇일까요?('결코, 전혀, 별로'와 같은 낱말과 서술어가 어울리지 않기 때문입니다.)
• 문장 성분의 호응에 주의해야 할 낱말을 찾아 밑줄을 그어 봅시다.
어떤 낱말이 있나요?(결코, 전혀, 별로)
○ 확인하기
• 다음 문장을 소리 내어 읽어 봅시다.
–나는 결코 알 수 없었다. / 나는 결코 알 수 있었다.
–전혀 알지 못했던 이야기 / 전혀 알았던 이야기
–햄버거를 별로 좋아하지 않는다. / 햄버거를 별로 좋아한다.
• 어떤 문장이 자연스러운가요?(부정적인 서술어와 호응하는 것이 자연스럽습니다.)
○ 사전 찾아보기
• 「국어」133쪽 2번의 (2)에서 찾은 낱말을 국어사전에서 찾고 예문을 살펴봅시다. 어떤 예문이 있나요? (그것은 결코 우연한 일이 아니었다. / 전혀 다른 사람 / 할 말이 별로 없다.)
• 찾은 예문에서 '결코, 전혀, 별로'와 같은 낱말에 어울리는 서술어는 무엇인가요? ('없다, 다르다, 아니다' 등입니다.)
• '결코, 전혀, 별로'와 같은 낱말 뒤에는 어떤 서술어가 호응하는지 정리하여 말해 봅시다. ('결코, 전혀, 별로'와 같은 낱말은 '–지 않다', '–지 못하다'와 같은 부정적인 서술어 또는 '안', '못'이 꾸며 주는 서술어와 호응합니다.) | |
| | 추가자료
탐색하기 | ■ 문장을 고치는 방법알기
○ 올바른 문장으로 고치기
• 바른 문장이 되도록「국어」134쪽 2번 (5)의 세 문장을 고쳐 써 봅시다. (나는 친구가 거짓말을 한 것이 결코 바른 행동이 아니라고 생각한다. / 선생님 말씀은 전혀 들어 보지 못한 내용이었다. / 나는 책 읽기를 별로 좋아하지 않는 편이다.)
• '결코, 전혀, 별로'와 같이 호응하는 서술어가 따로 있는 | |

오른쪽 자료 열:
▶ 국어사전 또는 인터넷 국어사전

자료 탐색하기		낱말을 찾아보고 그 낱말을 활용해 짧은 글을 써 봅시다. (여간: 그 숙제를 해내는 일은 여간 어려운 일이 아니다. / 도저히: 나는 지호의 생각을 도저히 이해할 수 없다. / 그다지: 날씨가 그다지 덥지 않다.	
	자료 비교하기	■문장 성분의 호응이 잘못된 부분 고치기 ○문장 살펴보기 •「국어」135쪽 3번의 문장을 살펴보고 잘못된 부분을 찾아 밑줄을 그어 봅시다. ○잘못된 부분을 어떻게 고치면 좋을지 토의하기 •모둠 친구들과 함께 잘못된 부분을 어떻게 고치면 좋을지 토의해 봅시다. •친구들과 밑줄 그은 부분을 비교해 봅시다. •친구들과 의견이 다르다면 어떤 의견이 바른지 이야기해 봅시다. ○밑줄 그은 부분 고치기 •밑줄 그은 부분을 바르게 고쳐 봅시다. •고친 문장을 모둠 친구들 앞에서 읽어 봅시다. •잘못 고친 부분이 있다면 바르게 고쳐 봅시다. ○고친 문장 발표하기 •고친 문장과 그렇게 고친 까닭을 발표해 봅시다.	
지식 발견하기 (10분)	학습내용 정리하기	■새롭게 안 사실 정리하기 ○배운 내용 정리하기 •지금까지 배운 내용을 바탕으로 하여 새롭게 안 사실을 카드로 만들어 정리해 봅시다. •문장 성분의 호응 관계에 대해 더 알고 싶거나 잘 모르는 내용이 있다면 자료를 더 찾아봅시다.	
	개념 적용하기	■문장 완성하기 놀이하기 ○문장 완성하기 놀이 방법 알기 •「국어」136쪽 4번 (1)의 〈보기〉 문장을 살펴봅시다. •"나는_____별로_____"의 빈칸에 알맞은 말을 넣었나요? ("게임하는 것을", "좋아하지 않는다."입니다.) •이렇게 문장의 밑줄 그은 부분에 해당하는 말을 쓰되 꾸며서 쓰는 것이 아니라 여러분의 생각이나 생활을 그대로 쓰는 것이 문장 완성하기 놀이입니다. ○문장 완성하기 놀이하기 •〈보기〉처럼 나머지 네 개의 문장을 완성해 봅시다. •모둠 친구들과 차례대로 완성한 문장을 읽어 봅시다. •자신과 비슷한 문장을 쓴 친구가 있나요? •친구가 쓴 문장에서 궁금한 내용이 있나요? 있다면 친구에게 왜 그렇게 썼는지 물어봅시다. ○문제를 만들고 풀기 •「국어」136쪽 4번 (1)과 같이 문제를 만들어 봅시다. •문제를 다 만들면 친구와 바꾸어 만든 문제를 서로 풀어 봅시다. ○기억에 남는 문장 말하기	※문장을 완성하고 발표한 뒤에는 친구가 왜 그러한 문장을 썼는지 물어보게 하여 서로의 생각을 나눌 수 있도록 한다. 이 과정은 그다

| 지식
적용하기
(30분) | 지식
일반화하기 | • 모둠 친구들이 만든 문장 가운데에서 좋은 문장을 고르고 고른 까닭을 친구들과 이야기해 봅시다.
■ 여러 종류의 글에서 잘못된 부분 고치기
○ 여러 종류의 글 살펴보기
• 〈보기〉에 나온 여러 종류의 글에서 문장 성분의 호응이 잘못된 문장이 있는지 찾아봅시다.
• 「국어」 137쪽 5번 (1)에 붙이거나 쓴 문장에서 문장 성분의 호응이 잘못된 부분을 바르게 고쳐 써 봅시다.
• 고쳐 쓴 까닭을 친구들과 이야기해 봅시다.
• 문장 성분의 호응 관계를 정리해 짝과 이야기해 봅시다.
○ 배운 내용 활용하기
• 배운 내용을 생활에서 어떻게 활용할 수 있을까요? (자신이나 친구가 쓴 글을 바르게 고쳐 쓸 수 있습니다. / 문장을 잘 이해하도록 글을 쓸 수 있습니다.) | 음 차시에 겪은 일을 쓰는 학습과 연계될 수 있다. |
| | 평가하기 | ■ 평가하기
○ 글을 읽고 잘못된 부분 찾기
• 문장 성분의 호응 관계를 잘 이해했는지 확인해 봅시다.
• 잘못된 문장을 찾아 바르게 고칠 수 있는지 스스로 평가해 봅시다. | |

마. 반응 중심 학습 모형

(1) 특징

반응 중심 학습 모형은 수용 이론이나 반응 이론에 근거한 것으로, 문학 작품을 가르칠 때 학습자 개개인의 반응을 중시한다. 이는 독자(학습자)에 따라 작품을 다양하게 해석할 수 있다는 점을 고려한 것이다. 그리고 이 모형은 학습자 개개인의 반응을 최대한 존중하고, 다양하고 창의적인 반응을 유도함으로써 학습자의 역동적인 참여를 유도하고 흥미를 불러일으킬 수 있다는 장점이 있다. 하지만 개별 학습자의 반응을 강조한다고 하더라도, 작품(텍스트)은 여전히 감상의 대상으로서 감상의 중심에 놓일 수밖에 없다. 텍스트와 연결 고리가 없는 반응은 무의미한 것일 수밖에 없기 때문이다. 따라서 이 모형은 텍스트와 독자 간 교류의 과정과 결과를 강조한다.

(2) 절차

단계	주요 활동
반응 준비하기	• 동기 유발 • 학습 문제 확인 • 학습의 필요성 또는 중요성 확인 • 배경 지식 활성화
반응 형성하기	• 작품 읽기 • 작품에 대한 개인 반응 정리
반응 명료화하기	• 작품에 대한 개인 반응 공유 및 상호 작용 • 자신의 반응 정교화 및 재정리
반응 심화하기	• 다른 작품과 관련짓기 • 일반화하기

반응 준비하기는 학습 문제를 확인하고 작품을 이해하는 데 필요한 배경 지식을 활성화하는 단계이다. 작품과 관련된 자료를 살펴보거나, 삽화나 그림 등을 보고 이야기를 나누거나, 일상의 경험을 이야기함으로써 배경 지식을 활성화할 수 있다. 반응 형성하기는 작품을 읽으면서 학습자가 최초의 반응을 형성하고, 작품을 읽고 난 뒤의 생각이나 느낌을 반응 일지 등에 간단히 정리해 보는 단계이다. 반응 명료화하기는 각자 정리한 반응을 서로 공유하고 이를 바탕으로 자신의 반응을 정교화하거나 확장하는 단계이다. 반응 심화하기는 주제, 인물, 사건, 배경 등을 바탕으로 다른 작품과 관련 지어보면서 작품의 이해도를 높이고, 그 결과를 현실 세계나 자신의 삶에 투영해 봄으로써 반응을 심화하는 단계이다. 특정 주제로 토의나 토론 활동을 하여 반응을 심화하는 방법도 좋다.

(3) 활용

반응 중심 학습 모형은 문학 작품에 대하여 학습자의 다양한 반응이 요구되는 문학 감상 학습에 적합하다. 이 모형을 적용할 때에는 특히 작품을 읽고 난 후의 반응 활동에 집중한 나머지 정작 감상의 바탕이 되는 작품 읽기와 이해 과정이 소홀히 다루어지지 않도록 주의해야 한다. 그리고 자기중심적인 편협한 텍스트 이해나 해석의 무정부 상태에 빠지지 않도록 토의·토론을 병행하여 보다 타당하고 깊이 있고 확장된 반응을 이끌어 내야 한다. 학습자들은 배경 지식이 다르기 때문에 문학 작품을 읽고 난 뒤 다양한 반응을 보인다. 이 경우에 처음에는 반응을 자유롭게 표현할 수 있도록 하는 데 초점을 둔다. 그리고 점차 상호 작용을 하며 반응을 명료하고 정교하게 하면서 다른 작품과 관련지어 의미를 심화해 나가도록 유도한다. 교사는 학습자 개개인의 반응이 최대한 존중될 수 있는 학습 분위기를 조성하고, 학습자가 단순한 반응을 제시하거나 표현하는 것에 만족하지 말고 타당하고 명료한 반응, 심화되고 확장된 반응을 나타내도록 적극적으로 이끌어야 한다. 그리고 충분한 상호 작용을 거쳐 학습자가 스스로 반응을 성찰할 수 있도록 지도해야 한다.

〈표 5〉 반응 중심 학습 모형을 적용한 국어과 교수 학습 과정안

(2022 개정 국어과 교육과정, 2-1학기 8단원)

단계(시간)	학습내용	교수 학습 활동	자료(▶) 및 유의점(※)
반응 준비하기 (10분)	동기유발	■기억에 남는 인형극 이야기하기 ○인형극과 관련한 경험 말하기 • 인형극을 관람했던 경험을 떠올려 봅시다. • 자신이 보았던 인형극의 제목이나 줄거리를 말해 봅시다. • 인형극에 나왔던 인물을 말해 봅시다. ○인형극을 본 느낌 말하기 • 인형극을 보고 어떤 생각이나 느낌이 들었나요?	▶여러 종류의 인형극을 찍은 사진이나 짧은 영상
	학습 문제 확인하기	■학습 문제 확인하기 인형극을 감상하고 인물의 마음을 짐작해 봅시다.	
반응 형성하기 (30분)	작품보기	■인형극의 내용 파악하기 ○인형극 보고 물음에 답하기 • 인형극 「해와 달이 된 오누이」를 보고 물음에 답해 봅시다. ⬛ • 엄마는 외출하기 전에 똘이와 순이에게 어떤 말씀을 하셨나요? • 호랑이가 똘이에게 나무 위에 올라가는 방법을 물었을 때 똘이는 무엇이라고 답했나요? • 호랑이는 똘이와 순이가 하늘로 올라가자 어떻게 했나요? ○일어난 일 살펴보기 • 인형극 속 이야기는 장소가 몇 차례 바뀝니다. 각각 어떤 장소에서 일어난 일인가요? (오누이의 집, 고개, 다시 오누이의 집, 나무 위입니다.) • 각각의 장소에서 어떤 일이 일어났나요?	
반응 형성하기			

		집	엄마께서 잔칫집에 가시고 오누이만 집을 보게 되었다.	
		고개	호랑이가 나타나 엄마를 잡아먹는다.	
		집	호랑이가 엄마인 척 오누이를 찾아온다.	
		나무 위	오누이는 하늘로 올라가 해와 달이 되고 호랑이는 땅으로 떨어져 죽는다.	

	작품 파악하기	■인물의 마음 알아보기

○인형극의 일부분을 다시 보고 인물의 마음 짐작하기

• 인물의 말이나 행동을 살펴보고 인물의 마음이 어떠했을지 생각해봅시다.

인물	말이나 행동	마음
호랑이	엄마의 목소리를 흉내 내어 오누이에게 은근하게 말한다. "엄마가 왔단다."	오누이를 속 이려는 마음
똘이와 순이	하늘을 향해 두 손 모아 빈다. "저희를 살려 주세요!"	다급하고 간 절한 마음

반응
명료화하기
(30분)

작품에 대한 개인 반응 공유 및 상호작용 하기

■인형극에 대한 생각이나 느낌 말하기
○친구들과 인형극에 대한 생각이나 느낌 말하기
• 「해와 달이 된 오누이」를 보고 생각한 점이나 느낀 점을 발표해 봅시다.
○생각이나 느낌을 잘 표현한 친구 칭찬하기
• 친구의 생각이나 느낌을 듣고 어떤 점을 새롭게 생각하게 되었는지 발표해 봅시다.
○「해와 달이 된 오누이」 다시 보기
• 인물의 마음을 짐작하며 인형극을 다시 봅시다.

반응
심화하기
(10분)

다른 작품과 관련짓기

■인형극의 이야기를 이야기책으로 읽어주기
○「해와 달이 된 오누이」 이야기책의 일부분을 읽어 주고 인형극과 비교하게 하기

> 〈「해와 달이 된 오누이」의 한 장면 읽어주기〉
> ① 고개를 넘는 엄마 앞에 호랑이가 나타나는 장면
> ② 호랑이가 엄마인 척 집에 찾아오는 장면
> ③ 오누이가 하늘에서 내려온 동아줄을 타고 하늘로 올라가는 장면

반응
심화하기

• 인형극과 어떤 점이 비슷한가요?
• 인형극과 어떤 점이 다른가요?
• 「해와 달이 된 오누이」를 인형극으로 보았을 때와는 느낌이 어떻게 다른가요?

정리하기

■학습 내용 정리하기
○공부한 내용 확인하고 정리하기
• 인형극을 보고 인물의 마음을 짐작하는 방법을 말해 봅시다. (인물의 행동을 자세히 살펴봅니다. / 인물의 마음이 드러나는 말을 찾아봅니다. / 인물의 목소리 크기와 말의 빠르기가 어떠한지 주의 깊게 듣습니다.)

※인형극을 읽고 든 생각이나 느낌을 자유롭게 이야기해도 좋고, 인형극에 등장하는 인물의 마음을 상상해 생각이나 느낌을 표현해도 좋다.

▶「해와 달이 된 오누이」 이야기책, 실물 화상기

바. 역할 수행 학습 모형

(1) 특징

역할 수행 학습 모형은 학습자가 구체적인 상황에서 언어사용을 직접 경험함으로써 학습 목표에 더 효율적으로 도달할 수 있다는 점을 강조한다. 역할 수행을 경험함으로써 학습자는 주어진 문제를 좀 더 정확하고 실감나게 이해하고, 문제를 더 쉽게 해결해 나갈 수 있다. 즉 학습자는 문제 상황을 생각하고, 상황 속 인물이 되어 보며, 그 해결책을 제시하는 과정을 거쳐 자신에게 부딪힌 문제를 좀 더 효과적으로 해결하는 능력을 기를 수 있다. 그뿐만 아니라 새로운 의미 발견, 기존 가정에 의문 제기, 고정관념 깨기, 대안 시도하기 등의 과정을 체험하게 된다. 또, 역할 수행을 통하여 다른 사람의 의견이나 행동을 존중하게 되고 자신의 행동이 다른 사람에게 어떤 영향을 미칠지 생각함으로써 인간의 행동을 이해하는 통찰력을 얻게 된다.

(2) 절차

과정	주요 활동
상황 설정하기	• 동기 유발 • 학습 문제 확인 • 학습의 필요성 또는 중요성 확인 • 상황 분석 및 설정
준비 및 연습하기	• 역할 분석 및 선정 • 역할 수행 연습
실연하기	• 실연 준비하기 • 실연하기
평가하기	• 평가하기 • 정리하기

상황 설정하기는 학습 문제를 확인하고, 제시된 상황을 분석해 실연할 상황으로 설정하는 단계이다. 준비 및 연습하기는 설정한 상황에서 등장인물을 분석하고, 배역을 정하고 실연 연습을 하는 단계이다. 실연하기는 학습자가 상황 속의 인물이 되어 직접 역할을 수행해 보는 활동 단계로, 이로써 학습자는 새로운 세계를 경험하게 되며, 그 경험은 사고의 전환으로 이어져 학습자가 언어적 문제 상황을 해결하거나 문학적 상상력을 기르는 데 도움을 준다. 평가하기는 학습자의 역할 수행에서 얻은 언어 지식이나 문학적 체험들을 서로 주고받음으로써 주관적인 지식을 객관화하고 일반화해 언어생활에 활용하거나 문학적 체험을 확대하는 단계이다.

(3) 활용

역할 수행 학습 모형은 역할 놀이 자체가 학습 목적인 경우, 역할 놀이가 학습 목표 달성에 중요 수단이 되는 경우, 통합적 언어활동이 요구되는 경우에 적용하기 알맞다. 예를 들면 전화 놀이, 토의·토론, 문학 감상 활동 등에 활용할 수 있다. 역할 수행 경험이 풍부하고 표현력이 어느 정도 갖추어진 학습자라면 큰 부담 없이 흥미를 느끼며 학습에 참여할 수 있다.

역할 수행 학습 모형을 적용할 때 교사는 학습자가 학습 목표를 명확히 인식하고 역할 수행에 임하도록 해야 하며, 역할 수행 이후에는 학습 목표 성취를 점검해야 한다. 학습자가 역할 수행 활동에만 관심을 두다 보면 정작 그것으로 학습해야 할 내용을 소홀히 하는 경우가 있기 때문이다. 역할 수행은 대부분의 수업에서 그 자체가 목적이기보다는 목표에 도달하기 위한 수단이라는 점을 염두에 두어야 한다. 역할 수행 학습 모형을 적용할 때 시간 부담을 줄이는 방법에는 상황 설정을 간단히 하는 방법, 사전에 표현 기능 등 기초 기능 훈련과 학습 경험을 조금씩 해 두는 방법, 다른 시간과 통합하여 운영하는 방법 등이 있다. 연속 차시로 운영하는 경우, 첫째 차시는 일반적으로 역할 수행에 필요한 대본을 분석하거나 특정 상황을 설정하는 차시이므로 다른 모형을 적용할 수 있고, 둘째 차시만 역할을 수행하는 차시로 운영할 수 있다.

<표 6> 역할 수행 학습 모형을 적용한 국어과 교수 학습 과정안

(2022 개정 국어과 교육과정, 1-1학기 5단원)

단계(시간)	학습내용	교수 학습 활동	자료(▶) 및 유의점(※)
상황 설정하기 (20분)	동기유발	■잘못된 인사말 찾아보기 ○이야기를 듣고 잘못된 부분 찾기 • 교사가 들려주는 이야기에서 잘못된 부분이 무엇인지 찾아 봅시다. 　－어떤 인사말이 잘못되었나요? ("다녀왔습니다."라고 인사한 부분입니다.) 　－바른 인사말은 무엇일까요? ("다녀오겠습니다."입니다.) 　－왜 "다녀오겠습니다."라고 인사해야 하나요? (아침에 학교에 가는 상황이기 때문입니다.)	▶지도서 300쪽 '참고 자료'
	학습 문제 확인하기	■학습 문제 확인하기 　상황에 알맞은 인사말을 해 봅시다.	
	상황 분석하기	■인사말을 하는 상황 알기 ○그림을 보고 인사말을 하는 상황 파악하기 •「국어」 258쪽 그림을 보고 인사말을 하는 상황을 알아봅시다. • 첫 번째 그림에서 친구 집에 놀러 갔을 때 뭐라고 인사하나요? • 두 번째 그림에서 남자아이가 "고맙습니다."라고 인사한 까닭은 무엇인가요? • 세 번째 그림처럼 뛰어가다 다른 친구와 부딪쳤을 때 뭐라고 말해야 할까요?	※자신의 경험과 관련 있는 다양한 인사 상황을 자유롭게 발표할 수 있도록 허용적인 분위기를 조성한다.
	상황 적용하기	■인사를 할 때 알맞은 행동과 마음가짐 알기 ○상황에 알맞은 인사말을 찾아 표시하기 •「국어」 259쪽의 세 장면 가운데에서 상황에 알맞게 인사하고 인사말을 건넨 것은 어떤 장면일까요? (첫 번째와 두 번째 장면입니다.) • 세 번째 장면은 왜 알맞지 않나요? (세 번째 상황에서 어른께 인사할 때에는 주머니에서 손을 빼고 고개를 숙이며 "안녕하세요?"라고 인사해야 하기 때문입니다.) ○인사를 할 때 알맞은 행동과 마음가짐에 대해 이야기하기 • 상황에 알맞게 인사할 때 바른 행동과 마음가짐에는 어떠한 것이 있을까요? (다른 사람에게 반갑게 인사합니다. / 어른께 인사할 때에는 예의 바르고 공손하게 인사합니다.)	
	상황 설정하기	■하나의 상황 설정하기 ○모둠별로 상황 설정하기 • 역할놀이를 위해 모둠별로 하나의 상황을 정하고 등장인물을 생각해 봅시다.	

준비 및 연습하기 (25분)	역할 수행 준비하기	〈상황 설정하기〉 • 온 가족이 모여 할아버지의 생신을 축하드리는 상황 • 엄마와 산책하다가 친구를 만난 상황 • 이웃에게 떡이나 선물을 받은 상황 ■역할을 정하고 이름표 쓰기 ○역할마다 이름표 쓰기 • 자신이 맡을 역할을 정해 봅시다. • 주어진 역할에 알맞은 대사와 행동을 생각해 봅시다. • 자신의 역할을 표현하기 위한 이름표를 써 봅시다.	
	역할 수행하기	■대사 연습하기 ○역할별로 대사 정하기 • 각자 만든 이름표를 붙이고 상황에 알맞은 인사말과 대사, 행동 등을 이야기해 봅시다. • 서로 대사를 연습하며 역할놀이를 준비해 봅시다.	
실연하기 (25분)	역할놀이하기	■역할놀이하기 ○이름표를 붙이고 역할놀이하기 • 자신이 만든 이름표를 붙이고 역할놀이를 해 봅시다. • 교실 앞으로 나와 주어진 역할을 하며 상황에 알맞은 인사말을 해봅시다. 〈놀이 방법〉 ① 모둠별로 차례를 정한다. ② 첫 번째로 역할놀이를 할 모둠이 앞으로 나온다. ③ 상황에 알맞은 인사말을 하며 어울리는 대사와 행동을 한다. 다른 모둠의 발표를 들을 때에는 상황에 알맞은 인사를 하고 있는지, 인사하는 태도나 자세가 바른지 생각하며 듣는다. ④ 발표할 때 미리 상황을 이야기하지 않고 발표를 들은 다른 모둠이 어떤 상황인지 알아맞혀 본다. ⑤ 한 모둠이 끝나면 다른 모둠이 나와 역할놀이를 한다.	
평가하기 (10분)	정리하기	■학습 내용 정리하기 ○공부한 내용 확인하고 정리하기 • 이번 시간에 공부한 내용은 무엇인가요? • 즐겁게 역할놀이에 참여했나요? • 다른 모둠의 역할놀이를 보며 궁금한 점이 없었나요? • 다른 모둠의 칭찬할 점은 무엇인가요? • 역할놀이를 하면서 무엇을 느꼈나요?	※자기 평가를 하며 스스로의 역할놀이 참여에 대해 점검하거나 동료평가를 하며 서로의 잘한 점과 격려할 점 등을 이야기하도록 분위기를 조성한다.
	생활에 활용하기	■생활에 활용하기 ○공부한 내용 활용하기 • 이번 시간에 역할놀이를 하며 상황에 알맞은 인사말을 알아보았습니다. 오늘 친구나 가족에게 바른 자세와 밝은 표정으로 알맞은 인사말을 건네 봅시다.	

사. 가치 탐구 학습 모형

(1) 특징

가치 탐구 학습 모형은 학습자가 언어에 내재된 가치를 탐구하고, 자신의 관점에서 분석하고 비판적으로 수용함으로써 다양한 가치에 대한 이해심과 비판적 사고 능력을 길러주는 데 알맞다. 언어에 내재된 가치를 발견·분석하고 이를 재해석하는 과정에서 학습자는 능동적으로 학습에 참여하게 되며, 자신의 가치를 명료화해 긍정적인 자아 개념을 형성할 수 있다. 학습자는 이러한 학습 체험을 하며 합리적이고 비판적으로 사고하며, 학습 내용도 더 확실하게 이해할 수 있다. 도덕과의 가치 탐구 학습이 바람직한 가치를 발견하거나 내면화하는 데 초점을 둔다면, 국어과의 가치 탐구 학습은 다양한 가치를 발견하고 이를 비판적으로 수용하는 데 초점을 준다. 즉 국어과 에서 가치를 다루는 목적은 합의된 가치를 이끌어 내거나 내면화하는 것이 아니라, 오히려 다양한 가치를 접하고 이를 입증하는 근거와 그것의 타당성을 탐구하고 평가하는 과정에 초점을 둔다.

(2) 절차

과정	주요 활동
문제 분석하기	• 동기 유발 • 학습 문제 확인 • 학습의 필요성 또는 중요성 확인 • 문제 상황 분석
가치 확인하기	• 가치 발견 또는 추출 • 발견 또는 추출한 가치의 근거 확인
가치 평가하기	• 가치의 비교 및 평가 • 가치의 선택
가치 일반화	• 가치의 적용 • 가치의 재평가

문제 분석하기는 가치를 추출 또는 발견하는 기초 단계로서, 학습 문제를 확인하고 가치를 포함한 담화 자료를 분석하는 단계이다. 가치 확인하기는 담화 자료의 분석을 바탕으로 내재된 가치를 발견하거나 추출하고, 그 가치의 근거를 주어진 담화 자료에서 찾는 단계이다. 가치 평가하기는 확인된 가치 하나하나를 비교·분석·비판하고, 자기 나름의 기준을 적용해 가치를 평가하거나 선택하는 단계이다. 가치 일반화하기는 발견하거나 추출한 가치를 어떻게 이해하고 표현할 것인지를 탐구하고 그것을 학습에 적용함으로써 가치를 일반화하거나 재평가하는 단계이다.

(3) 활용

　　가치 탐구 학습 모형은 다양한 가치가 공존하는 상황에서 다양한 가치를 탐구하거나 특정 가치를 선택해야 하는 국어사용 영역, 문학 영역, 문법 영역의 수업에 적합한 모형이다. 예를 들면 다양한 견해가 대립되는 글을 읽고 그것을 비교·분석하거나, 특정 논제로 주장하는 글을 쓰거나, 문학 작품에 내재된 다양한 가치를 분석해 자신의 기준으로 재해석하거나, 바람직한 국어사용 태도나 문화를 탐구할 때 이 모형을 적용할 수 있다.

　　가치 탐구 학습 모형을 적용할 때 교사는 언어에 내재된 다양한 가치를 공평하게 다루어야 한다. 그리고 교사는 학습자에게 한 가지 가치만을 선택하도록 강요하지 말아야 한다. 마찬가지로 학습자가 다양한 가치에 대하여 비판만 하도록 두어서도 안된다. 교사는 학습자가 다양한 가치를 비교·검토하고, 자신만의 가치를 새롭게 재구성할 수 있도록 보장하고 유도해야 한다. 이 모형의 적용 과정에서 토의·토론 활동을 적절히 활용하는 것이 좋다. 학습자가 토의·토론 활동으로 다양한 가치에 대하여 더 정교하고 깊이 있게 접근할 수 있고, 자신의 가치 평가가 타당한지에 대해 성찰할 수 있기 때문이다.

〈표 7〉 가치 탐구 학습 모형을 적용한 국어과 교수 학습 과정안

(2015 개정 국어과 교육과정, 6–2학기 1단원)

단계(시간)	학습내용	교수 학습 활동	자료(▶) 및 유의점(※)
문제 분석하기 (20분)	동기유발	■이야기를 듣고 생각이나 느낌 이야기하기 ○이야기를 듣고 생각이나 느낌 이야기하기 • 선생님이 읽어 주는 이야기를 들어봅시다. • 이야기에 나오는 새의 특징을 말해 봅시다.	※지도서 123쪽 '참고 자료'의 동기 유발 보충 자료를 활용해 학생들이 자신의 생

문제 분석하기		• 노인은 아이들에게 뭐라고 말했나요? • 자신에게는 어떤 날개가 있는지 생각해 봅시다.	각이나 느낌을 이야 기하도록 한다.
	학습 목표 확인하기	■학습 목표 확인하기 　　인물의 삶과 자신의 삶을 비교하며 작품을 읽고 자신의 생각을 쓸 수 있다.	
	학습 순서 확인하기	■학습 활동 순서 알아보기 ○이 시간에 학습할 내용 알아보기 • 오늘 학습할 내용과 순서를 알아봅시다. 　① 이야기를 읽고 내용 파악하기 　② 인물이 추구하는 삶 파악하기 　③ 인물이 추구하는 삶과 자신의 삶을 비교해 글 쓰기	
	작품읽기	■이야기와 관련 있는 경험 나누기 ○자신의 경험 이야기하기 • 꿈이나 장래 희망을 생각하며 고민하거나 걱정한 적 이 있나요? 자신의 경험을 떠올리며「이모의 꿈꾸는 집」의 등장인물을 알아봅시다. ■이야기를 읽고 내용 확인하기 ○인물이 추구하는 삶을 생각하며「이모의 꿈꾸는 집」읽기 • 인물이 추구하는 다양한 삶의 가치나 꿈을 생각하며 「이모의 꿈꾸는 집」을 읽어 봅시다. ○이야기를 읽고 내용 확인하기 • 상수리가 피아노와 함께 꿈꾸는 것이 왜 힘든 일이 되어 버렸나요? • 자신이 만약 피아노라면 상수리에게 어떤 말을 해 주 고 싶나요? • 어기와 풍의 꿈은 각각 무엇인가요?	
	사건흐름 파악하기	■사건 흐름 파악하기 ○사건 흐름 파악하기 •「이모의 꿈꾸는 집」을 읽고 사건 흐름을 파악해 봅시 다. (피아노 소리가 나지 않아 힘들어하는 상수리에 게 이모는 피아노 건반을 씻어 오라고 한다.→상수 리와 진진이 피아노 건반을 씻고 있을 때 어기와 초 리가 날아온다. 어기는 초리에게 나는 방법을 물으며 즐겁게 나는 꿈을 꾼다.→빨랫줄에 매달린 피아노 건반이 바람에 흔들리면서 피아노 소리가 들려온다. 상수리는 예전에 즐겁게 피아노를 연주하며 꿈꾸었 던 기억을 떠올리고 다시 피아노를 연주한다.→진진 은 풍과 대화하며 풍이 행복한 꿈을 꾸며 살고 있음 을 알게 된다. 또 이모의 꿈은 재미있는 책들과 꿈꾸 는 아이들이 오는 집임을 알게 된다.) ■이어질 사건 상상하기 ○이어질 사건 상상하기 • 이모의 꿈꾸는 집에서 캠프를 마친 뒤 진진에게 어떤 변화가 일어날지 상상해 봅시다.	

가치 확인하기 (20분)	가치 파악하기	■인물이 처한 상황에서 한 말이나 행동 찾기 ○인물이 처한 상황 찾기 • 각 인물이 처한 상황을 생각해 봅시다. ○인물이 처한 상황에서 한 말이나 행동 찾기 • 각 인물이 처한 상황에서 한 말이나 행동을 찾아봅시다. ■인물이 그렇게 말하고 행동한 까닭 생각하기 ○인물이 한 말이나 행동의 까닭 파악하기 • 각 인물이 처한 상황에서 그 인물이 그렇게 말하고 행동한 까닭을 생각해 봅시다.	
	가치 발견하기	■인물이 추구하는 삶 파악하기 ○인물이 추구하는 삶 파악하기 • 인물을 한 명 골라 그 인물이 추구하는 삶이 무엇인지 생각해 보고, 그 삶과 관련 있는 낱말을 활용하여 표현해 봅시다. (상수리는 '성실'하게 '노력'하는 삶을 추구합니다. / 어기는 지금 당장 이루지 못하더라도 '희망'을 가지고 즐겁게 '도전'하는 삶을 추구합니다. / 퐁은 자신이 하고 싶은 일을 '행복'하게 '열정'적으로 하는 삶을 추구합니다. / 이모는 자신이 좋아하고 가치 있다고 생각하는 것을 꾸준히 하는 '즐거움'이 있는 삶을 추구합니다.)	
가치 평가하기 (20분)	작품에 대한 반응 공유하기	■인물이 추구하는 삶과 자신의 삶 비교하기 ○인상 깊은 구절이나 문장을 찾아 소개하기 • 자신의 마음에 가장 와 닿거나 인상 깊은 문장은 무엇인가요? 밑줄을 긋고 친구들에게 소개해 봅시다. ("하나도 안 힘들어. 꿈꾸는 게 왜 힘드니?" / "꿈은 이루기 위해 있는 게 아니구나. 왜 그걸 미처 몰랐을까?") ○인물이 추구하는 삶과 자신의 삶 비교하기	※인물의 삶과 자신의 삶을 비교하기 전에, 이야기에서 마음에 와 닿거나 인상 깊은 구절을 찾고 소개해 봄으로써 개인의 반응을 공유하고, 감상을 심화하도록 한다.
	가치 비교하기	• 「이모의 꿈꾸는 집」의 인물이 추구하는 삶과 자신의 삶을 비교해 친구들과 이야기해 봅시다.	
	가치 재평가하기	■인물이 추구하는 삶을 생각하며 자신의 생각이나 느낌을 편지로 쓰기 ○편지를 쓸 대상 정하기 • 누구에게 편지를 쓸지 정해 봅시다. ○인물이 추구하는 삶을 생각하며 편지 쓰기 • 인물이 추구하는 삶을 생각하며 자신의 생각이나 느낌을 담아 편지를 써 봅시다.	
가치 일반화하기 (20분)	학습 내용 정리하기	■학습 내용 정리하기 ○공부한 내용 정리하기 • 이 시간에 무엇을 공부했나요? • 인물이 추구하는 삶과 자신의 삶을 비교하려면 어떻게 해야 하나요? (인물이 처한 상황에서 한 말이나 행동에서 그가 추구하는 삶이 무엇인지 생각해 봅니다. / 만약 인물과 같은 상황이라면 자신은 어떻게 할지, 또는 자신의 삶과 비슷한 점이나 다른 점은 무엇인지 생각해 보며 인물과 자신의 삶을 비교해 봅니다.)	

아. 토의 · 토론 학습 모형

(1) 특징

토의 · 토론 학습 모형은 교사와 학생, 혹은 학생들끼리 일정한 규칙과 단계에 따라 대화를 나눔으로써 학습 문제를 해결하거나 학습 목표에 도달하고자 하는 공동 학습 모형의 한 형태이다. 토의는 공동의 관심사인 특정 문제의 바람직한 해결 방안을 찾으려고 구성원들이 협력적으로 의견을 교환하는 대화 형태이다. 토론은 찬반 의견이 분명한 특정 문제에서 각각의 의견을 대변하는 사람들이 쟁점을 두고 논쟁하는 대화 형태이다. 따라서 학습 상황에 따라 토의 학습 모형과 토론 학습 모형으로 나눌 수도 있다. 토의 · 토론 학습 모형은 학습자의 자발적인 학습 참여를 유도할 수 있고, 학습 내용을 폭넓고 깊이 있게 이해시키는 데 효과적이다. 아울러 합리적인 상호 작용과 협력적인 의사소통 능력을 기르고, 분석력, 종합력, 평가력과 같은 고등 사고 능력을 증진시키는 데에도 유용한 방법이다. 학습자는 토의 · 토론 과정에서 자신의 견해나 가치, 신념을 성찰하고 재구성할 수 있다. 교사는 토의 · 토론을 관찰함으로써 학습 상황을 구체적으로 점검하고, 소집단별 지도나 개별 지도 시간을 확보할 수 있다.

(2) 절차

단계	주요 활동
주제 확인하기	• 동기 유발 • 학습 문제 확인 • 토의 · 토론의 목적 및 주제 확인
토의 · 토론 준비하기	• 주제에 대한 자신의 관점 정하기 • 주제에 대한 자료 수집 및 정리 • 토의 · 토론 방법 및 절차 확인
토의 · 토론하기	• 각자 의견 발표 • 반대 또는 찬성 의견 제시
정리 및 평가하기	• 토의 · 토론 결과 정리 • 토의 · 토론 평가

주제 확인하기는 토의나 토론의 목적을 명확히 하고, 주제를 확인하거나 선정하는 단계이다. 토의·토론 준비하기는 주제에 대한 자신의 관점을 정하고, 관련 자료를 수집하고 정리하며, 토의·토론의 방법 및 절차를 확인하는 단계이다. 이때 각종 도서나 인터넷 검색, 토의, 조사 등의 다양한 방법으로 자료를 확보할 수 있다. 토의·토론하기는 정리된 자료를 바탕으로 자신의 의견을 제시하고, 다른 사람의 의견에 대하여 찬성 또는 반대 의견을 제시하는 단계인데, 이때 토의나 토론의 규칙을 준수하도록 강조한다. 정리 및 평가하기는 토의·토론의 결과를 정리하고, 토의·토론 자체를 점검하고 평가하는 단계이다.

(3) 활용

토의·토론 학습 모형은 간단한 정보나 지식의 습득보다는 고차적인 인지 능력을 요구하는 수업에 적합하며, 특정 문제의 해결 방안을 모색하거나 태도 변화를 꾀하는 데 적합하다. 따라서 이 모형은 학습 문제 해결을 지향하는 차시의 특성상 대부분의 차시에 응용할 수 있다. 그 가운데 에서도 특히 말하기·듣기 영역의 토론 및 토의 수업에 알맞은 모형이다. 이 모형은 학습자의 자발적인 참여와 창의적인 사고가 필요하다. 또 학습자의 의사소통 기능과 대인 관계 기능이 수업의 성공에 관건이 된다. 따라서 교사는 학습자가 책임의식을 가지고 적극적으로 토의·토론 에 참여할 수 있도록 지속적으로 관심을 유도해야 하고, 토의·토론에 필요한 기본 화법 등 토의·토론의 방법과 절차를 사전에 꾸준히 지도해야 한다. 또 교사는 토의·토론 주제 선정에서 부터 정리 및 평가에 이르기까지 수업 계획과 준비를 철저히 해야 한다. 특히 교사는 토의·토론 의 궁극적인 목적과 가치를 인식하고, 토의·토론이 개개인의 의견만 제시하는 것으로 그치지 않도록 주의해야 한다. 아울러 학습자가 토의·토론 자체에 집중해 학습 목표를 소홀히 다루지 않도록 해야 한다.

〈표 8〉 토의·토론 학습 모형을 적용한 국어과 교수 학습 과정안

(2015 개정 국어과 교육과정, 5-2학기 6단원)

단계(시간)	학습내용	교수 학습 활동	자료(▶) 및 유의점(※)
주제 확인하기 (10분)	동기유발	■토론에 적합한 주제를 몸으로 표현하기 ○토론에 적합한 주제를 몸으로 표현하기 • 선생님이 말해 주는 문제가 토론에 적합하다고 생각하면 ○ 표, 적합하지 않다고 생각하면 ×표를 몸으로 표현해봅시다. [급식실에서 조용히 하는 방법은 무엇일까?(×) / 도서관을 잘 이용하자.(×) / 교실에서 만화책 보기를 금지해야 한다.(○) / 쉬는 시간에 학교 강당을 자유롭게 이용해야 한다.(○) / 학급규칙을 잘 지키자.(×)	
	학습목표 확인하기	■학습목표 확인하기 　　　　주제를 정해 토론할 수 있다.	
	학습계획 확인하기	■학급 토론회를 하는 방법 알아보기 ○이 시간에 공부할 내용 알아보기 • 토론 주제 정하기 • 역할 정하기 • 토론하기	
토론 준비하기 (30분)	토론 주제 정하기	■토론 주제와 자신의 의견 정하기 ○토론 주제 떠올리기 • 학급 친구들과 함께 토론 주제를 정해 봅시다. • 자신이 토론하고 싶은 주제를 떠올리고, 그 주제로 토론하고 싶은 까닭을 말해 봅시다. • 친구들과 의논해 토론 주제를 정해 봅시다. • 학급에서 정한 토론 주제는 무엇인가요? ("초등학생도 교복을 입어야 한다."입니다.) ○토론 참여자의 입장 정하기 • 토론 주제에 대해 자신은 어떻게 생각하나요?(초등학생도 교복을 입어야 한다고 생각합니다. / 초등학생은 교복을 입으면 안 된다고 생각합니다.) • 왜 그렇게 생각하나요?(교복을 입으면 옷에 드는 비용을 절약할 수 있기 때문입니다. / 각자의 개성을 존중해야 하기 때문입니다.)	※토론 주제는 학생들이 일상생활에서 직면할 수 있는 논제 가운데에서, 찬반양론이 뚜렷하며 찬성편과 반대편의 여론이 비슷해야 한다는 두 가지 조건에 만족하는 논제로 정하는 것이 좋다.
	주장과 근거 마련하기	■토론 준비표 작성하기 ○자기편 주장에 대한 근거 마련하기 • 자기편 주장을 뒷받침할 근거를 두세 가지 정도 써 봅시다. • 근거를 뒷받침할 수 있는 자료를 생각나는 대로 써 봅시다. ○예상 반론 떠올리기 • 상대편에서 펼칠 주장과 그것에 대한 근거를 예상해 봅시다. • 상대편 반론을 반박할 수 있는 자료를 생각해 봅시다.	
	토론 자료 준비하기	■토론에 필요한 자료 준비하기 ○토론 자료 조사하기	

		• 주장을 뒷받침할 수 있는 근거를 마련하려면 무엇을 해야 하나요?(자료를 조사해야 합니다.) • 어떤 방법으로 자료를 찾을지 생각해 봅시다. • 자기편 주장을 뒷받침하고 상대편 반론을 반박할 수 있는 자료를 조사해 봅시다. • 정리한 자료를 같은 편 친구들과 바꾸어 읽고, 실제 토론에서 효과가 있을지 생각하며 자료의 타당성을 살펴봅시다.	
토론하기 (30분)	토론규칙 안내하기	■토론 시작하기 ○논제 및 토론 규칙 안내하기 • 사회자가 논제 및 토론 규칙을 안내합니다.	
	토론하기	■주장 펼치기 ○찬성편 주장 펼치기 • 주장을 뒷받침하는 근거를 제시하며 찬성편이 주장을 펼쳐 봅시다. ○반대편 주장 펼치기 • 주장을 뒷받침하는 근거를 제시하며 반대편이 주장을 펼쳐 봅시다.	
		■반론하기 ○반대편 반론 및 질문하기 • 반대편이 찬성편의 주장과 근거에 대해 반론을 제기해 봅시다. • 찬성편이 이에 대해 답변하고 반박해 봅시다. ○찬성편 반론 및 질문하기 • 찬성편이 반대편의 주장과 근거에 대해 반론을 제기해 봅시다. • 반대편이 이에 대해 답변하고 반박해 봅시다.	※상대편의 주장과 근거에 반론을 제기할 때에는 '주장 펼치기'의 내용에 대해서만 반론할 수 있다. 이 단계는 질문과 답이 오고 가며 공방이 펼쳐지기 때문에 토론이 자칫 감정적으로 흐르기 쉬우므로 침착한 태도를 유지하도록 지도한다.
		■주장 다지기 ○찬성편 주장 다지기 • 찬성편의 주장과 근거를 정리해 주장을 분명히 해 봅시다. ○반대편 주장 다지기 • 반대편의 주장과 근거를 정리해 주장을 분명히 해봅시다.	
정리 및 평가하기 (10분)	토론 방법 및 태도 점검하기	■토론하는 방법 및 태도 평가하기 ○토론 점검하기 • 토론에 잘 참여했는지 스스로 점검해 봅시다.	
	공부한 내용 정리하기	■학습 내용 정리하기 ○공부한 내용 정리하기 • 이 시간에 무엇을 공부했나요? • 토론하고 난 뒤에 생각이 변했거나 더욱 확고해진 경우를 말해 봅시다.	

제4장
초등 국어과 교수 학습 설계 및 과정안 작성

1. 초등 국어과 교수 학습 설계의 필요성

초등 국어과 교수 학습 설계는 초등 학습자의 국어 능력 신장을 목적으로 교수 학습 요소를 정하고 전반적인 활동 계획을 수립하는 실증적인 과정이다. 교수 학습 설계는 학습자가 교육을 통해 실생활에서 활용할 수 있는 지식, 기능 등을 갖추게 되었는지를 입증하고자 한다(Reiser & Dempsey, 2002:23). 교사는 초등 국어과 교수 학습을 설계하면서 학습자가 익힐 교육 목표를 설정한 후, 내용과 방법을 구성하고, 어떻게 평가할 것인가를 판단한다.

초등 국어과 교수 학습 설계는 국어 교수 학습 목표 달성을 위한 교사의 계획적이고 의도적인 활동이다. 초등 국어과 교수 학습 설계가 필요한 이유는 다음과 같다.

첫째, 초등 국어 교수 학습의 특성을 파악할 수 있다. 교수 학습 설계를 위해서는 단원 목표, 차시 목표, 성취 기준, 내용 체계 등을 분석해야 한다. 예를 들어, '자신을 소개하는 글쓰기'가 학습 목표인 경우, 소개하는 글이 무엇인지, 소개하는 글은 왜 쓰는지, 소개하는 어떻게 쓰는지, 소개 대상의 범위는 무엇인지 등을 파악하지 않으면 적절한 수업 설계를 할 수 없다. 교사는 수업을 설계하는 과정에서 국어 수업의 특성을 파악하고 이해할 수 있다.

둘째, 초등 국어 교수 학습의 전반적인 흐름을 조망할 수 있다. 국어 교수 학습은 각 학습 단계가 유기적인 연결 관계를 형성한다. 예를 들어, 단원은 '준비학습 - 기본학습 - 실천학습' 단계로 연결되고, 차시 수업은 교수 학습 모형의 단계 등을 고려해 '도입 - 전개 - 정리' 등의 순으로 연결한다. 초등 국어과 교수 학습 설계는 각 단계 간 유기적 연결을 가정하기 때문에 전반적인 교수 학습의 흐름을 조망할 수 있다.

셋째, 초등 교수 학습 수행의 질 개선에 도움이 된다. 교사는 국어과 교수 학습을 설계하는 과정에서 선택하기, 수정하기 등의 인지적인 과정과 국어 교수 학습에 흥미 가지기, 국어 교육과 교수 학습 설계의 가치 알기 등의 정의적인 과정을 거친다. 교사는 교수 학습과 관련한 자기 이해, 자기 성찰 경험을 하며 교수 학습 수행의 질 개선을 할 수 있다.

넷째, 초등 국어 교수 학습의 효과를 극대화할 수 있다. 국어 교수 학습은 학습자가 자기의 국어 능력을 확인하고 신장하는 일련의 학습 경험을 제공한다. 국어 교수 학습의 설계는 국어 능력 신장의 실증적인 과정을 체계적으로 계획하기 때문에 국어 교수 학습을 통해 얻을 수 있는 학습 효과를 신장할 수 있다.

다섯째, 초등 국어 교수 학습에서 생기는 오류를 예측할 수 있다. 국어 교수 학습 설계는 국어 학습 계획을 수립하는 실증적인 과정이다. 실제 교수 학습에서 교사가 기대하는 것, 발생할 수 있는 문제점 등을 살펴보고 평가할 수 있다. 특히 자기 평가, 동료 평가 등을 통해 발생할 수 있는 오류를 구체적으로 점검하고 대비할 수 있다.

2. 초등 국어과 교수 학습 설계 단계

여기에서는 Glaser의 교수 모형을 변형해 초등 국어과 교수 학습 설계 모형을 다음과 같이 제시하겠다. 초등 국어과 교수 학습 설계 모형의 단계별 세부 요소 설정 과정은 회귀적이다. 설계 과정이나 교수 학습 실행 과정에서 문제가 발생할 경우, 단계별 세부 요소를 유기적으로 분석해 문제를 해결할 수 있다.

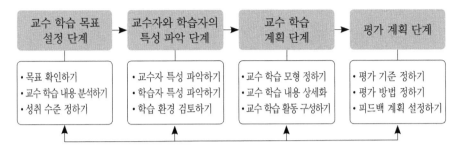

[그림 1] 초등 국어과 교수 학습 설계 모형

가. 교수 학습 목표 설정 단계

교수 학습 목표 설정 단계의 '목표 확인하기'는 교과서에 제시된 차시 학습 목표와 단원 학습 목표를 확인하고 분석하는 과정이다. '교수 학습 내용 분석하기'에서는 차시 학습 목표와 단원 학습 목표와 연계된 교육과정 성취기준과 내용 체계의 핵심 아이디어와 내용 요소를 확인하고 분석한다. 문장 형식의 성취기준을 분석할 때는 성취기준을 구성하는 낱말이 어떤 학습 개념을 내포하고 있는지, 특히 수행 동사가 제시하는 학습 활동은 무엇인지 등을 유기적으로 분석해야 한다. '성취 수준 정하기'에서는 학습 목표나 성취기준의 도달 여부를 판단할 기준을 모색하고 정한다.

① 목표 확인하기
- 학습 목표를 체계적으로 분석하는가?
  - 차시 학습 목표와 단원 학습 목표는 무엇인가?
  - 다른 차시, 다른 단원, 다른 학년의 학습 목표와 어떻게 연계되는가?
  - 학습 목표는 어떤 성취기준을 반영한 것인가?

② 교수 학습 내용 분석하기
- 학습 목표와 관련한 핵심 내용은 무엇인가?
  - 학습 목표는 어떤 성취기준을 반영한 것인가?
  - 학습 목표와 성취기준에 제시된 교육 내용은 무엇이고 수준과 범위는 어떠한가?

③ 성취 수준 정하기
- 차시 교수 학습이 기대하는 교육적 성과는 어떠한가?
  - 학습자가 알게 될 것, 할 수 있게 될 것, 갖추어야 할 태도 등은 무엇인가?
  - 이 차시 교수 학습으로 학습자가 갖추어야 할 성취 수준은 어떠한가?

나. 교수자와 학습자의 특성 파악 단계

교수자와 학습자의 특성 파악 단계는 본격적인 교수 학습 계획의 준비 단계이다. 먼저, '교수자의 특성 파악하기'에서는 교수자의 전문성, 매체나 자료의 활용 수준 등을 파악한다. '학습자 특성 파악하기'에서는 교수 학습 목표와 관련한 학습자의 선행 지식 수준, 경험, 요구, 흥미 등을 파악한다. 또, 학습자의 이해 및 수행 활동에 영향을 미칠 수 있는 요인 등을 미리 점검한다. '학습 환경 검토하기'에서는 교실 환경, 기자재의 작동 여부, 활용 가능한 자료의 유무 등 물리적 환경과 학생의 참여 의지, 정서적 상태 등 심리적 환경을 확인한다.

① 교수자 특성 파악하기
- 교수자의 수업 설계 목적은 무엇인가?
- 교수자의 선행 지식 수준은 어떠한가?

② 학습자의 특성 파악하기
- 학습자가 자기주도적으로 학습할 수 있도록 점진적 책임이양을 도모하는가?
- 학습자의 의미 구성 과정, 상호작용 과정을 반영하는가?
- 언어를 통한 학생의 고차원적 사고 경험을 유도하는가?

③ 학습 환경 검토하기
- 교수 학습 내용을 가르치기 위한 매체, 자료 등을 충분히 활용할 수 있는가?
- 실제 언어 상황을 설정하는 활동 중심 수업에 필요한 교구나 매체 등이 구비되어 있는가?
- 학습자가 안정적인 상황에서 학습할 분위기가 갖추어져 있는가?

다. 교수 학습 계획 단계

교수 학습 계획 단계의 '교수 학습 모형 정하기'에서는 초등 국어과의 하위 영역 특성, 교수 학습 목표, 교육 내용 등을 고려해 적절한 교수 학습 모형을 선정한다. 교수 학습 모형을 독립적으로 적용할 수도 있지만 학습 상황에 따라 두 개 이상의 교수 학습 모형이 병용 가능함을 인지한다. '교수 학습 내용 상세화'에서는 도입-전개-정리 등 교수 학습 모형의 단계에 따라 교수 학습 내용을 체계적으로 구성한다. 교수 학습 내용을 구성할 때는 교과서의 차시가 '준비 학습', '기본 학습', '통합 학습', '실천 학습' 중 어느 학습에 해당하는지, 학습 목표를 고려하였을 때 핵심적인 내용인지, 학습자의 수준과 요구에 부합하는지 등을 고려해 정한다. '교수 학습 활동 구성하기'에서는 학습자의 국어 능력 신장을 위한 구체적이고 의미가 있는 활동을 마련한다. 학습 목표와의 연계를 고려하지 않고 흥미 위주의 활동을 구안하면 자칫 내용 없는 활동 중심 수업이 될 수 있다. 또 발문은 적절한지 살펴야 한다.

---

① 교수 학습 모형 정하기
- 교수 학습 목표에 부합하는 모형을 선정하였는가?
- 교수 학습 목표와 내용에 맞게 모형을 적절히 구성(재구성)하였는가?

② 교수 학습 내용 상세화
- 교수 학습 모형의 단계에 따라 내용을 체계적으로 구성하였는가?
- 교수 학습 목표를 고려해 핵심 내용을 정하였는가?
- 학습자의 수준과 요구에 부합하는 내용인가?

③ 교수 학습 활동 구성하기
- 제재 자체보다는 방법을 강조하는가?
- 정확하고 구체적이며 명료한 방법으로 활동을 제시하는가?
- 언어 사용의 맥락(상황 맥락, 사회문화적 맥락)을 고려하는가?
- 발문은 적절한가?
- 매체 활용 목적이 뚜렷한가?
- 매체 특성을 제대로 알고 선정하는가?

- 학습 목표 달성에 도움이 되는 다양한 매체를 활용하는가?
- 제재나 자료가 초등 학습자의 경험과 관련이 있거나 흥미를 유발할 수 있는가?
- 제재나 자료가 초등 학습자의 이해 수준에 적합한가?
- 제재나 자료가 학습 목표 달성에 구체적으로 도움이 되는가?

라. 평가 계획 단계

평가 계획 단계는 학습의 결과를 학습 목표와 비교해 도달 여부를 확인하고 후속 학습을 마련하는 단계이다. '평가 기준 정하기'는 학습 목표와 성취기준을 고려해 정한다. 평가 기준을 정할 때는 몇 단계로 구성할 것인지, 도달 여부 기준을 어느 단계로 할 것인지, 도달 여부의 수준은 어떠한지 등을 면밀히 살펴야 한다. '평가 방법 정하기'는 실현 가능하고 학습에 도움이 되는 방법으로 정할 수 있다. '피드백 계획 설정하기'에서는 평가 결과를 토대로 학습자 맞춤형 피드백 계획을 정해 후속 학습을 준비하도록 한다.

① 평가 기준 정하기
- 학습 목표와 교육 내용을 고려한 평가 기준인가?

② 평가 방법 정하기
- 적절한 평가 방법은 무엇인가?
- 평가 방법은 구체적이고 실제적인가?
- 목표 도달 여부 확인을 위해 다양한 증거 수집 방법을 마련하였는가?

③ 피드백 계획 설정하기
- 평가 결과가 교사 수업의 질 향상, 학생의 학습 능력 신장에 도움이 되는가?

3. 초등 국어과 교수 학습 과정안의 이해와 실제

가. 초등 국어과 교수 학습 과정안의 이해

초등 국어과 교수 학습 과정안은 수업 설계 결과를 문서로 정리한 것이다. 학습 목표 달성을 위한 체계적인 교수 학습 계획서이다. 교수 학습 과정안은 수업 지도안, 수업 과정안, 교수 학습 지도안, 교수 학습 과정안 등 다양한 용어로 지칭한다. '교수 학습'이라는 용어는 교사와 학습자의 상호 소통 측면을 강조한 용어이고, '과정안'은 교사 중심 관점인 '지도안'보다 교사와 학습자의 상호 작용을 강조하고 있다. '교수 학습 과정안'이라는 용어는 교사와 학습자를 교수 학습 구성 참여자로 보고 상호 작용을 강조해 수업을 설계한 문서를 지칭한다.

초등 국어과 교수 학습 과정안은 교사의 수업 질 향상과 학습자의 학습 능력 신장 , 교수 학습 설계와 수행의 공유를 목적으로 작성한다. 특히 예비 교사는 교수 학습 흐름을 설계부터 실행까지 유기적으로 파악할 수 있고, 설계한 내용과 실제 수업 수행 간의 차이점과 유의점 등을 확인할 수 있다.

국어 교과 수업 설계안은 지역별로, 학교별로 다양하고, 통일된 하나의 양식이 있는 것이 아니다. 지역에 따라 강조하는 교육적 활동이 더 추가되기도 하는데, 어떤 지역에서는 창의성 교육을 강조하여 해당 차시의 교육 내용이 창의성과 관련지을 수 있도록 수업 설계안을 구안하고, 또 다른 지역에서는 학생들의 반응에 집중할 수 있도록 하기 위해 학습 과정을 교사와 학생으로 나누어 구안하기도 한다.

국어 교과 수업 설계안의 양식이 서로 다르긴 하지만 공통된 항목이 존재하는데, 이 항목을 중심으로 초등 국어 교수 학습 과정안 양식을 제시하고자 한다. 실제 초등학교 현장에서는 단일 모형과 복합 모형이 모두 사용되고 있다.

나. 초등 국어과 교수 학습 과정안의 형식

교수 학습 과정안은 계획의 구체성 범위에 따라 세안과 약안으로 구분한다. 세안은 약안의 내용을 포함해 학습 목표, 주요학습 내용, 지도상의 유의점, 지도 내용 및 계획, 평가 계획 등을 자세하고 구체적으로 작성하는 과정안이다. 약안은 본 차시 교수 학습 과정과 평가에 초점을 맞추고 간략하게 작성하는 과정안이다.

(1) 세안

약안과 세안의 활용 범위는 특별히 구분하지 않는다. 필요에 따라 예비 교사의 현장 실습 수업, 초등학교의 연구 수업이나 공개 수업 등을 할 때 선택해 활용한다.

세안에 들어갈 하위 요소는 교과 특성, 교수자와 학습자의 특성, 학습 목표, 교육 환경 등에 따라 달라질 수 있다. 대체로 단원명, 단원 설정 이유, 단원 학습 목표, 지도 내용 및 유의점, 교수 학습 계획, 교수 학습 과정, 평가 및 피드백 계획 등을 포함한다.

'단원명'은 국어 교과서의 해당 단원명을 적는다. '단원 설정의 이유'는 학습 심리상, 학습 경험상, 사회적 요구로 구분한다. 학습 심리상은 단원 학습 목표와 관련한 초등 학습자의 요구, 흥미 등을 분석하는 것이다. 학습 경험상은 교육과정 내용 체계 등을 고려해 해당 단원 학습 이전 학습자가 학습한 내용, 선행 경험 등을 파악하는 것이다. 사회적 요구는 해당 단원 학습 목표와 관련한 사회적 분위기와 요구 등을 탐색하는 것이다. '단원 학습의 목표'는 학습 능력을 구성하는 지식, 기능, 태도를 구분해 작성한다. '학습 지도 내용 및 지도상의 유의점'은 교육과정의 성취기준, 내용 체계, 교과서 내용을 중심으로 작성하되, 필요하다면 해당 초등 국어과 영역의 이론, 내용, 방법 등을 참고해 작성한다. '교수 학습 계획'은 단원 학습 계획, 차시 배당 및 시간, 참고 자료, 준비물, 관련 자료 등을 작성한다.

'지도 과정'은 본 차시 학습의 주제, 학습 목표를 기록하고, 약안에서 작성하는 내용을 참고로 교수 학습 과정안을 제시한다. '평가'는 평가 요소, 평가 문항, 평가 방법, 평가 기준 등을 작성한다.

<표 1> 교수 학습 과정안(세안)의 예시

교수 학습 과정안(세안)

일 시		대 상	
장 소		교 사	

Ⅰ. 단원명

Ⅱ. 단원의 개관

   1. 단원의 목적

   2. 주요 단원 학습 내용과 활동

   3. 단원 학습으로 기대하는 학습 능력

   4. 이 단원의 국어과 교과 역량

Ⅲ. 단원의 계열

   1. 성취 기준과 국어 자료의 예

   2. 본학습의 주요 내용과 활동

   3. 본학습과 선수 학습, 후속 학습의 관계

Ⅳ. 단원 및 차시 학습 목표와 성격

   1. 단원 학습 목표

   2. 차시 학습 목표

   3. 차시별 학습 성격

Ⅴ. 단원 평가 계획

Ⅵ. 주요 학습 내용 및 활동과 지도의 유의점

   1. 차시별 주요 학습 내용 및 활동

   2. 지도의 유의점

차시	『국어』 쪽	차시 학습 목표	주요 학습 내용 및 활동

Ⅶ. 본시 교수 학습 계획

   1. 본시 학습 목표

   2. 본시 교수 학습 개요

   3. 교수 학습 과정안

(약안 표)

   4. 차시 평가 계획

(2) 약안

약안에 들어갈 하위 요소는 교수 학습의 목적과 상황, 교과 특성, 교수자와 학습자, 교육 환경 등에 따라 변한다. 약안은 대체로 학습 목표, 교수 학습 모형, 교수 학습 과정, 학습 자료나 매체, 평가 계획, 시간 계획 등을 간단하고 명료하게 확인할 수 있도록 구성하고 있다. 다음은 초등 국어과 교수 학습 과정안 약안 형식의 한 예이다.

〈표 2〉 단일 모형(반응중심 학습 모형)의 일부를 적용한 약한 형식의 예시

국어과 교수 학습 과정안

교과		일시			지도교사	김○○
단원(제제)		차시	3~4/10		장소	○학년 ○반 교실
학습목표						
교수 학습모형		반응중심 학습모형		학습의 성격		통합 학습

단계	학습 내용	교수 학습 활동	시간	학습 형태	자료(*) 및 유의점(#)
반응 준비	동기 유발	■ 동기 유발 ○ 단어 연상하기 • '도깨비' 하면 무엇이 생각나나요? (뿔, 방망이. 무섭고 사나운 이미지, 사람을 괴롭히는 것)	5'	전체 학습	

〈평가 계획〉

교수 학습 활동의 표기 원칙은 다음과 같다.

〈교수 학습 활동 표기 원칙〉

■ 활동명
 ○ 세부 활동명
  • 교사의 발문, 설명할 때
  • 학생들의 반응을 열거할 때

제5장
국어과 교과서 재구성 수업 방안

1. 교과서 재구성 수업의 필요성

가. 학습자 중심의 수준별 국어교육 지향

국어과 교육은 학습자 중심의 수업을 지향한다. 학습자 중심 국어교육의 원리 중 하나인 학습자의 개별적 특성이 학습에 영향을 준다는 점을 인식하는 학습자 중심의 국어교육이다. 학습자 중심의 국어교육은 학습자의 특성을 고려하면서 언어교육의 지향으로서 상호작용성을 극대화하고 언어교육에 관여하는 다양한 요소들을 상호 통합하는 접근법이다(신헌재·이재승 편, 1996). 이 학습자 중심의 국어교육은 수준별 교육과 수준별 수업으로 구현된다.

국어과 교육에서 지향하는 수준별 교육 및 수준별 수업에서 '수준'의 개념은 세 가지 차원이다(교육부, 1998). '학습자의 능력 수준', 교육내용으로서 '학습 내용 수준', 학습자의 '학습 성취 수준'이다. 첫째, 학생들의 능력 수준은 선수 학습 요인 또는 선행 학습의 성취와 관련한 개념이다. 둘째, 학생들이 학습하는 내용과 관련된 '수준'은 학습 범위로서의 수준이다. 셋째, 학생들의 성취 기준은 학습의 결과로서 도달해야 할 성취 정도와 관련된 수준이다.

이 세 가지 수준을 교실 수업에서 실현하기 위해서는 학습자의 능력 수준이나 학습 내용 수준을 구현한 수준별 교육과정이나 수준별 교재가 뒷받침되어야 한다. 실제 학습자 중심의 수준별 수업은 교실 수업에서 교사에 의해 이루어진다. 학습자 중심의 수준별 국어교육을 실현하기 위한 국어과 교과서 재구성 방안이 한명숙(2000)에서 일찍이 제안된 바 있다.

나. 수준별 국어 수업의 실현

국어과 수준별 교육은 개별화 교육의 가치를 지향한다. 초등학생의 언어 능력 및 학업 성취 수준 등이 매우 다양하다는 점에서 학생들의 국어능력을 기르는 국어과 교육은 수준별 수업을 추구한다. 학생들의 수준에 맞춘 국어과 수업의 추구이다.

국어과 교육과정은 학습자의 수준을 규정하는 주체를 단위 학교로 설정하고, 학습자의 다양한 수준 차이를 파악하는 주체로서 교사에게 학습자의 수준을 해석하는 권한과 이 해석에 따른 수준별 교육의 내실화를 제시하였다(이재기 외, 2007). 수준별 국어과 교육의 실현 주체가 학교와 교사이므로, 국어과 교과서도 학교 단위, 교사 단위의 자율적이고 효과적인 수준별 학습이 이루어지도록 편찬하게 된다. 각 교실에서 여건과 상황 및 필요에 따라 자율적으로 수준별 학습이 이루어지게 교육과정과 교과서가 지원하는 양상이다.

수준별 국어과 교육의 구현은 학습자의 학습 준비도나 '성취기준' 도달 정도를 파악하고, 개인 차를 해소하기 위한 교수·학습 방안의 계획으로 이루어지며, 구체적인 방안은 다음과 같다(교육과학기술부, 2007, 68).

① 개인차를 해소하는 방안은 학교의 실정, 학습자의 요구 등을 고려하여 계획하되, 수업 시간이나 방과 후 교육 활동 등을 활용
② 학습 과제는 개인차를 고려하여 다양한 방법으로 제공하되, 학습자의 학습 결손이 누적되지 않도록 유의
③ 학습자의 개인차를 고려하여 다양한 교수·학습 자료 개발

학습자의 개인차는 학습 능력의 개인차, 정의적 요인의 개인차, 인지·학습 양식의 개인차로 세 가지다. 능력과 정의적 차이 및 인지적 차이나 학습 양식의 차이까지 모두 학습자의 수준으로 다루어진다는 뜻이다. 이때 주목할 점은 수준별 교수 학습 자료의 개발이다. 이는 학습자의 관심, 흥미, 선행 학습 경험, 학습 준비도, 학업 성취 수준 등을 고려한 교수 학습 자료의 개발을 뜻한다. 이는 교과서 재구성 수업의 실현을 지향한다.

2. 교과서 재구성 수업의 지향

가. 학습자 수준의 두 가지 층위 반영

교과서 재구성 수업은 학습자 중심의 수준별 수업을 지향한다. 수준별 국어과 수업의 실현을 위해서는 '수준'의 개념에 대한 이해가 중요하다. 교육이나 학업에서 '수준'을 학업성취도와 관련하여 '높다' 혹은 '낮다'로 표현하는 개념으로 이해되었으나, 이는 수적이고 양적이며, 수직적이고 선적인 개념으로, 국어과 교육이 지향하는 수준의 개념과 다르다. 교과서 재구성 수업이 지향하는 수준의 개념은 학습자의 동기, 흥미, 습관, 가치 및 학습 양식, 능력, 태도, 성취 정도, 발달적 차이, 지역적 차이 등 학생이 지닌 온갖 차이를 포괄하는 개념으로 인식한다.

국어과 교과서 재구성 수업은 두 가지 층위의 수준을 고려한다.

(1) 학습자 사이의 개별적 차이 반영

학습자는 서로 개인차를 지닌 주체이다. 이들의 차이를 이해하고 존중함으로써 수준별 국어과 수업이 이루어진다. 교과서 재구성 수업에서는 학습자의 모든 차이, 흥미조차도 개별적 차이로 반영한다. 가령 국어과 교과서 수록 제재에 대한 흥미 수준을 고려할 수 있는데, 이는 국어과 교과서에 수록된 단일 제재가 모든 학생의 흥미 수준을 충족하기 어렵기 때문이다. 교과서 수록 제재에 대한 흥미 수준은 지역, 학교, 학급마다 다르다. 교과서 재구성 수업에서는 이를 고려하여 학습자 개인의 흥미와 관심 등의 흥미 수준을 고려한다.

(2) 학습자 집단이 형성하는 수준의 반영

교실 수업은 학습자 집단을 대상으로 하므로 학습자 집단의 구체적인 수준을 고려한다. 수업에서 파악할 수준은 두 가지다. 하나는 학습자 집단이 형성하는 수준이고, 다른 하나는 교과서가 제공하는 학습 내용 수준이다. 국정 교과서 체제의 초등학교 국어과 교과서는 일정한 수준을 지니는데, 교과서가 제시하는 학습 내용 수준은 학습자 집단의 수준과 일치하기 어렵다. 교과서 재구성 수업은 이 차이를 인식하고 국어과 교수 학습을 운영하여 학습자 중심의 수준별 국어과 교육을 실현하는 수업이다. 교과서 수준이 학습자 집단의 수준과 차이를 지닐 때 교과서의 내용을 보완하여 차이를 극복할 수 있도록 교과서의 내용을 재구성하는 것이다. 교과서 내용의 보완은 교과서 제재나 활동을 학습자의 수준에 적합하도록 조정함으로써 이루어지는데, 이 과정과 결과가 교과서 재구성 수업으로 나타난다.

나. 교과서를 보는 관점의 확대

교과서는 학생 교육을 위하여 사용되는 학생용의 서책, 지능정보화기술을 활용한 학습지원 소프트웨어 및 그 밖의 음반·영상과 같은 전자 저작물 등을 말한다(교육부, 2023). 국어 교과서는 초·중·고등학교에서 국어과 교육을 위하여 사용되는 학생용 서책 등을 일컫는다. 이 국어 교과서를 보는 관점을 '국어 교과서관'이라고 하는데, 크게 열린 교과서관과 닫힌 교과서관으로 나뉜다(신헌재 외, 2017).

교사가 어떤 교과서관에 기반하여 국어 교과서를 받아들이는가에 따라 국어과 교수 학습이 달라진다. 먼저, 닫힌 교과서관에서는 국어 교과서의 교육의 효율성과 균질성, 규범성을 중시하며 교과서를 절대적으로 따라야 할 전범으로 본다. 국어과 교육과정의 목표 및 내용에 따라 체계적으로 구성되며, 교육부에서 완결된 형태로 만들어서 공급한다. 국어과 수업은 주어진 국어 교과서에 제시된 학습 과제를 얼마나 충실하게 수행하는지에 초점을 두며, 수업 과정도 교사 중심으로 이루어지는 특징을 갖고 있다.

반면에, 열린 교과서관에서는 국어 교육의 자율성, 창의성, 전이성을 중시하며 교과서를 주어진 것이라기보다 교사와 학습자가 상호 의사소통 과정을 통해 생성하는 것으로 본다. 즉, 열린 교과서관에서의 국어 교과서는 교육과정 성취기준 달성을 위한 하나의 자료일 뿐이며, 교사는 지역과 학습자의 특성 등을 고려하여 얼마든지 재구성할 수 있다고 본다. 국어과 수업은 학습 과제의 수행보다는 목표 달성 자체에 초점을 두게 되고, 교과서의 비중이 상대적으로 약화된다. 그리고 모방 학습보다 비판, 창의 학습을 중시한다. 이를 정리하면 다음과 같다.

〈표 1〉 국어과 교육의 교과서관 비교

닫힌 교과서관	열린 교과서관
• 교사 중심 • 교과서는 가장 이상적인 교재 • 표준적인 단일 교과서 지향 • 교육의 효율성, 균질성, 규범성 중시 • 교과서에 완전하고 이상적인 언어 자료를 담아서 제공 • 모방 학습, 전범 학습 강조 • 내용 설명, 분석 중심의 국어 수업	• 학습자 중심 • 교과서는 다양한 교재 중 하나 • 다양한 교재 활용 • 교육의 창의성, 자율성, 전이성 중시 • 불완전한 자료라도 목표 달성에 활용할 수 있으면 수용 및 활용 • 비판 학습, 창의 학습 강조 • 학습자 활동, 상호작용 중심의 국어 수업

국어과 교육은 열린 교재관을 중심으로 국어과 수업을 운영하는 추세다. 열린 교재관은 교육의 자율성과 창의성, 전이성을 중시하여, 교재는 주어진 것이라기보다 교사와 학습자가 상호 의사소통 과정을 통해 생성하는 것으로 이해하고, 국어 수업은 학습 과제 수행보다 목표 달성 자체에 초점을 두어 이루어진다(최현섭 외, 2004). 따라서 열린 교재관은 국어과 수업에서 교재 선택의 폭을 넓혀 주기 줄 수 있다면 점에서 의의가 있다.

한편, 국어과 교과서를 재구성하는 수업은 교과서를 국어교육의 목표와 내용, 방법, 평가 등을 반영하고 있는 교수 학습 자료의 일종으로 본다. 그것은 교수 학습의 대상이 아니라 교수 학습의 지침이 되는 자료로서 위상을 지닌다. 국어과 수업에서 사용하는 교과서가 절대적 지침이 아니라 교수 학습 자료의 하나로서 위상을 지닌다는 뜻이다. 교과서를 학습 목표와 내용과 방법을 담고 있는 일종의 자료로서 역할을 하는 교수 학습 자료의 일종으로 보는 관점이다. 그러므로 교과서를 가르쳐야 할 대상으로서가 아니라 가르치기 위한 지침으로서 인식하고, 교과서 재구성 수업을 하게 된다. 교과서로 가르치되, 교과서를 가르치지 않는다는 인식에 기반을 두는 국어과 수업을 운영하는 방안이다.

교과서 재구성 수업에서는 교과서를 광범위한 '교수 학습 자료(teaching materials)'의 하나로 본다. 열린 교재관에 따른 이 관점에서 교과서는 교수 학습 자료의 일종이 된다. 즉, 수업에서 사용하는 모든 자료를 교수 학습 자료로 보고, 교과서를 교재로 인식하는 관점이다. 이때 교과서의 위상은 다음과 같다(한명숙, 2000, 424; 한명숙, 2007, 340).

[그림 1] 교과서와 교수 학습 자료를 보는 관점

이 도식에서 '교재'는 교과서 교재와 교과서 외의 교재로 구별하는데, 국어과 교육에서 교재는 교육과정 목표를 달성하기 위하여 동원되는 일체의 물리적·표상적 실체이다(최현섭 외, 2004, 97). 이 '교수 학습 자료'는 국어과 수업의 특성에 따라 듣거나 읽거나 보아야 할 언어 텍스트인 '교재'와 그 교재를 활용하여 차시 목표를 달성하는 데 필요한 교수 학습 보조 자료로 구별되는 구조다.

교과서를 바라보는 이러한 관점이 교과서를 절대적인 교육 지침으로 여기는 절대적인 교과서관을 지나치게 배척하거나, 교과서를 지나치게 평가 절하하는 상대적인 교과서관을 맹목적으로 따르자는 방향으로 흘러가서는 곤란하다(천경록 외, 2001).

3. 교과서 재구성 수업의 원리와 실제

가. 교과서 재구성의 원리

교과서 재구성 수업을 하기 위해서는 교과서를 재구성하는 원리를 고려한다. 첫째, 교과서를 재구성하는 지향을 명료하게 드러낸다. 즉 어떤 까닭과 근거로 교과서를 재구성하는가에 대한 관점이 명료해야 한다. 그 관점은 교과서 어느 정도의 범위에서 재구성할 것인가를 결정한다. 예를 들어, 2학년 1학기 3단원 1~2차시에서 '옥수수밭' 그림이나 5~6차시에서 '식물은 어떻게 자랄까?' 제재를 활용하는 수업의 경우를 생각해볼 수 있다. 이때 그림이나 제재가 농촌 생활 중심이라 대도시 지역 학습자의 생활 경험과 동떨어져 글에 대한 이해도를 떨어뜨리고, 학습자의 흥미와 관심 수준에 적합하지 않다고 판단한다면 그 그림이나 제재를 학습자의 수준에 적합한 것으로 재구성한다. 교과서 재구성의 지향점 설정은 재구성 수업의 중요한 출발점이다.

둘째, 교과서를 재구성한 결과가 교육과정 목표와 내용에 적합한가를 고려한다. 이는 재구성된 교재에 교육과정의 목표, 학년별 내용 등을 반영할 수 있어야 함을 의미한다. 가령, 2학년 1학기 3단원 5~6차시의 '식물은 어떻게 자랄까?' 제재의 경우, 이 학습이 식물이 어떻게 자라는지를 알게 하는 데 목적을 두는 게 아니라, "꾸며주는 말을 넣어 문장 읽고 쓰기" 능력을 기르는 데 목적이 있으므로, 다른 제재를 활용하더라도 교육과정 내용에 부합하도록 수업을 재구성해야 한다. 교과서의 어떤 내용을 재구성한다고 할 때 그 단원에 어떤 성취 기준이나 내용이 반영되어 있는가를 검토한 후 그것에 맞게 재구성하는 일이 필요하다. 각 단원이나 차시 수업에는 교육과정 성취 기준이 반영되어 있으므로, 교사용 지도서를 살펴보고 확인해야 한다.

셋째, 교과서를 재구성하는 근거를 반영하여야 한다. 왜 교과서의 그 내용을 재구성하는가에 관한 분명한 관점을 교사 스스로 갖고 있어야 하며, 그러한 근거를 명시적으로 드러낼 수 있는 논리도 갖출 필요가 있다. 그리고 그러한 근거에 따라 교과서를 재구성할 때는 그 분명한 관점을 명시적으로 반영하여야 한다. 가령, 1학년 1학기의 경우, 6단원에 '꽃에서 나온 코끼리' 제재가 제시되었는데, 어느 학급의 경우 한글을 해득하는 수준이 매우 낮아 이 제재를 읽고 학습하는 데 어려움을 겪을 수 있다면 교사는 그 차시 제재를 더 짧고 단순한 문장의 제재로 대체하여 재구성한 후 교수 학습을 진행할 수도 있다. 그럴 때 그 재구성의 근거는 제재가 학습자 수준보다 다소 길고 읽기에 어려운 어휘가 많아 학습자의 학습 능력으로 수용하기 어렵다는 데 둘 수 있다.

넷째, 재구성한 자료는 학습자의 흥미를 충족시킬 수 있어야 한다. 교과서는 일반적으로 학습자의 요구와 흥미에 적합하다고 판단한 기준에서 편찬되었다고 보아야 한다. 그러나 모든 학급의 학습자에게 적용될 수는 없다. 따라서 교과서를 재구성할 때도 학습자의 흥미를 충족시킬 수 있고 관심을 지속시킬 수 있는 내용으로 재구성하는 일이 필요하다. 예를 들어, 2학년 1학기 3단원 1~2차시에서 '옥수수밭' 그림보다 강아지나 고양이 그림에 학생들이 더 관심을 보이고 흥미로워하여, '넓은'이나 '활짝' 등의 꾸며주는 말을 배우는 데 더 효과적이라면, 학생들의 흥미와 관심을 반영한 그림을 활용하는 재구성의 효율성을 높일 수 있다.

다섯째, 결과의 효율성을 고려한 교과서 재구성이 되어야 한다. 즉 교과서 재구성 수업이 성취도를 높여 효율적인 교수 학습 과정이 전개되도록 교과서를 재구성하여야 한다는 뜻이다. 학습자의 수준에 더 적합한 학습 내용과 학습 활동으로 교수 학습 목표 달성도를 높이는 것이 교과서 재구성의 궁극적인 목표임을 염두에 두어야 한다. 1학년 1학기 2단원의 예를 들어, 5~7차시에서 '받침이 있는 글자를 읽을 수 있다.'라는 차시 목표를 달성하기 위하여 학습하게 되는 활동에서 '부엌', '팥죽' '열쇠' 등의 낱말을 어려워할 수 있다면, 자기 이름이나 친구의 이름으로 받침이 있는 글자를 만들고 읽어 보게 하는 활동으로 효율성을 높일 수 있다. 학습자의 흥미를 높이는 데도 효과가 있을 것이다.

이상에서 살펴본 교과서 재구성의 원리는 교과서 재구성 수업에서 고려하여야 할 기본 지침이다. 이에 따른 교과서 분석이 이루어지면 교과서를 재구성할 범위와 방법을 결정하게 된다. 학습 목표 차원의 재구성과 학습 내용 차원의 재구성을 결정하는 것이다.

나. 교과서 재구성 방법

(1) 부분 재구성

부분 재구성 방법은 교과서 일부분을 재구성하는 것이다. 국어과 교과서가 한 차시 수업을 위해 제시하는 세 가지 요소는 목표, 제재, 활동이다. 교과서 재구성 수업은 이 중에서 주로 제재와 활동 차원의 재구성으로 이루어진다. 따라서 부분 재구성은 교과서의 구성 내용 가운데 일부분이 학습자의 수준에 적합하지 않다고 본 경우에 해당한다. 그 구체적 방법은 추가 재구성, 삭제 재구성, 대체 재구성, 차시 내 재조직 등으로 나눈다. 차시 단위에서도 가능하고, 단원 범위에서도 가능하다.

첫째, 추가 재구성은 교과서의 학습 내용만으로는 학습량이나 목표 달성도가 부족하다고 판단하였을 때 사용한다. 교과서 내용 외 다른 내용을 더 추가하여 구성할 수 있으며, 이때 교과서 내용과 추가할 내용을 합성하는 방식이 중요하다. 즉 추가한 학습 내용이 교과서의 학습 내용과 조화를 이룰 수 있도록 배열하는 안목이 필요하다고 하겠다. 아울러 이 추가 재구성의 경우 학습할 제재 글을 더 추가할 수도 있고, 학습 활동을 추가하여 운영하는 방안도 생각해 볼 수 있다.

추가 재구성의 예를 들자면, 1학년 1학기 『국어』 교과서 5단원 5~6차시 학습에서 '저녁 인사'라는 시를 중심으로 '인사말'을 배우도록 하는데, 이 차시의 학습에서 제시한 '저녁 인사'와 '안녕'이라는 두 제재에서 배울 수 없는 인사말을 추가하여 재구성할 수 있다. 학습자의 수준이 교과서에서 다루고 있는 엄마, 아빠, 할머니, 할아버지, 토끼, 강아지, 고양이, 쥐 및 '안녕' 제재의 친구 외에 다른 누군가에게 인사를 하고 싶거나 할 수 있다면 교과서 제재 외 인사말을 추가하여 수업을 운영하는 방법이다.

둘째, 생략 재구성은 교과서에 제시된 학습량이 많다거나 목표 달성 과잉이 예견될 때 사용한다. 이때는 교과서 내용 가운데 일부를 생략하여 구성한다. 어떤 내용을 생략할 것인가를 판단하는 것이 중요하며, 학습자의 수준에 따라 합당한 내용을 생략해야 한다. 아울러 생략하여 재구성한 학습 내용만으로 교수 학습 과정을 효율적이고 적합하게 운영하는 능력이 요구된다고 하겠다.

예를 들면, 1학년 1학기 『국어』 교과서 7단원 9~10차시 학습의 경우, '여러 가지 문장을 완성할 수 있다'라는 목표에 도달하기 위하여 '도서관 고양이'라는 제재를 활용하고 있는데, 이때 이야기 내용을 파악하는 활동을 어려워한다면, 교과서의 이 활동을 생략한 후 재구성하여 수업을 운영할 수 있다. 이 차시 학습도 문학-기반 언어교육의 접근법을 취하고 있고, 이 제재의 내용을 이해하고 파악하고 감상하는 데 그 목표가 있는 게 아니라, 이를 활용하여 문장을 만드는데 주안점을 두고 있기 때문이다. 따라서, 고양이가 기차 여행을 했고, 바닷속 여행을 했다는 내용 파악을 생략하고 교과서의 다음 활동을 운영하면서, "문장과 문장 부호를 알맞게 쓰고 한글에 호기심을 가진다"([2국04-03])라는 문법 능력을 심화할 수 있도록 교과서를 재구성할 수 있다.

셋째, 대체 재구성은 교과서 내용 가운데 일부분이 학습자의 수준이나 기타 여건에 적합하지 않다고 판단하였을 때 사용한다. 이때 교사는 교과서 내용 가운데 일부를 다른 내용으로 대신 교체하여 교과서를 재구성할 수 있다. 대체할 내용을 재구성할 때 먼저 고려할 일은 학습자의 수준, 즉 학습 능력과 흥미, 관심 등이다. 아울러 교과서 내용을 대체할 학습 내용을 선정할 때는 교과서를 새로 구성한다는 생각으로 여러 가지 측면을 고려한다. 가령, 철학적 적합성, 심리적 적합성, 사회적 적합성, 담화적 적합성, 학문적 적합성, 교육과정 적합성과 같은 교과서 구성의 원리가 있다(최현섭 외, 2004).

대체 재구성은 제재의 대체 재구성과 학습 활동의 대체 재구성으로 나눌 수 있다. 이 중에 학습 활동을 대체 재구성하는 예를 들면, 교과서의 문장 완성하기 활동은 '그림에 어울리는 문장 완성하기'인데, 대체 재구성 학습 활동에서는 '낱말을 넣어 문장 완성하기'로 재구성할 수 있다. 또한 교과서의 낱말 알기 활동인 '낱말의 뜻을 찾아 선으로 이어 보기'를 '그림에 해당되는 낱말 선으로 이어 보기'로 대체 재구성할 수 있다.

대체 재구성에 따른 학습 활동의 변화를 살펴보면 다음과 같다.

<표 2> 대체 재구성에 따른 학습 활동 변화 예시

교과서 활동		대체 재구성 활동	
글 읽기	'도서관 고양이' 읽기	글 읽기	'도서관 고양이' 읽기
내용 알기	'도서관 고양이'를 읽고 물음에 답하기	내용 알기	'도서관 고양이'를 읽고 물음에 답하기
문장 완성하기	그림에 어울리는 문장 완성하기	문장 완성하기	낱말을 넣어 문장 완성하기
낱말 알기	낱말의 뜻을 찾아 선으로 이어 보기	낱말 알기	그림에 해당되는 낱말 선으로 이어 보기
자신과 관련짓기	도서관에서 빌린 책 가운데 재미있게 읽은 책에 대하여 말해 보기	자신과 관련짓기	도서관에서 빌린 책 가운데 재미있게 읽은 책에 관하여 말해 보기

넷째, 차시 내 재조직은 학습 내용 배열을 재구성하는 것이다. 즉 교과서 내용을 그대로 사용하되 학습 과정만을 재배열하여 재구성하는 것이다. 재조직의 범위는 제재 글의 재배열 및 학습 활동의 재배열을 포괄한다. 가령, 2학년 1학기 『국어』 7단원 9~11차시 학습 활동을 재조직하면, 교과서의 활동을 다음과 같이 배열해 볼 수 있다.

<표 3> 차시 내 활동 재조직의 예시(2-1, 7단원 9-11차시)

교과서 활동	주요 학습 활동	재구성 배열 (1)	재구성 배열 (2)
글 읽기	인물의 마음을 생각하며 「메기야, 고마워」 읽기	글 읽기	글 읽기
내용 알기	「메기야, 고마워」를 읽고 물음에 답하기	자신과 관련 짓기	글과 연결하기
낱말 알기	「메기야, 고마워」에 나오는 흉내 내는 말과 그에 어울리는 뜻을 선으로 이어 보기	내용 알기	낱말 알기
글과 연결하기	「메기야, 고마워」를 다시 읽고 이야기 내용을 정리해 보기	낱말 알기	자신과 관련짓기
자신과 관련 짓기	메기처럼 친구를 도와주었던 경험을 떠올리며 친구들과 이야기해 보기	글과 연결하기	내용 알기
고운 말로 마음 나누기	주변 사람에게 고운 말로 자신의 마음을 전해 보기	고운 말로 마음 나누기	고운 말로 마음 나누기

이 차시의 여섯 활동 중「메기야, 고마워」제재에 대한 이해가 이루어지는 활동을 셋 혹은 네 개로 볼 수 있다. 셋째 활동에서 '흉내 내는 말'을 배우는 학습의 이중적 성격을 비롯하여, '친구를 도와주었던 경험'과 '고운 말로 자신의 마음을 전해 보는' 활동 외에 나머지 활동은「메기야, 고마워」텍스트에 대한 이해와 해석에 집중된다.

그러나 이 차시의 학습 목표는 1학년 1학기『국어』교과서 5단원 5~6차시 학습처럼 "바르고 고운 말로 서로의 감정을 듣고 말한다" 성취기준과 "자신의 경험이나 생각을 바른 자세로 발표한다"성취 기준과 관련된다. 듣기 · 말하기 능력을 기르기 위하여 문학기반 언어교육의 접근법을 취하는 학습이다. 따라서 이 단원의 수업에서는 문학 제재가 나오더라도 그 작품의 감상이 아닌 '바르고 고운 말'을 배우는 데 중점을 두어 활동 재조직의 재구성을 하게 된다. 물론 교사의 의도에 따라 문학능력을 기르는 데 초점을 둔 재구성을 시도할 수도 있다.

(2) 전체 재구성

전체 재구성은 교과서의 한 차시 또는 한 단원 전체의 학습 내용을 재구성함을 뜻한다. 차시 학습 단위나 단원 학습 범위에서 이루어지는 재구성이다. 이런 경우는 차시 학습 전체의 내용이 학습자의 수준에 적합하지 않다고 판단했을 경우, 또는 교과서를 부분적으로 재구성해서는 다른 부분과의 조화가 어렵겠다고 판단할 때 때 적용해 볼 수 있다. 또한 차시 학습 전체를 재구성하였을 경우, 그것으로 다른 차시와의 연계가 부족할 때 단원 학습 전체를 재구성해 볼 수 있다. 단원 전체를 재구성할 때는 각 차시 간의 통일성을 고려한다.

전체 재구성은 다음의 두 가지 방법으로 이루어진다. 첫째, 교과서 내용의 배열을 재조직하는 방법이다. 이것은 단원 간, 차시 간 교수 학습 배열을 재조직하는 것이다. 전체 재구성 중 재배열은 다음과 같은 구조다.

교과서 차시 학습	재구성 차시 학습	
1차시 학습	2차시 학습	3차시 학습
2차시 학습	3차시 학습	1차시 학습
3차시 학습	1차시 학습	2차시 학습

[그림 2] 차시 간 학습 재배열 모형

[그림 2]의 차시 간 학습 재배열을 2학년 1학기 8단원으로 시도할 수 있다. 이 단원 학습은 시, 이야기, 인형극을 중심으로 학습이 구성되어 있는데, 꼭 이런 차례에 얽매이지 않고 재구성할 수 있다. 앞 차시에 시와 이야기를 감상하게 한 후, 이어지는 차시 학습으로 인형극을 다루고 있으나, 이를 재배열하여 인형극 차시 학습을 먼저 운영하는 방식이다. 즉 인형극으로 먼저 차시 학습을 운영하고, 이어서 시나 이야기를 읽는 수업으로 재구성하는 것이다. [그림 2]로 제시한 모형에 따라 차시 학습을 재배열한 실례를 차시 목표 중심으로 제시해 보면 다음과 같다.

교과서 차시 학습 목표	재배열의 재구성 차시 학습 목표
* 3~4차시: 시를 낭송하고, 생각이나 느낌을 나눌 수 있다.	3~4차시: 인형극을 감상하고 인물의 마음을 짐작할 수 있다.
* 5~6차시: 이야기를 읽고, 생각이나 느낌을 표현할 수 있다.	5~6차시: 이야기를 읽고, 생각이나 느낌을 표현할 수 있다.
* 7~8차시: 인형극을 감상하고 인물의 마음을 짐작할 수 있다.	7~8차시: 시를 낭송하고, 생각이나 느낌을 나눌 수 있다.

[그림 3] 차시 간 학습 재배열의 예시

[그림 3]의 재배열은 교과서 인형극 제재가 학습자에게 시보다 더 익숙하고 친근하게 느껴질 때 가능하다. 이 외에도 학습자의 수준이 시를 읽기 어려워한다거나, 인형극을 먼저 감상하게 하려는 교사의 특정한 교수 의도가 반영된다면 이처럼 재배열의 재구성을 해 볼 수 있다.

둘째, 교과서 내용을 재편성하는 방법이 있다. 이것은 교과서 내용을 다른 내용으로 바꾸어 재구성하는 방법이다. 차시 전체의 내용을 다른 내용으로 바꾸어 볼 수도 있고, 단원 전체의 교수 학습 내용을 재구성해 볼 수 있다. 이런 교과서의 재편성은 그것이 차시 단위이든 단원 단위이든 일관된 원리로 구성된 교과서를 다른 수준을 기준으로 재구성해 본다는 데 의의가 있다. 이것은 제재 글의 수준이 학습자의 수준과 크게 다르다고 판단될 때 적용할 수 있는 방법이기도 하다.

지금까지 살펴본 교과서 재구성의 방법을 정리하면 다음과 같다.

〈표 4〉 교과서 재구성의 층위와 방법

재구성의 범위	재구성의 층위	재구성의 방법
부분 재구성	추가 재구성	교과서 내용 외의 내용 추가하기
	생략 재구성	교과서 내용 가운데 일부 생략하기
	대체 재구성	교과서 내용 일부를 다른 내용으로 대체
	차시 내 재조직	교과서 내용을 그대로 사용하되 학습 과정 재배열
전체 재구성	단원 내 재조직	교과서 단원 간, 차시 간 교수 학습 배열 재조직
	대체 재편성	교과서 내용을 다른 내용으로 대체하여 재편성

이 장에서 제시한 재구성의 방법은 예시일 뿐이다. 이 예시가 어떤 학급의 경우에는 아주 적용 불가능하기도 할 것이고, 또 어떤 교실에서는 효과적으로 적용해 볼 수도 있을 것이다. 그 판단의 기준은 학습자의 수준과 교사의 의도다. 따라서 실제 교과서나 교수 학습의 재구성은 수업 교사의 의도와 기획에 따라 다양하게 펼칠 수 있으며, 학습자의 수준과 실태에 따라 다양하게 구사해 볼 수 있다.

한편, 교과서 재구성과 관련한 문제 및 그 방법들을 교과서의 잘잘못을 따지는 것으로서 다루어져서는 안 된다. 교과서 재구성 수업은 실제 교수 학습 상황의 여러 국면에 알맞게 가르칠 내용을 재구성하는 데 초점을 둔다. 단일한 1종의 교과서에 전국의 모든 학교와 학급이 학습의 수준을 맞추기보다는 학습자의 수준에 적합한 교재를 활용하는 초등 국어과 교육을 실현하는 실제 국어과 수업이 중요하기 때문이다.

제6장
초등 국어 수업 관찰 및 수업 나눔

1. 국어과 수업 관찰 및 수업 비평의 필요성

교육에서 핵심적인 활동은 수업이다. 수업은 교육 목표와 교육 내용을 담는다. 교육과정은 수업을 통해 실현할 수 있으며 교육의 달성 정도는 수업으로 평가할 수 있다. 이러한 수업은 지속적인 질 관리와 개선의 노력이 필요하다. 그 실천의 시작이 바로 수업 관찰이다.

수업 관찰은 타인의 수업을 주의 깊게 이해하고 평가할 수 있는 안목을 갖추고 자신의 수업 능력 향상에 도움을 줄 수 있다. 그리고 타인의 수업 관찰뿐만 아니라 자신의 수업에 대한 관찰을 통해 교사는 자신의 수업 관점과 실행, 동료 교사들의 관점과 비교하며 수업의 새로운 면모를 발견할 수 있다. 교사는 자신의 수업을 스스로 반성하고 개선하기 위해 끊임없이 노력을 해야 한다(김현욱, 2018).

교실은 교사와 학생이 함께 역동적으로 활동하며 교육을 이루는 공간이다. 수업을 관찰하기 위해서는 기존의 형식적인 관행이 아닌 수업 개선을 위한 타당하고 객관적인 수업 분석이 필요하다. 수업은 교육 대상, 내용, 교육 방법 등에 따라 매우 복잡하고 포괄적인 활동이기 때문에 분석하는 준거 역시 다양하다. 여러 각도로 해석할 수 있고 여러 목적으로 활용할 수 있다.

수업을 보고 해석하는 행위는 흔히 수업 관찰, 평가, 분석, 비평 등 다양한 용어로 불리는데, 여기서는 '수업 관찰'과 '수업 비평'으로 설명하고자 한다. 수업을 보는 안목을 키우기 위해서는 우선 수업을 주의 깊게 관찰하는 과정이 필요하고, 수업에서 관찰한 것들을 해석하고 의미를 부여하는 과정이 필요하기 때문이다. 물론 두 가지 행위는 동시적으로 일어나기도 하지만 편의상 나누어서 정의해보고자 한다.

'수업 관찰'이란 수업을 구성하는 여러 요인들을 관찰하거나 관련 자료를 수집하여 기록하거나 분석하는 행위를 말한다. 수업 관찰은 교수 방법 개선을 위해 수업과정에 관한 자료수집과 분석 및 평가에 가장 보편적으로 활용하는 수단이다(주삼환 외, 2009). 수업 관찰은 관찰자로 하여금 미리 준비된 관찰 도구와 방법 및 절차에 의거하여 교사의 행동, 학생의 행동, 교사와 학생 간의 상호작용, 수업전개 양태, 자료의 활용 등 수업 활동 전반을 체계적으로 기록하도록 한다.

'수업 비평'은 수업에 관한 객관적 자료 수집이나 관찰에만 그치지 않고 관찰자의 관점을 반영하여 해석하는 행위로 이어진다. 이렇게 관찰된 수업의 여러 가지 요인이나 수집된 자료들을 분석하여 장점과 문제점을 진단하고, 어떤 관점에 의하여 해석하는 제반 행위를 '수업 비평'이라고 할 수 있다. 수업 비평은 수업을 일종의 예술 작품처럼 보는 관점에서 출발하였다. 미리 재단된 관찰 도구에 의해서 수업을 평가하는 것이 아니라 예술 작품을 감상하듯이 수업에서 풍부한 의미를 찾아내고 해석하는 과정이 중요하다는 것이다.

수업 관찰 및 비평의 목적은 크게 두 가지로 볼 수 있다. 첫째는 수업을 개선하기 위한 것이다. 수업 관찰이 필요한 이유는 교수 방법과 학습 방법에 대한 연구의 기초 자료를 제공하기 때문이다. 교사는 자신의 교수 방법을 객관적으로 파악하고 수업 목표에 대한 학생의 학습 효과를 더 높일 수 있다. 주삼환 외(2009)에서는 교사의 장점과 개선의 필요 영역을 진단하고 학습 곤란의 상황을 발견하며 객관적 자료를 수집하는 데 수업 관찰의 목적을 두어야 한다고 하였다.

둘째는 실제 수업 현상들을 관찰하여 의미를 찾고 이론 연구에 피드백하기 위한 것이다. 수업 관찰이나 비평으로부터 얻은 결과는 수업 설계, 수업 컨설팅, 교육과정 및 교재 개발 등 다양한 분야에서 활용할 수 있다. 실제 수업 현장으로부터 얻은 자료와 통찰은 교육 이론과 실제의 괴리를 좁혀 갈 것이다.

2. 국어과 수업 관찰 및 수업 비평 방법

가. 양적 접근 방법(계량적 접근 방법)

양적 접근 방법은 수업 관찰의 기록을 양적으로 나타낼 수 있는 방식으로 기록하고, 그에 대한 해석 역시 양적인 면에 초점을 맞춘다. 양적 접근의 강점은 관찰자가 일정한 절차에 따라 수업의 특정 요소에 집중할 수 있다는 점이다. 단점은 예기치 않은 상황에 대처하는 것이 쉽지 않고, 실제 상황에 비추어 무엇이 중요한지를 판단하는 유연성을 가지는 것이 쉽지 않다는 점이다 (김현욱, 2018).

수업 시 일어나는 사태를 계량화하여 기록하는 방법 중 대표적인 것은 평정척도이다. 평정척도 는 수업 관찰 시 흔히 사용되는 방법으로 어떤 대상을 어떤 특성에 비추어 일정한 표준에 따라 판단하도록 하는 척도이다. 3점, 5점, 7점, 9점 척도 등이 있으나 가장 많이 사용하는 것은 5점, 7점 척도이다. 흔히 수업 관찰 시 일정한 평가 기준을 미리 제시하고 기준별로 점수를 부여하는 방식이 평정척도에 따른 것이다. 예를 들면 '동기 유발은 적절했는가?'라는 평가 기준을 미리 제시해놓고 수업 도입 부분을 관찰하면서 1점에서 5점까지 점수를 표기하도록 할 수 있다.

수업에서 나타나는 교사와 학생의 행위를 유형화하여 미리 범주 체계를 정해놓고, 시간대별로 나타나는 행위들을 기록하는 방법이 있다. 대표적으로 '플랜더스(Flanders)의 언어 상호작용 분석법'은 수업의 요인 중 교사와 학생간의 언어적 상호작용에 초점을 맞춘 접근 방법이다. 수업 에서 사용되는 언어에 대한 범주체계를 10가지로 분류해놓고, 수업을 관찰하며 기록하는 방식이 다. 플랜더스의 언어 상호작용 분석법은 다음과 같이 언어 상호작용 분석체계를 범주화해 놓고 있다(김현욱, 2018).

<표 1> 언어 상호작용 분석(FIAC의 범주)

구분		범주
교사 발언	비지시적 발언	① 감정의 수용
		② 칭찬 또는 격려
		③ 학습자의 아이디어 수용 또는 사용
		④ 질문
	지시적 발언	⑤ 강의
		⑥ 지시
		⑦ 학습자를 비평하거나 권위를 정당화함
학생 발언		⑧ 학습자의 말-반응
		⑨ 학습자의 말-주도
기타		⑩ 침묵, 혼란

양적 접근 방법은 비교적 쉽게 표준화된 방식으로 수업을 관찰할 수 있다는 장점이 있다. 평정 척도를 사용하면 객관적인 결과를 제시하기도 쉽다. 그러나 평가 기준이 일반적 수업에 맞는 것들로만 이루어진 경우 국어 수업의 특징을 놓치기 쉽다. 또한 자칫 평가적 관점에서 수업을 관찰하여 양적인 점수로만 판단할 우려가 있다.

나. 질적 접근 방법

질적 접근 방법은 교실 생활의 의미, 교실생활에 대한 해석과 설명, 교실 생활의 중요성 및 영향을 파악하기 위해서 수업사태의 이면을 면밀히 조사하려는 접근법이다(주삼환 외, 2009). 수업 현상은 일회적 관찰을 통해, 혹은 객관적인 실험 결과를 통해 명쾌하게 설명하기가 어렵다. 수업 현상이라는 것이 교사와 학습자라는 인간 주체가 개입되고, 워낙 다양한 변인이 작용하기 때문일 것이다. 최근의 연구 경향을 보면, 수업 현상으로부터 의미 있는 결과를 이끌어내기 위해 기존의 양적 연구 방법과 대별되는 질적 연구 방법을 적극적으로 활용하고 있다.

관찰자가 수업에서 일어나는 일의 본질을 파악하는 질적 접근법으로 '핵심사건' 접근법이 있다. 핵심사건 접근법은 플래너건(Flanagan)이 제안한 양식을 기반으로 한다. 관찰자는 무엇이 그 사건을 발생시켰는지, 무슨 일이 일어났는지, 그 결과는 무엇인지를 기록한다(김현욱, 2018

재인용).

핵심사건은 관찰자가 다른 사건들보다 더 관심이 있고 작지만 중요한 부분을 포함하는 것이므로 가치가 있다. 수업이 끝난 후 교사를 인터뷰 하고, 일어난 일에 대한 교사의 인식을 질문할 수 있다. 이때 관찰자는 중립적인 언어를 사용한다. 상황에 따라 몇몇 학생들에게 질문할 때도 윤리적, 교육적인 측면을 고려해야 한다.

<표 2> 핵심사건 기술 절차 및 양식

- 핵심사건 번호: _____   • 교사 이름: _____
- 교실: _____   • 날짜: _____

1. 무엇이 이 사건을 발생시켰는가?
_____

2. 무슨 일이 일어났는가?
_____

3. 그 사건의 결과는 무엇인가?
_____

4. 참여자들과의 인터뷰
_____

질적 접근법에는 전사가 많이 활용된다. 수업 담화를 글로 옮긴 전사 자료는 질적, 양적으로 분석될 수 있기 때문이다. 수업 관찰 기록인 전사 자료를 분석할 때 명확한 목적과 적절한 수업 전략 선택은 필수적이다. 예를 들면 다음과 같다(Wragg, 2012).

- 목적 : 학생들이 특정한 문제를 배울 수 있는 기회가 제공되었는지 살펴보기
- 수업 전략 : ① 특정 주제 또는 개념이 논의된 사례를 찾기 위해 문장 훑어보기
  ② 특정한 문제가 제기되었는지, 불명확한지, 실제로 다루어졌지만 학생들이 정작 주의를 기울이지 않았는지, 학생들이 이해하지 못하였는지 확인하기

과거에는 수업 관찰의 결과가 수업을 '잘했다', '못했다'라는 평가로 나타났으나 요즘은 수업에서 일어났던 특정 사태에 주목하여 깊이 있게 해석하려는 노력도 행해지고 있다. 수업을 평가의

대상이 아닌 비평의 대상으로 보면서 수업이 일종의 예술 행위로 인식되기도 한다. 국어 수업은 사회적, 문화적 각종 변인들이 작용하는 장이며, 그 복잡한 작용 양상들은 양적으로 산출될 대상이기보다는 정교한 해석과 기술의 대상이다. 따라서 국어 수업에 대한 관찰 및 비평은 국어 수업이라는 특정 상황과 학습 목표와 내용을 전제한 상태에서 교사와 학습자의 상호작용을 초점화하여 관찰할 때 보다 풍부한 해석이 가능해진다.

3. 국어과 수업 관찰 및 수업 비평의 원리

수업 관찰, 비평에서 가장 중요한 것은 관찰의 도구와 비평의 관점이다. 수업을 구성하는 요인은 매우 다양해서 한 가지 도구나 관점으로만 어떤 수업의 전체를 관찰하고 평가하기 힘들다. 주삼환 외(2009)에서는 수업 관찰의 기본 전제로 범위나 내용을 분명히 한다고 했다. 수업이 전개되는 일련의 진행 과정은 단순한 것 같지만 실제로 다양하고 복잡하다. 한 명의 교사가 같은 내용을 같은 학생들에게 아무리 되풀이해서 수업을 해도 똑같은 수업은 나올 수 없다. 아무리 좋은 관찰 도구를 갖고 있다고 하더라도 교사와 학생의 상호작용 속에서 이루어지는 수업을 종합적으로 관찰하는 데에는 어려움이 뒤따른다. 따라서 교사의 수업개선 과제와 관련하여 관찰하고자 하는 범위와 내용을 결정하고 이를 효과적으로 관찰할 수 있는 관찰 도구를 준비해야 한다.

국어 교육의 독자성은 '국어라는 특수성'과 '교육이라는 보편성'의 결합에서 나온다(최현섭 외, 2001). 따라서 국어 수업 역시 '국어 행위'를 다룬다는 특수성과 '수업'이라는 보편성으로 이루어졌음을 알 수 있다.

'국어 수업의 특수성'은 '국어' 활동과 관계가 깊다. 국어 수업 비평을 위해서는 국어과 교육의 본질, 특성에 대한 이해를 바탕으로, 국어 수업이 국어과 교육의 철학 및 목적에 부합하는지, 가르치는 내용이나 방법이 적절한지 등을 분석, 비판할 수 있는 국어 수업에 대한 안목이 중요하다(이경화, 2011). 국어 교과의 국어 표현 및 이해 활동은 수학적 문제 해결 활동이나 과학 탐구 및 관찰 학습 활동과 구별되는 국어 교과 고유의 독자적 활동이다. 예를 들어 과정중심의 읽기와 쓰기 활동, 낱자의 음가 파악하기, 낱말의 뜻 파악하기, 받아쓰기, 시 쓰기와 낭송하기, 문단의 중심생각 찾기, 인물의 성격 이해하기, 이야기의 줄거리 파악하기 등이 국어 교과 고유의 독자적 활동이다.

'국어 수업의 보편성'은 '수업' 활동과 관계가 깊다. 교육학이나 타 교과 수업 이론을 학문적 기반으로 하여 개발된 수업 방법 중에서 보편성을 획득한 것은 모두 국어 수업 활동이 될 수 있다. 좋은 수업의 방향, 좋은 수업 평가 요소(학습 분위기 조성 방식, 학습 목표 설정 방식, 학습 기회 제시 방식, 발문 방식, 지명과 피드백 방식, 학습 평가 방식, 판서 방식, 학습 자료 작성 방식) 등은 교과 수업 공통의 활동이다.

국어 수업의 관찰 또는 비평 기준을 설정할 때 두 가지의 균형을 잡을 필요가 있다. 즉, 국어 수업의 특수성이 반영된 기준과 교과 보편성이 반영된 기준이 모두 필요하다. 간혹 국어 수업을 관찰할 때 보편적인 동기 유발이나 발문과 판서 방식 등만을 보는 경우가 있는데 이는 보편성에만 치우친 관찰이라고 볼 수 있다. 반면 국어 수업을 관찰할 때 국어 학습 내용에만 초점을 맞추고 그것을 다루는 교육적 방식을 고려하지 않는다면 이는 특수성에만 치우친 관찰이 된다. 물론 필요에 의해 어느 한 가지에만 초점을 맞출 수도 있으나, 특수성과 보편성의 균형 잡힌 관찰과 비평이 바람직하다. 국어 수업의 특수성과 보편성을 균형 있게 고려한 수업 관찰의 기준을 세우기 위해 몇 가지 유의점이 있다(이경화, 2011).

첫째, 국어 교과의 성격을 충분히 반영하여 수업 평가를 해야 한다. 수업 평가에 대한 일반적인 준거 및 방법에 대한 논의는 이루어졌지만, 국어 교과의 특성과 맥락을 반영한 수업 평가 기준 및 방법에 대한 연구는 거의 없는 실정이다. 또한 현장에서의 국어 수업 평가는 교육학자들이 개발한 자료를 바탕으로 한다는 점에서 일반 교육학의 범위를 벗어나지 못하고 있는 바, 모든 교과의 수업을 동일한 잣대로 평가하는 것은 국어 교육의 특성을 고려하지 못한 평가가 되기 쉽다. 수업은 일반적인 특징과 더불어 국어 교육의 특수성을 가지고 있으므로 국어 수업 평가 기준에서는 이 두 가지 요소를 반영해야 할 것이다.

둘째, 양적으로 접근하는 분석적 수업 평가뿐 아니라 질적으로 접근하는 총체적 수업 평가를 병행해야 한다. 기존의 수업 평가는 수업을 몇 개의 틀로 나누어 볼 수 있다고 가정한다. 이는 각 부분에 대한 평가를 모아 수업의 전체적인 그림을 그릴 수 있다는 것으로, 수업 과정을 자세하게 나누어 평가하는 방법이 전형적인 예이다. 이러한 관점은 부분은 전체의 합이라는 가정에서 출발한다. 그러나 각 부분은 훌륭하지만 전체적으로는 부족한 수업이 있고, 각 부분은 부족하지만 전체적으로는 훌륭한 수업이 있을 수 있다. 이는 수업이 맥락적인 활동이기 때문이다(이경화, 2011). 좋은 국어 수업의 평가 기준으로 제시된 항목들은 좋은 국어 수업이라고 생각되는 수업에서 그 특징들을 한두 항목씩 제시한 것일 뿐 모든 항목이 충족되어야만 좋은 국어 수업이라고 할 수 없다. 또한 국어 수업 목표와는 관련이 없으면서 상호작용이 활발한 수업, 국어 수업 목표, 내용과는 관련 없는 활동이 많은 수업 등은 아무리 개별 항목이 충족되었다고 해도 '좋은 국어 수업'이라고 할 수 없을 것이다.

셋째, 일회적인 수업 평가에 머무르지 않고 지속적인 수업 관찰 및 비평이 이루어져야 한다. 국어 수업 평가는 수업 공개와 같은 일회적인 성격을 가져서는 안 된다. 관찰, 면담 및 다양한 방법을 통해서 국어 수업에 대한 일관성 있고 누가적인 평가가 이루어져야 한다. 그리고 국어 수업 평가 내용은 수업 계획에서부터 수업 실행, 교사의 반성적 사고에 이르기까지 국어 수업 전–중–후 전체에 운용되어야 한다. 단지 일회적인 국어 수업 실행 장면만을 보고 섣부른 평가를 하는 것은 바람직하지 않다. 국어 수업은 다양한 변인에 의해 영향을 받기 때문에 한두 번의 수업 참관으로만 판단할 수 없다.

4. 국어과 수업 관찰 및 수업 비평 기준

국어과 수업 관찰 및 비평 기록지는 수업 관찰의 목적이 무엇이냐, 관찰자에게 어느 정도의 역할을 부여하느냐에 따라 다양한 양식으로 구성할 수 있다. 초보적인 관찰자가 국어 수업을 보는 안목을 키우게 하기 위해서는 어느 정도 정형화된 관찰 도구를 제공해야 한다. 반면에 숙련된 관찰자가 보다 창의적으로 국어 수업을 관찰하고 비평하게 하기 위해서는 자유로운 방식의 관찰지가 필요하다. 다음은 몇 가지 수업 관찰 기록지의 예시이다.

(1) 기록지 1

기록지 1은 비평보다는 세심한 수업 관찰이 더 필요한 초보자를 위한 양식이다. 수업 관찰의 영역은 국어 수업의 특수성과 보편성으로 나누었다. 특수성은 국어 교과 고유의 특성과 교사의

PCK를 관찰할 수 있는 평가 항목들로 구성하였다.

기록지 1은 양적 접근 방법이 주류를 이루므로 평정척의 방식으로 5점 척도에 맞추어 점수를 산출하도록 하고 있다. 그러나 비고란과 총평란을 두어서 서술식 평가를 병행할 수 있도록 하였다. 관찰자의 자율성과 창의성이 발휘될 수 있는 여지를 둔 것이다.

〈표 3〉 국어과 수업 관찰 및 비평 기록지 1

* 1: 매우 미흡   2: 미흡   3: 보통   4: 잘함   5. 매우 잘함

수업 관찰 및 비평 내용	평정 척도
〈교사 관찰〉 1. 교사는 수업 목표를 명료하게 이해하도록 하였나?	1__2__3__4__5
2 수업 목표에 적합한 학습 요소를 지도하였나?	1__2__3__4__5
3. 교수 용어 및 교수 태도(발음, 억양, 성량, 어조), 교수 자세(시선, 몸짓)가 효과적인가?	1__2__3__4__5
4. 발문은 수업 내용을 잘 설명, 요약하며, 사고력을 돕는 것인가?	1__2__3__4__5
5. 국어 교육내용을 정확히 알고 있는가?	1__2__3__4__5
6. 학습자에 대한 이해(학습자의 선개념, 난개념, 오개념 등)를 고려하였나?	1__2__3__4__5
7. 수업 자료의 준비·활용에 창의성과 참신한 의욕을 보였나?	1__2__3__4__5
8. 학습의 주체가 차음에 교사 중심에서 점차 학습자가 주체로 옮겨가고 있는가?	1__2__3__4__5
9. 학습 동기를 잘 유발하였나?	1__2__3__4__5
10. 적절한 자료를 적절한 시기에 투입하였나?	1__2__3__4__5
11. 각 활동은 수업 목표에 적합한 활동인가?	1__2__3__4__5
12. 활동 순서가 논리적 순서 측면에서 타당한가?	1__2__3__4__5
13. 목표 달성을 위한 활동의 중복, 활동의 누락, 활동의 미흡은 없는가?	1__2__3__4__5
14. 교사의 교수 활동은 명랑, 쾌활하며 호감을 주고 있었나?	1__2__3__4__5
15. 교사는 수업 중에 학생의 의견을 존중하였나?	1__2__3__4__5
16. 학생과의 상호작용이 적절하고 의미 있었나?	1__2__3__4__5
17. 학습 활동에 대한 지시가 명확했나?	1__2__3__4__5
18. 학습자의 지명이 편중되지 않았나?	1__2__3__4__5
19. 수업 운영에서 시간 배분이 잘 되었나?	1__2__3__4__5
20. 학습 목표 달성 확인을 위한 평가가 가능하고 평가 방법이 적절하였나?	1__2__3__4__5

〈학생 관찰〉	
1. 학습자는 자기주도적으로 활동에 참여하였나?	1__2__3__4__5
2. 학습자는 설명이나 의견을 잘 들었나?	1__2__3__4__5
3. 학습자는 학습 의욕이 높은가?	1__2__3__4__5
4. 사고 활동이 밀도 있게 이루어졌나?	1__2__3__4__5
5. 협동학습이 원활히 이루어졌나?	1__2__3__4__5
6. 학급 분위기가 활기차고 자연스러웠나?	1__2__3__4__5
7. 학습 형태(개별학습, 소집단학습, 전체학습)가 조화롭고 적절히 진행되었나?	1__2__3__4__5

총 점	

이 수업의 좋은 점(2가지)	이 수업의 보완할 점(2가지)
· · ·	· · ·

(2) 기록지 2

기록지 2는 어느 정도 수업 관찰에 익숙해진 관찰자가 관찰과 비평을 병행하도록 하기 위한 양식이다. 관찰 항목의 수를 최소화하는 대신 한두 항목에 대하여 심도 있게 관찰하여 기술하도록 하였다. 국어 수업의 특수성과 보편성을 두루 다루고 있으나, 특수성을 보다 강조하였다.

〈표 4〉 국어과 수업 관찰 및 비평 기록지 2

영역		학년 학기	
단원(차시)			
학습 목표			

– 본 수업과 관련된 주요 학습 내용은 무엇이며 수업에서 성공적으로 다루어졌는가?

– 본 수업에서 국어과적인 특성이 잘 드러났는가 ?
  • 제재 자체보다는 방법을 강조하고 가르쳐 주었는가?
  • 높은 수준의 사고를 유도했는가?
  • 언어에 관련된 메타적 활동을 강조했는가?
  • 활동 중심으로 진행하되, 그 활동이 의미가 있었는가?

- 영역별로 고려해야 할 특성이 잘 반영된 수업이었는가?

- 언어 사용의 과정을 중시한 수업이었는가?

- 수업에 적용한 교수 학습 원리나 모형이 있는가? 또한 그것이 수업 목표 달성에 적합한 것인가?
- 동기 유발과 학습 목표 제시는 적절하였는가?
- 교수 학습의 흐름은 체계적이며 비계 설정이 잘 되었는가?
- 교사가 발문하는 방식은 적절한가?
- 학생의 수업 참여도는 어떠한가?
- 수업에서 사용된 자료는 무엇이며, 교수 학습 제재로서 효과적이었나?
- 평가 활동이 이루어진 방식은? 또 무엇의 성취 정도를 평가하였나?

(3) 기록지 3

기록지 3은 숙련된 관찰자에게 자율성과 창의성을 부여하기 위하여 열린 방식으로 구성되어 있다. 관찰 기준도 관찰자 스스로 선택하여 기록하도록 하였고 관찰에 머무르지 않고 여기서 의미 있는 장면을 재구성하고 관찰자의 관점에서 해석하도록 하였다.

〈표 5〉 국어과 수업 관찰 및 비평 기록지 3

영역		학년 학기	
단원(차시)			
학습 목표			

1. 수업에서 관찰한 것들에 대하여 자유롭게 기술하시오. 다음의 사항들을 선택적으로 포함할 수 있으며, 수업에서 긍정적인 것과 부정적인 것 모두 기술할 수 있습니다.

> 〈공통 관찰 항목〉
> • 수업의 핵심 내용(교육과정 참조), 수업 목표의 달성 정도
> • 수업에 적용된 교수 학습 원리 또는 모형
> • 동기 유발, 수업 자료, 교수 학습 활동의 적절성
> • 교사 발문, 판서, 학습자의 활동에 대한 반응, 교사와 학생의 언어 사용
> • 학습자의 수업 참여도와 반응, 수업 분위기 등

2. 본 수업에서 국어 교육적으로 매우 의미 있다고 발견한 장면을 자유롭게 기술하고, 이를 창의적으로 해석하시오.

5. 국어 수업 성찰 : 수업 협의와 수업 나눔

　국어 수업을 잘 하는 교사는 수업을 한 후에 자신의 수업을 반성하고 성찰하며 능동적인 피드백을 한다. 이는 자신의 수업을 객관적으로 평가할 수 있는 기회이며 자신의 수업에 대한 장점과 부족한 점을 구체적으로 파악하고 이를 활용하여 수업을 개선할 수 있기 때문이다. 국어 수업에서 수업을 반성적으로 성찰하는 것은 매우 중요하며 수업 설계와 실천 모두에서 필요하다.

　국어 수업을 성찰하는 방법은 자신의 수업을 스스로 관찰함으로써 반성할 수 있고, 타인(동료)과의 협의를 통해 반성을 할 수도 있다. 자신의 수업을 스스로 관찰하고 반성하기 위한 방법으로 수업 장학, 자신의 수업을 녹화하여 자신의 행동 관찰하기, 저널 쓰기, 자서전 쓰기, 반성 일지 쓰기 등이 있다.

　최근에 수업 장학의 방향이 타율적이고 형식적인 제도로서 기존의 수업 장학이 갖는 한계를 극복하고, 교사들에 의해 자발적이고 비형식적으로 이루어지는 수업 장학에 대한 필요성이 활발하게 제기되고 있다. 수업에 대한 교사의 자발적이고 협력적인 성찰을 강조하는 '수업 나눔'은 수업 장학을 비롯한 종래의 제도가 가진 한계를 극복할 수 있는 대안으로 주목 받고 있다. 종래의 수업 협의와 수업 나눔을 비교하면 다음과 같다(김종훈, 2019).

〈표 6〉 수업 협의와 수업 나눔

구분	수업 협의	수업 나눔
일반적인 특징	형식적, 공식적, 의무적	비형식적, 자율적, 자발적
교사의 역할	숙달된 기술자	성찰적 실천가
수업의 성격	기술적, 합리적, 일시적, 객관적, 양적 측면	예술적, 실천적, 장기적, 주관적, 질적 측면
수업에서 주목하는 부분	수업목표의 달성 여부, 수업의 조직과 전개, 교사의 발문, 교사와 학생의 상호작용, 교수매체 활동 등	교사와 학생의 경험, 교사의 신념과 의도, 교사 내면의 변화, 교사와 학생 및 학생과 학생의 상호작용 등
모임의 초점	내용중심	내용중심·과정(경험)중심
참여자의 역할	분석, 평가, 조언, 문제해결	이해, 공감, 협력
수업개선을 위한 접근	처방적	성찰적

수업 나눔은 주로 세 단계로 이루어진다.

[1단계] 수업 사례 소개(10-15분)
• 수업개요 소개: 학년, 교과, 단원의 주제, 차시 제재, 주요 학습 활동 등 • 학습 자료의 공유: 동영상 등 보조 학습 자료, 학습지 등 • 학습 결과물 공유: 아이들의 산출물(사진이나 실물) • 수업자의 소감 나눔

▼

[2단계] 질의응답 및 추가 설명(15-20분)
• 참석자: 수업 내용 및 방법에 대한 자유로운 질문, 사례에 대한 피드백, 수업 내용 및 방법에 대한 제안 등 • 수업자: 질문에 대한 대답, 추가 설명 등

▼

[3단계] 전체적인 소감 나눔(10-15분)
• 수업자 및 참여자의 전체적인 소감 • 새롭게 알게 된 점, 자신의 수업에 적용해 보고 싶은 부분 등

　수업 나눔은 교사가 수업 내용을 전달하는 기술자로 보는 관점에서 지식을 새롭게 해석하고 상황에 맞게 조절하는 반성적 실천가로 보는 관점으로 역할을 바꾸었다. 수업 나눔은 교사 개인이 질 높은 수업을 위해 스스로 성찰하고 학습자 중심의 교수설계와 실행 그리고 평가에 이르기까지 실질적인 도움을 주는 동료교사들과 함께한다는 점에서 가치가 있다(김찬종, 2009). 교사는 자신이 참여하는 수업 나눔에 대해 충분히 이해하고, 수업은 함께 해결해야 하는 공동체의 과제로 인식해야 한다. 이를 통해 교사는 수업에 대한 협력적 성찰을 통해 긍정적으로 교사의 전문성 신장을 이룰 수 있을 것이다.

제7장
국어과 수업 대화

1. 수업 대화의 개념과 구조

가. 국어과 수업 대화의 개념

수업 활동의 대부분은 교사와 학생의 대화로 이루어진다. 그리고 수업의 성패를 가름하는 가장 큰 요인은 교사와 학습자 간 상호작용의 질이다(이경화 외, 2017). 학습 분위기 조성과 동기유발, 수업 목표 제시, 수업 활동 안내, 수업 목표 도달에 필요한 지식과 기능 및 전략 그리고 태도 요인에 대한 안내 등의 모든 활동이 대화를 매개로 해서 이루어진다. 특히 교사가 대화를 주도하는 입장에 설 때가 많기 때문에 교사의 말하기 방식은 수업을 이끌어 가기 위한 가장 강력한 교수 전략으로 기능한다(이수진, 2003).

수업 대화(instructional conversation)[1]란 수업에서 이루어지는 교사와 학습자의 언어적 상호 작용을 말한다(이경화 외, 2017). 모든 수업은 교사와 학습자 사이의 대화로 이루어지고, 교사의 발문은 가장 효과적인 교육의 도구이다. 학습자의 사고를 자극하고, 어려운 학습 내용을 효과적으로 이해시키는 화법능력은 교사가 필수적으로 갖추어야 할 수업 능력이다. 원활한 수업을 위해 교사는 주도적으로 발문해야 할 필요도 있고, 학습자의 반응에 대하여 피드백해줄 필요도 있다.

---

[1] 국어과 교육과정 해설서를 발간했던 2007 개정 교육과정 해설서에는 '수업 대화'를 '수업 시간에 학습 과제를 해결하는 과정에 이루어지는 언어적 의사소통을 의미한다.'고 설명하고 있다.

수업 대화는 교육 맥락 내에서 이루어지는 대화라는 점에서 일상 생활에서 이루어지고 있는 대화와는 구별되는 특성이 있다. 우선 '수업 대화'라는 개념에는 수업과 대화라는 두 가지 요소가 공존하는데, 보다 식견 있는 교사로부터 미성숙한 학생에게로 지식 전달을 요구하는 수업과, 참여자간의 동등한 관계를 전제로 하는 대화는 사실 공존하기 어려운 반대 성향을 지닌다. 그럼에도 불구하고 두 가지 특성이 조화를 이루어야 참된 수업이 이루어질 수 있다.

나. 국어과 수업 대화의 구조와 유형

교사와 학생이 교실 장면 속에서 행하는 언어적 상호작용은 대부분 시작(Initiation)-반응(Response)-평가(Evaluation) 혹은 피드백(Feedback)의 구조로 이루어진다. Cazden(1988)은 교실 수업 중 교사와 학생 사이에서 이루어지는 보편적인 수업대화 구조로 I-R-E 구조를 들고 있다. 이러한 수업대화 구조는 전통적인 교사 주도의 수업에서 잘 나타난다. 최근에는 I-R-E를 일부 수정 보완하여 I-R-F(Initiation-Response-Feedback), E-R-F(Elicitation-Respons-Feedback) 등의 용어를 사용하기도 하고, QAE(Question-Answer-Evalution)라는 용어를 사용하기도 한다(Graesser&Person, 1994).

I-R-E 수업 구조의 경우 교사가 수업대화의 주도권을 쥐고 학생들에게 발문을 하면(I), 학생들은 손을 들어 교사의 발문에 응답을 하게 되고(R), 교사는 학생들의 반응에 대해 고개를 끄덕이거나 미소를 지어주거나 '참 잘했다'와 같은 칭찬 등을 통해서 평가(E) 또는 피드백(F)을 한다(박태호·이수진, 2003). 이에 비해 I-R-F 수업대화 구조는 교사 주도의 특성상 학생들의 주인의식을 약화시키고, 수업대화 도중에 사용하는 교사의 발문이 학습 활동을 인도하거나 도와주려는 관점에서 이루어진다기보다는 학생들의 학습 수행 상황을 확인해보거나 평가하려는 의도가 강하고, 과제 해결에 필요한 절차나 과정들을 학문 공동체에서 사용하고 있는 보편적 절차나 과정을 따를 것을 요구한다는 점에서 비판을 받기도 한다(Cazden, 1988).

수업 대화의 구조에 따라 대화의 목적을 설정하는 연구들도 많이 이루어져 왔다.[2] 이를 바탕으로 수업 대화 구조와 그에 따른 목적 유형을 정리하면 다음과 같다.

---

2 대표적으로 변홍규(1996), 장은아(1999), 최진희(2000), 박태호·이수진(2003) 등의 논의를 들 수 있다.

〈표 1〉 수업 대화 구조에 따른 목적 유형(박태호 · 이수진, 2003)

수업 대화 목적	시작 대화[3]	정보 제공하기
		사고 활동 유도하기
		주의 집중하기
	반응 대화	초점화하게 하기
		입증하게 하기
		확장하게 하기
		정교화하게 하기
		명료화하게 하기
	피드백 대화	확인적 피드백
		동기부여적 피드백

2. 국어과 수업 대화의 방법[4]

성공적인 국어 수업을 위해 교사에게 가장 필요한 능력은 학생의 수준과 흥미에 맞추어 대화를 이끄는 것이다. 따라서 교사가 학생 수준에 맞추어 수업을 하기 위한 몇 가지 방법들을 사례를 중심으로 살펴보고자 한다.

가. 구체적이고 명시적으로 발문하기

(1) 지식 또는 기능에 대하여 명시적으로 설명한다.

국어 학습의 초기에는 교사의 명시적 설명이 필요하다. 설명과 시범은 교사 주도의 수업에서

---

3 박태호 · 이수진(2003)에서는 시작 대화의 하위 항목을 다음과 같이 상세히 제시하고 있다. 정보 제공하기(설명하기, 시범보이기, 안내하기, 지시하기)/ 사고활동 유도하기(배경지식 활성화시키기, 탐구심 유발하기, 도전하게 하기, 추론하게 하기, 조직하게 하기)/ 주의집중 시키기(주의권고, 훈계권고, 흥미환기)

4 이경화 외(2017)의 내용을 발췌, 수정하였음을 밝힘.

가장 빈번하게 일어나는 교수 활동이지만, 국어과 수업의 경우 의외로 설명과 시범이 구체적이지 않은 경우가 많다. 추상적인 언어를 다루다 보니, 활동 지시만 하고 수업에서 다루는 국어과 고유의 내용에 대한 설명은 생략하는 것이다. 예를 들어, 요약하기 활동을 하는 수업에서는 요약하는 방법을 명시적으로 설명하고 교사가 직접 요약하는 시범을 보여야 하는데, 이를 생략하고 자료를 주고 요약하도록 지시만 하는 식이다. 학습 요소인 국어과의 지식 또는 기능에 대하여 명시적으로 미리 설명하는 것이 효과적이다.

> 예) 오늘은 문단의 중심 내용 찾는 방법을 알아보겠습니다. 문단의 중심 내용을 찾으려면, 글을 읽을 때 중요하다고 생각하는 단어에 동그라미를 치거나 밑줄을 그으면서 읽어보면 됩니다.

(2) 시범을 구체적으로 보인다.

국어과 수업에서는 주어진 학습과제를 해결하는 데 필요한 사고의 과정을 구체적이고도 단순한 예를 통하여 교사가 직접 시범을 보이거나 내적 대화를 겉으로 드러내 사고과정을 가시적으로 안내해 주어야 한다. 수업 중 개념이 모호하거나 설명이 곤란하여 언어적 사고나 행동의 시범을 보일 필요가 있을 때 사용한다. 이 때 교사는 과제를 해결하는 사고 과정을 학생들에게 의도적으로 소리내어 말하거나, 과제 수행의 전 절차를 행동으로 직접 보여 줄 수도 있다.

> 예) 문단의 중심 내용은 어떻게 찾을 수 있을까? 먼저 선생님이 이 문단의 중심 내용을 찾아 볼게요. (한 문장씩 읽으면서) "봄에는 꽃이 핍니다. 봄에는 겨울잠을 자던 동물들이 나옵니다… " 어, 보니까 다 봄에 대한 설명이네. (봄에 동그라미를 친다.) 봄의 무엇에 대한 설명일까? 꽃이 피고, 겨울잠 자던 동물들이 나오고… 봄이 오면 일어나는 변화에 대한 설명인가보다. 그러면 '봄에 일어나는 변화'라고 하면 되겠다.

나. 학생의 발문에 반응하기

(1) 학생의 발문을 구체화한다.

교사 질문에 대하여 학습자가 반응을 하였으나 불분명하거나, 자신의 생각을 표현하는 용어가 부적절하며, 기대에 미달된 반응이라고 생각될 때, 교사는 학생의 첫 반응을 구체화시켜야 한다. 부진 학습자는 핵심 질문에 대해 기본적으로는 맞는 답을 했지만, 너무 간결하거나 자기중심적으로 응답하는 경우가 많다. 이때 다른 말로 다시 답하거나 더 자세히 답하게 해서, 그들의 사고를 더 상위의 수준으로 확장할 수 있다. 다음은 교사의 질문에 대해 학습자가 단편적으로만 반응하자, 교사가 구체화 된 대답을 요구하는 대화이다.

> S: 너무 외로웠습니다.
> T: 외로운데 왜 사람들을 잡아가나요?
> S: 심심하, 심심했기 때문입니다.
> T: 예 그럼 잡아간 사람들은 어떻게 했습니까?

- ~에 대하여 더 자세하게 이야기해 볼까요?
- ~과 다른 점은 무엇일까요?
- ~가 왜 맞다고 생각하는지 말해 줄래요?

(2) 대화 주제를 초점화한다.

수업에서 종종 학습자는 수업 주제에서 이탈하는 발문을 한다. 교사의 질문에 대해서도 엉뚱한 대답을 하는 경우가 종종 있다. 학습자의 첫 반응이 교사의 핵심 질문에서 이탈되었을 때 교사는 대화 주제를 초점화하여야 한다. 핵심적인 부분을 지적하여 초점을 바로 잡아 주거나, 첫 반응을 이미 배운 다른 주제와 연결시키도록 하거나, 학습자의 사고를 제한하여 초점 압축을 요구할 수 있다. 다음은 장황한 학습자의 대답을 듣고 교사가 핵심적인 부분을 지적한 대화이다.

> S: 어떤 새가요 엄마를 잡아가는데요, 소년이 엄마를 찾아내서요, 고춧가루하고요, 솥하
> 고 가져갔는데요. '꽁지 닷발, 주둥이 닷발'이요. 엄마를 갖다 놓구요, 샘물을 갈라
> 놓구요, 갈려고 하는데요. 마당에 고춧가루를 뿌려 놓구요, 새가요, 매워 가지고요,
> 솥 안으로 들어가서 자는데요. 솥에다가 불을 태워 가지구요, 새가 불타서 죽었어요.
> T: 어 정말 비슷하네요. 어떤 점이 비슷한 건가요? 여기선 벼룩, 빈대, 바늘 대신에 다른
> 세 가지가 나오네요.

> • 우리는 지금 ~에 대하여 이야기하고 있습니다.
> • 우선 ~에 대해서만 먼저 이야기 나누어 봅시다.
> • ~에 대해서는 그 다음에 말하기로 해요.

(3) 복잡한 질문은 단계적으로 한다.

국어 수업에서 학습자가 수준 높은 사고를 하도록 하고 싶지만 한 번의 발문으로는 원하는 반응이 안 나올 때가 많다. 효과적인 반응 대화는 안내를 체계적이고 자세하게 해 주어야 한다. 질문을 광범위하게 하기 보다는 작은 단위로 쪼개어서 하거나, 학습자의 응답이 명확하지 않을 때 스스로 명확하게 하도록 유도하는 식이 효과적일 것이다.

학습자에게 듣고 싶은 반응이 복잡한 내용이거나 수준이 높다고 생각될 때는, 질문을 단답형 질문, 예·아니오형 질문, 혹은 선택형으로 단순화할 필요가 있다.

> T : 맨 처음에 거인이 소년의 아버지를 잡아갔죠. 그리고 나서 어떻게 되죠?
> T : 그 다음엔 어떻게 됐어요? 그런데 여기서 얘기가 끝나지 않았지?
> S₁ : 가려워 갖구요.
> T : 바늘에 찔려서 가려웠나요? 맨 처음에 뭐였지?
> S₁ : 거인 집에 들어가서요.
> T : 집에 들어갔더니, 뭘 넣는데?
> S₁ : 벼룩
> T : 벼룩을 한 말 풀었죠? 가려워서 그 다음에 어떻게 됐어?
> S₂ : 벼룩과 빈대로 거인이 가려워서 마당으로 뛰쳐나가요.

(4) 학생의 발문을 수업 내용과 연결시킨다.

학습자가 다소 거리가 먼 대답을 했거나, 아주 단편적으로만 말했을 경우, 교사가 수업 내용과 관련성을 만들어 줌으로써 학습자의 반응을 수업 주제와 연결시켜 주는 대화이다. 학습자가 계속 반응할 의욕을 꺾지 않으려는 의도이다.

> S₁ : 잭과 콩나무
> T : 같은 거 말고 뭐 생각나는 거 없어요?
> S₁ : 지혜
> T : 어, 지혜. 주인공은 지혜로워야죠. 은진이는 뭐 생각나요?
> S₂ : 영웅
> T : 영웅은 지혜로워야 되죠?
> S₃ : 젖소.
> T : 젖소! 잭과 콩나무에서 생각난 거죠.

> • ○○의 말은 우리가 배운 ~와 관련이 있네요.
> • 아까 배운 ~와 ~한 점이 같습니다.

(5) 학생의 발문에 동감을 표현한다.

교사들이 동감을 표현하는 방법으로 가장 많이 활용하는 것이 학습자의 대답을 반복하는 방법이다. 반복에도 다양한 방법이 있는데 동일한 반복, 학습자의 대답을 정교화하거나 구체화한 반복, 다른 표현으로 변화시킨 반복 등이 있었다. 반복은 단순한 반응 같아 보이지만, 학습자의 대답을 수업 주제와 관련시키고, 교수대화의 흐름 속에 포함시키며, 학습자의 대화 참여를 격려하는 데 큰 역할을 한다. 그리고 동일한 반복보다는 교사가 정교화·구체화하거나, 다른 표현으로 변화시킨 반복일수록 효과가 크다.

> S: 거인이요, 솥 안에서, 솥 안에서요. 못 나와 갖고.
> T: 오 제목처럼 거인이 솥 안에 들어가서 못 나올 것 같다. 그건 확실할 것 같아요.

> - 선생님도 그렇게 생각해요.
> - 선생님도 비슷한 생각을 했는데, 한 번 말해 볼게요.

(6) 실마리를 제공한다.

학생이 교사의 발문에 대답을 하지 못하고, 머뭇거릴 때에는 실마리를 제공해야 한다. 이때에 교사는 정답에 가까운 실마리를 제공하기보다는 학생 스스로 과제를 해결할 수 있도록 필요한 정보를 다양하게 제시해야 한다.

다. 학습자의 흥미를 지속시키고 참여 유도하기

(1) 칭찬한다.

칭찬은 학습자에게 자신감과 흥미를 부여하는 가장 효과적이고도 쉬운 방법이다. 칭찬은 구체적으로 하는 것이 좋다. 아무런 이유 없이 무조건적인 칭찬은 오히려 역효과를 낼 수도 있다. 학생이 한 어떤 행동이나 태도, 또는 학생이 만들어낸 특정 결과물을 지적해서 칭찬하는 것이 좋다. 특별히 잘하는 것이 없는 학생이라도, 칭찬거리를 찾아서 설득력 있는 칭찬을 해야 한다.

> - ○○이는 책에 열중해서 좋구나.
> - ○○이가 상상한 이야기는 주인공이 행복해져서 참 좋다.

(2) 가끔 모르는 척 딴청을 부린다.

딴청부리기는 수업시간에 학습동기를 유발할 때, 선수 학습 관련 내용을 확인하기 위해 배경지식을 활성화시킬 때, 학습자에게 긴장감을 조성하면서 새로운 내용을 학습시킬 때 사용할 수 있다. 자신감이 없고 위축되어있는 학습자에게는, 선생님도 잘 모른다, 다른 학생들도 잘 모르더라는 생각이 오히려 의욕과 흥미를 높일 수 있다.

> - 선생님이 잘 모르니까 여러분들이 도와주세요.
> - ○○가 이야기 한 것이 정말 맞아요?
> - 선생님이 작년에 5학년 가르칠 때, 형들도 굉장히 어려워하던 문제인데, 여러분들이 이 문제를 풀 수 있어요?
> - 선생님은 잘 기억이 나지 않는데 ○○○의 뜻이 무엇이죠?

(3) 학생의 반응을 기다린다.

어떤 교사는 수업 시간에 학생에게 발문을 한 다음에 1초를 견디지 못하고 다시 발문을 하거나, 다른 학생을 호명하여 응답하게 한다. 이 경우 대다수의 학생은 교사의 발문에 반응을 하기 전에 충분히 생각할 여유를 가지지 못하므로 주로 단답형과 같은 저차원적인 사고 유형에 길들여지게 된다. 사고가 필요한 질문의 경우는 발문 후 3~5초 정도 의도적으로 기다려서 학생이 보다 구체적이고 자세하게 발표하도록 할 필요가 있다.

(4) 학생에게 교사의 역할을 넘긴다.

교사가 지나치게 수업 대화를 주도한다고 생각될 때는 의도적으로라도 가끔 학생과 역할 교대를 시도해야 한다. 이때 교사는 학생들이 어느 시점에서 어떤 활동을 주도적으로 해야 하는지 미리 명시적으로 알려줄 필요가 있다. 학습자에게 능동적으로 학습하는 즐거움을 알려주어야 한다. 발표를 한 학생에게 다음 발표자를 지정하도록 한다거나, 교사가 의도적으로 학습자에게 도움을 요청하면서 자연스럽게 주도적인 활동을 하도록 하는 경우가 있다.

> - ○○이가 다음 사람을 지정해 주세요.
> - ○○이는 누구랑 같이 하고 싶은가요? 나오라고 하세요.
> - 선생님이 생각그물 만드는 것을 여러분이 도와주세요.
> - 이제부터는 여러분이 비평가가 되어 시를 비평하여 봅시다.

T : 그리고 이것에 대해 생각나는 것들을 선으로 연결을 해가면서 마음대로 그냥 쓰면
    돼요. 생각나는 대로. 여러분이 선생님이 생각그물을 만드는 걸 도와주세요. 선생님
    은 그 이야기를 들었더니 다른 이야기들이 막 생각나요. 다른 거인 나오는 이야기들,
    아까 친구처럼 잭과 콩나무 이런 것들도 생각나고.
T : ('쉬렉'이라고 칠판에 쓴다) 쉬렉도 생각나고.
S₂ : 해리 포터
T : ('해리 포터'라고 칠판에 쓴다) 해리포터도 생각나요?
S₂ : 마법의 돌
T : (학생들이 불러주는 대로 칠판에 기록해나간다.)

라. 제재 관련 질문은 읽기 방법을 고려하기

(1) 읽기의 방법을 고려하여 제재 관련 질문을 한다.

읽기의 방법에는 사실적 읽기, 추론적 읽기, 비판적 읽기, 창의적 읽기 등이 있다. 읽기의
방법은 사고력과 밀접히 관련된다. 사실적 질문은 비교적 쉽고 간단하게 답을 찾을 수 있는
반면 높은 수준의 사고를 촉진하기 어렵다. 이에 비해 추론적 질문은 표면적으로 드러나지 않은
숨겨진 정보를 파악해야 하므로 높은 수준의 사고를 요구한다. 비판적, 창의적 질문도 독자의
적극적인 해석을 많이 요구하므로 더 높은 사고력이 필요하다고 볼 수 있다. 이 때 사실적 질문을
생략해서는 안 된다. 사실적 읽기는 꼼꼼히 읽기의 기초이며, 사실적 읽기가 완성되어야 고차원
적인 읽기의 방법을 수행할 수 있다.

(2) 사고 수준에 따라 제재 관련 질문을 한다.

제재 관련 질문은 사고 수준에 따라 순차적으로 하는 게 좋다. 처음에는 사실적 질문을 하고,
다음으로 추론적 질문, 마지막으로 비판적 질문이나 창의적 질문을 할 필요가 있다.
이때, 사실적 질문과 추론적 질문은 두 가지 점에서 차이가 있다. 첫째, 사실적 질문의 답은

일반적으로 하나로 고정되는 반면, 추론적 질문의 답은 하나로 고정될 수도 있고, 독자의 다양한 해석에 따라 여러 가지일 수 있다. 가령, 동일한 '왜' 질문이어도 질문의 답이 텍스트에 명시되어 있으면 사실적 질문이고, 텍스트에 명시되어 있지 않아서 독자가 추론해야 한다면 추론적 질문이다. 둘째, 질문의 종결어미에서 차이가 있다. 사실적 질문은 '~ㄴ가'로 종결되는 반면, 추론적 질문은 '~일까'로 종결된다.

〈표 2〉 읽기의 방법과 질문의 예

읽기의 방법	질문 예시
〈사실적 읽기〉 • 중요 내용과 세부 내용 확인하기 • 글의 중심 내용 파악하기 • 필자의 생각(중심 생각) 파악하기 • 글의 구조와 전개 방식 파악하기 • 내용 간추리기, 요약하기	• 언제, 어디에서 일어난 일인가? • 인물이 그렇게 한 까닭은 무엇인가? • 문단의 중심 내용은 무엇인가? • 글의 중심 내용은 무엇인가? • 그림에는 어떤 것이 나타나 있는가?
〈추론적 읽기〉 • 생략된 내용 추론하기 • 인물의 마음 추론하기 • 필자의 의도, 목적 추론하기 • 글의 관점, 가치관 추론하기 • 글의 주제 추론하기	• 필자가 이 글을 쓴 목적이 무엇일까? • 인물의 마음은 어떠할까? • 인물이 그렇게 한 까닭은 무엇일까? • 인물의 행동에 대해 그렇게 반응한 까닭이 무엇일까? • 글의 주제는 무엇일까?
〈비판적 읽기〉 • 내용(자료, 정보, 사실 등)의 적절성, 정확성 비판하기 • 필자의 주장, 의견, 신념(가치관)의 타당성 비판하기 • 표현 방법의 적절성 비판하기 • 필자의 의도나 관점의 공정성 비판하기	• 내용(자료, 정보, 사실)은 정확하고, 적절한가? • 주장과 근거는 타당한가? • 글에 쓰인 표현 방법은 적절한가? • 필자의 의도나 관점은 공정한가? • 누구의 목소리가 강조되고 누구의 목소리가 소외되나요? • 필자는 독자에게 어떤 생각을 갖게 하려고 하는가?
〈창의적 읽기〉 • 자신이나 사회의 문제를 창의적으로 해결 방안 찾기 • 필자의 생각에 대안 찾기 • 새로운 눈으로 보기	• 만약 나라면 이럴 때 어떻게 하였을까? • 글에 제시된 문제를 해결하기 위한 다른 방안에는 무엇이 있을까? • 이야기를 읽고 느낀 점을 내 삶에 적용한다면?

(3) 높은 수준의 질문은 독서토의, 독서토론 주제로 선정한다.

추론적, 비판적, 창의적 질문은 두 개 이상의 열린 답이 나올 수 있는 질문이므로 독서토의, 독서토론 주제로 적합하다. 추론적 질문과 창의적 질문은 독서토의 주제로, 비판적 질문은 독서토론 주제로 활용할 수 있을 것이다. 독서토의, 독서토론 전에 글 내용에 대해 꼼꼼히 읽기가 선행되어야 한다. 그렇지 않으면 글 내용에 근거하기보다는 독자가 평소 주제에 대해 갖고 있는 신념이나 지식을 말하는 것에 그치기 쉽다.

3. 국어과 수업 대화의 유의점

국어 수업 대화의 특징은 모국어인 '국어'를 대상으로 하는 국어 교과의 특수성과 관련된다. 즉, 학습의 대상이 되는 '언어'와 대화하는 '언어'가 함께 존재한다는 뜻이다. 이러한 특성을 고려하면 국어과 수업 대화 시 유의할 점을 다음과 같이 몇 가지로 정리할 수 있다.

첫째, 국어과 수업 대화는 학생 중심의 언어 사용이 필요하다. 국어 수업은 학생의 언어 사용 자체가 핵심이므로 교사가 일방적으로 지식을 전달하거나 지시하는 식으로는 결코 소통에 성공할 수 없다.

둘째, 교사가 학생 발문에 대하여 반응하는 역할을 잘 해야 한다. 학생이 주도적으로 대화를 구성하도록 하려면, 학생의 발화에 교사가 적극적으로 반응하고 피드백하는 것이 효과적이다. 교사가 대화를 시작하면 학습자는 협력자가 되어 반응을 하고, 교사가 여기에 언어적 피드백을 주는 것이 기본 과정이다.

셋째, 언어활동은 항상 상황을 전제하므로, 국어과 수업 대화는 맥락에 맞게 이루어져야 한다. 국어 수업에서 다루는 목표와 내용은 항상 맥락화하여 소통되어야만 의미가 있다. 교사가 추상적으로 원리나 방법을 설명할 때는 학생들이 이해하지 못하거나, 이해하더라도 실제 언어활동에 영향을 미치지 못하는 경우가 많다.

넷째, 국어과 수업 대화에서는 국어과 내용지식에 대한 '표상'이 적절하게 이루어져야 한다. 추상적 지식이 적절한 맥락을 가지도록 해 주는 방법 중의 하나가 '표상'이다. '표상'은 가르쳐야 할 핵심 내용을 학생들의 눈높이에 맞게 제시하는 사고 활동 유형이다. 여기에는 유추, 은유,

예증, 예시, 설명, 시뮬레이션 등이 해당된다. 표상은 교사의 이해와 학생 이해를 연결하는 교량 역할을 한다(박태호, 2011).

다섯째, 교사는 학습 과정과 학습자의 수준에 따라 필요한 경우 주도적으로 수업 대화를 이끌어야 한다. 국어 수업에서 교사의 역할은 다양하므로, 교사가 주도적으로 대화를 이끌어가야 할 때도 있다. 특히 새로운 학습의 초기, 즉 직접 교수가 필요한 수업 초기에는 교사가 구체적이고 명시적으로 발문하는 것이 중요하다. 교사가 학습의 초기에 설명과 시범을 얼마나 구체적이고, 효과적으로 하는지는 수업의 성패를 가르는 변수이다.

또한 교사는 학습자의 흥미를 지속시키고, 참여를 이끌어내야 한다. 국어과 수업 분위기는 학습자의 정서적인 자신감과 기대감에 영향을 많이 받는다. 교사가 열린 마음과 수용적인 분위기로 수업 대화를 이끌어나가야 하고, 유머도 적절하게 활용할 필요가 있다.

제2부

초등 국어 교수 학습의 실천

제1장 [듣기·말하기 지도]

1. 배려와 공감적 대화하기

1. 배려적 화법 지도

가. 배려적 화법의 개념과 특성

'배려'는 전심을 기울이고 집중함으로써 타인의 일에 대해 생각하는 것을 가능케 하는 것으로, 그 작동의 성공 여부는 상대방의 반응을 확인함으로써 판단할 수 있다(서현석, 2007). 배려의 자질로는 인식 차원에서 '상호 존중하기', 표현 차원에서 '진실된 말하기', 수용 차원에서 '공감적 경청하기', 상황 차원에서 '관계적 사고하기'를 들 수 있다(박창균, 2016). 듣기·말하기 교육에서 '배려'는 상대방의 마음과 정신을 이해하려 애쓰는 사고 과정과 구두 언어사용을 통한 의사소통 행위로 실현되는 과정이 강조된다.

배려적 화법은 '상대방 입장과 반응에 관심을 가지고 공감하며 이해하고, 적절한 표현을 판단하여 선택함으로써 상호 존중의 의도가 공유되는 듣기·말하기 행위'라고 할 수 있다. 배려적 화법을 위해서는 타인에 대한 끊임없는 분석이 요구되는데, 이는 단순한 이해에서 끝나는 것이 아니라 자아와의 비교를 통해 이루어지므로 자아 인식과 타인에 대한 인식, 나와 타인에 대한 이해 및 자아 성찰이 요구된다. 배려적 화법은 나와 타인이 동시에 성장하는 화법이기 때문에 배려적 화법에는 상대방을 존중하는 배려와 자신을 존중하는 배려가 동시에 있어야 한다.

배려적 화법은 소통 맥락에서 다음과 같은 특성을 가진다(박미영, 2009). 첫째, 배려적 화법은 해당 주체에게 유의미한 경험을 제공한다. 흔히, 배려적 화법의 동기와 목적이 타인에게서 비롯된다고 생각할 수 있다. 배려적 화법을 하기 위해서는 타인인 상대방을 고려해야 하기 때문이다. 하지만, 상대방을 존중하는 배려적 화법은 배려적 화법을 하는 주체 자신의 내재적인 동기와 목적에서 시작된다. 배려적 화법은 능동적인 자발성에 의해 수행함으로써 그 결과를 경험하게 되는 것으로, 주체 자신의 내적 변화, 성장을 가져오게 한다. 만약 배려적 화법이 화법 주체에게 어떤 유의미한 경험을 제공하지 않는다면 지속적인 배려적 화법의 동기를 갖게 되지 못하게 될 것이다.

둘째, 배려적 화법은 반성적 사고를 하는 숙고의 과정이다. 배려적 화법은 상대방을 존중하기 위해 의미 구성 과정 가운데 끊임없이 반성적 사고를 하게 한다. 반성적 사고는 자신이 처음 인식한 의미와 선택한 표현을 비판적으로 바라보고 수정할 가능성을 갖게 하는 것이다. 그리고 가능한 대안적 표현들을 놓고 어떤 표현을 선택해야 할지 숙고하게 한다. 이 숙고 과정은 자신과 상대방의 입장·감정 등을 상호 조회하는 가운데 이루어진다. 상대방의 성격, 처해있는 상황, 사회 문화적 배경 등과 지금 소통이 이루어지고 있는 상황, 사회 문화적 환경, 상대방과 나의 관계 등의 맥락 요소들을 끊임없이 탐구하는 것이다. 이런 반성적 사고 과정은 결국 자신의 정체성까지 되돌아보게 하며, 자신이 지닌 선입견이나 편견, 성격, 상대방에 대한 태도 등을 점검하게 한다.

셋째, 배려적 화법은 주체 간 상호 존중의 가치를 지향하는 태도로써 작용한다. 배려적 화법은 상대방과의 관계를 인격적인 관계로 인식하여 서로에 대해 존중의 가치를 지니는 화법이다. 배려적 화법은 나와 다른 상대방을 소중히 여기고 관심을 가짐으로써 상대방의 가치를 확인시킨다. 그리고 상대방의 가치를 소중히 여기기 때문에 상대방이 수용하는 배려적 화법의 표현도 존중의 가치를 담고 있다. 따라서 언어를 통해 상대방이 그 의도를 알아차리고 수용할 수 있도록 상대방의 상황이나 의도, 반응에 주의를 기울여야 한다. 상대방의 입장이나 반응을 예측하기 어려울 때 자기 입장에서만 말할 수 있음을 인식하고, 상대방의 호의를 기대하는 마음으로 수단으로써 배려적 화법을 사용하지 않도록 유념해야 한다. 상호 존중이 전제되지 않았다면 배려적 화법이라고 할 수 없다.

넷째, 배려적 화법은 발산적이면서 수렴적인 의사소통 과정이다. 배려적 화법은 상대방을 고려하기 위해 자신이 처음 선택한 표현 이외의 다른 가능한 표현을 모색한다. 상대방에게 긍정적인 심리적 태도를 형성시킬 수 있는 표현을 탐색하고 적용 가능성을 생각하는 것이다. 또한, 배려적 화법은 자신의 입장과 상대방의 입장을 모두 고려하여 조절하는 행위이다. 즉, 상대방에게 진정성 있는 배려적 화법으로 자신의 말이 전해지기 위해서는 끊임없이 서로의 입장과 생각이나 감정을 비교하여 적절한 표현을 판단하고 선택하는 수렴 과정이 필요하다.

나. 배려적 화법 지도 방법

서현석(2016)에서는 배려적 화법 교육이 개념적이고 논리적 추론만으로 학생의 듣기와 말하기를 수정하거나 개선하는 데 한계가 있음을 지적하고 배려적 화법의 교육 방향을 제시하였는데, 그 내용을 간략히 보이면 다음과 같다.

첫째, 개인적 내러티브가 공유되는 국어 교실의 문화를 조성해야 한다. 배려적 화법 교육을 위해서는 교사와 학생, 학생과 학생 간에 삶의 공유로서 각자의 개인적인 경험을 표현할 시간과 여유가 확보되어야 한다.

둘째, 지속 가능한 배려적 화법 교육 프로그램을 개발하고 활성화해야 한다. 학습자가 유의미한 타자와의 지속적인 관계를 맺을 수 있도록 구조화된 화법 교육 활동 프로그램을 개발해야 한다.

셋째, 학교·가정·사회의 연대를 통한 배움 공동체를 형성해야 한다. 일상생활의 언어 환경으로써 대화의 상대자가 사용하는 '말'과 사회에서 통용되는 '말'은 초등 국어 학습자에게 지속적인 영향력을 발휘하기에 배려적 화법 교육의 측면에서 '올바른 배움 공동체'의 형성은 필수적인 요소라 할 수 있다.

한편, 초등학생을 위한 배려적 화법 교육 활동 내용을 간략히 요약하여 제시하면 다음과 같다(정혜영, 2010).

　(1) 바꿔 다시 말하기
　　화자의 이야기를 정리하며 듣고 화자의 관점을 취하며 재진술하기

　(2) '나 그리고 너' 활동하기
　　화자와 청자가 계속 바뀔 수 있음을 알고 서로의 상황을 고려하여 바꿔 말하기

　(3) 감정주고받기
　　상대방의 행동을 관찰하여 감정을 파악하기, 타인의 감정을 이해하고 표현하기

(4) 적극적 반응하기

    화자가 이야기하기 좋도록 질문하며 듣기

(5) 맞장구치기

    화자의 말에 맞장구치며 대화를 지속시키기

(6) 내 감정 다루기

    갈등 상황에서 청자의 의견을 인정하며 자신의 의견을 말함으로써 관계 개선하기

2. 공감적 화법 지도

가. 공감적 화법의 개념과 특성

'공감'이란, 한사람이 다른 사람의 개인적인 지각세계 안에 들어가 그 속에서 철저하게 익숙하게 되는 것을 의미한다. 또한, 공감은 민감해지는 것, 순간순간 다른 사람 내부에 흐르는 의미를 변화 있게 느끼는 것이다. 이러한 의미에서 공감적 듣기란 편견 없이 상대방의 개인적인 인식의 세계로 들어가서 그 사람에 대해 깊은 이해를 할 수 있게 되는 의사소통 과정이라 할 수 있다.

공감적 화법은 일방적인 전달과 이해의 행위가 아니라 상호교섭적인 활동이며 화법이 인간관계의 발전이라는 측면에서 삶을 공유하는 과정으로 이해하여야 한다(임칠성, 1997). 강미진(2014)에서는 공감적 대화의 개념을 자신의 감정을 진솔하게 드러내어 상대방이 자신을 깊이 있게 이해할 수 있도록 이끌고, 대화가 진행되어 갈수록 서로의 감정을 느낄 수 있는 것으로 정의하였다.

공감적 대화하기는 대화를 나누면서 상대에게 적절한 몸짓과 표정으로 반응하고 상대의 말에 맞장구치면서 호기심을 가지고 적절하게 질문하는 것을 의미한다. 그러므로 공감적 대화하기에서 공감을 표현하는 비언어는 중요하다. 말을 들으면서 고개를 끄덕이고 상대방과 시선을 맞추는 것은 상대방에게 말을 잘 듣고 있으며, 상대방의 생각에 동의한다는 의미를 잘 전달해 주기 때문이다. 이러한 비언어적 표현은 상대방이 더 이야기할 수 있도록 격려해 줄 뿐만 아니라 서로의 관계가 더욱 돈독해지는 효과를 가져온다.

나. 공감적 화법의 원리

오정선(2009)이 제시한 공감적 듣기의 원리를 토대로 공감적 대화의 원리를 제시하면 아래와 같다(신헌재 외 2015 : 227-228).

첫째, 공감적 감수성의 원리이다. 대화 참여자는 상대방의 말 속에 포함되어 있는 중요한 감정, 태도, 신념, 가치 기준을 포착하는 감수성이 있어야 한다. 대화의 메시지에는 내용과 감정의 두 가지 요소가 있는데, 원만한 의사소통을 이끌기 위해서는 감정을 잘 이해하고 공감하는 것이 내용을 이해하는 것보다 더 중요한 경우가 많다. 인간관계를 원활하게 유지하고 발전시키기 위해 심리적 차원에서의 듣기 자세와 태도가 매우 중요하다.

둘째, 공감적 전달과 의사소통의 원리이다. 대화 참여자는 상대방이 말하는 내용에 대해 이해하고 있으며, 내적인 측면 즉, 감정, 태도, 신념까지 이해하고 알게 되었음을 화자에게 표현한다. 화자의 메시지를 듣고 이해한 것을 다시 청자에게 전달해 주어 의사소통이 원활하게 되도록 한다. 이것은 공감적 반응과정을 의미한다. 청자가 되어 느끼고 이해한 것을 상대방에게 잘 전달하는 공감적 반응은 의사소통의 핵심적 요소이다.

셋째, 인간 존중의 원리이다. 공감적 대화는 대화 상대자의 인격과 삶을 존중하며 화자의 성장가능성을 신뢰한다. 어떤 선입견이나 자기의 관점을 버리고 화자의 관점에 서서 경청한다. 대화 상대자를 위로하고 격려하는 대화를 지향한다. 여기는 인간 존중의 철학과 정신이 담겨 있다. 대화의 근본정신인 인간 존중의 철학이 대화의 내용과 방법에 배어 있어야 한다.

넷째, 적극적인 피드백의 원리이다. 공감적 대화는 청자가 수동적으로 내용을 이해하고 청취하는 것이 아니라, 대화 참여자로서 적극적으로 대화에 참여하면서 상대방에게 피드백을 보낸다. 피드백은 상대방이 전하는 메시지에 대한 언어적, 비언어적 반응으로 이루어진다. 청자는 맞장구치기, 대화 내용을 다시 구성하기, 화제를 바꾸기 등의 적극적인 활동을 전개한다.

다. 공감적 화법의 지도 방법

공감적 화법의 구체적인 지도 방안에 관하여 여러 연구자들이 다양한 방식으로 제안한 바 있다. 여기서는 이창덕(2010)에서 제시한 공감적 듣기 지도 방안을 제시하고자 한다.

(1) 집중하기

모든 대화는 듣기에서 시작하고, 듣기는 상대방에 대한 관심에서 시작된다. 그리고 그 관심은 상대방이 마음을 열게 한다. 적절한 눈맞춤과 자연스러운 듣기 자세, 미소 짓는 표정, 고개 끄덕임과 같은 신체적 반응과 맞장구치기와 같은 반응은 상대방에 대한 관심을 표현한다. 그래서 상대방은 자신이 가치있는 존재로 존중받고 있다는 느낌을 받아 공감적 듣기가 좀 더 활발하게 이어질 수 있다.

① **시선(눈맞춤)** : 상대방에 대한 관심을 표현하는 가장 보편적인 방법인 눈맞춤을 자연스럽게 유지하는 것이다. 그래서 상대방의 눈을 바라보면서 관심을 집중한다.

② **표정(온화한 미소)** : 미소를 띤 얼굴 표정은 상대방에게 관심을 표현하는 가장 간단하면서도 효과적인 방법이다. 일반적으로 웃는 얼굴은 관계를 친근하게 만들어 주고 상대방의 말하기를 격려해준다. 그러나 대화 내용과 무관하게 너무 많이 웃으면 조롱하는 느낌을 줄 수 있으므로 유의해야 한다.

③ **고개 끄덕임** : 상대방의 이야기를 들으면서 고개를 끄덕이는 행동은 상대방에게 우리가 말에 관심을 가지고 공감해주고 있음을 느끼게 해준다. 고개 끄덕임은 대화를 적극적이고 긍정적인 방향으로 이끌어 주는 힘이며, 가장 강력한 몸의 화술이기도 하다.

④ **자연스러운 자세** : 상대방의 말에 관심을 보여주는 바람직한 자세는 말하고 있는 상대방 쪽으로 약간 상체를 기울여서 앉고 신체적으로 편안한 자세를 취하는 것이다.

⑤ **언어적 반응(응대의 말)** : 상대방의 말을 들으면서 "음", "그렇구나", "그래서?", "정말?"과 같은 간단한 반응을 보이면서 상대방에 대한 관심을 표현할 수 있다. 이러한 언어적 추임새는 상대방이 더 많은 이야기를 할 수 있도록 격려해주고 인정해주는 기능을 한다.

(2) 격려하기

공감적 대화를 위해서는 상대방이 더 많은 이야기를 할 수 있도록 격려하는 기술이 필요하다. 상대방을 격려하는 방법으로는 "좀 더 이야기해 봐", "계속 말해 봐", "좀 더 자세히 말해주겠니", "이를테면?"과 같은 말로 계속 대화를 이끌어가거나 상대방이 했던 말 가운데 주요한 어휘나 표현들을 반복해주거나 미진한 부분에 대해서 질문을 하는 방법 등이 있을 수 있다. 그리고 질문을 할 때는 질문의 의도가 내용을 보다 분명히 이해하기 위한 것임을 상대방에게 분명히 인식시켜 주는 것이 중요하다. 또 질문을 할 때도 가능하면 "예"나 "아니오"로 답하는 닫힌 질문보다는 "~에 대한 네 생각은 어떠니?"와 같은 열린 유형의 질문이 좋다. 상대를 격려하는 또 다른 방법은 침묵을 유지하는 것이다.

(3) 반영하기

'반영하기'란 의사소통 과정에서 상대방의 관점을 직접적으로 반영해주는 것으로 공감적 듣기의 가장 핵심적인 부분이다. 상대방의 관점을 반영해주는 방법으로는 들은 내용을 자신이 이해한 말로 풀어서 재진술하는 방법이 있다. 이것은 상대방이 말한 것을 자신이 어느 정도로 이해했는지를 나타내 주는 반응이다. 또한, 반영하기 기술은 상대방 견해를 뒷받침해 줄 만한 자신의 경험사례를 제시하고 이에 대한 상대방의 의견을 물음으로써 공감적 듣기 과정을 촉진할 수 있다. 상대방을 깊이 이해하기 위해서는 단순히 표층적으로 전달되는 언어적 의미뿐만 아니라 몸짓언어를 통해서 노출되는 비언어적 단서까지도 읽어 낼 수 있어야 한다. 즉, 공감적 대화를 위해서는 표면에 드러나는 사실 이면에 있는 상대방이 전하고자 하는 내면의 메시지를 이해해야만 한다.

(4) 공감적 대화하기

① 공감적 대화의 방법 익히기 : 상대방의 상황을 이해하고 공감하는 몸짓을 배우는 활동을 하면서 공감적 대화의 방법을 익힐 수 있다. 실제 생활에서 접할 수 있는 다양한 상황을 설정하여 학생들이 적절한 몸짓을 연습해보는 기회를 부여할 수도 있다. 이때, 맞장구치는 언어적 표현을 아는 것뿐만 아니라 상대방의 마음을 이해하고 그 마음에 공감하는 적절한 몸짓이나 비언어도 표현하도록 유도하는 것이 중요하다. 학생들의 경험과 우리 문화에서 접하는 다양한 비언어적 표현 중에서 그 상황에 맞는 맞장구치는 말과 적절한 몸짓으로 공감적 대화하기를 학습할 수 있도록 지도하는 것이 좋다.
② 공감적 대화의 예시 활용하기 : 평소에 교사가 공감적 대화가 일어나는 학생들의 말을 녹취하거나 기록하였다가 대화를 들려줄 수 있고 학생들이 즐겨보는 텔레비전 프로그램

에서 공감적 대화하기를 찾아서 보여 줄 수 있다. 교우 관계가 원만하거나 인기가 있는 학생들의 말을 잘 들어보면 공감적 대화하기를 잘한다는 것을 느낄 수 있을 것이다. 이런 아이들의 공감적 대화 방법이나 모습을 보여준다면 더욱 실제적으로 접근할 수 있다. 또한, 교사가 직접 시범을 보여주는 것도 좋다. 평소에 교사의 대화 방법이나 모습에서 학생들이 공감적 대화 방법을 느낄 수 있도록 교사들이 공감적 대화법의 모델이 되어 시범을 보여주는 것은 가장 좋은 예시가 된다.

③ **문학 작품 활용하기** : 동화책과 같은 문학 작품을 읽으면서 공감적 대화를 찾아보는 방법이다. 아래와 같은 동화의 대화 내용에서 건우의 이야기를 듣고 속마음을 알아챈 아빠가 '꼭 갖고 싶냐'고 물어보게 된다. 이러한 대화는 건우가 과학상자의 좋은 점을 아빠에게 알려주는 것이 목적이 아니라 갖고 싶어 하는 마음을 표현하는 말로 건우의 마음을 이해한 아빠의 공감적 대화 사례로 볼 수 있다.

> "아빠, 과학상자가 없으면 아예 못 나가는 거예요. 그 속에 얼마나 많은 게 들어있는 줄 아세요? 나사못도 여러 가지고, 갈고리, 도르래, 체인도 있어요. 그 정도면 못 만드는 게 없어요. 나는 그런 걸 한 번도 못 가져 봤는데."
> 이야기를 다 듣고 나서 아빠가 조용히 물으셨어요.
> "건우야, 그걸 꼭 갖고 싶니?"
> "예. 아빠도 보면 놀랄 거예요. 뭘 만들지 벌써 생각해 놨는걸요."
>
> −황선미, 나쁜 어린이표−

④ **일상대화에서 공감적 대화 사례 찾아보기** : 학생들의 프로젝트 학습으로도 가능하며 일정한 기간을 주고 그 사이에 가족 간의 대화나 친구들과의 대화에서 공감적 대화의 예를 찾아보도록 한다. 공감적 대화의 예를 찾는 동안에 학생들은 스스로 공감적 대화를 더 하도록 노력할 것이고 공감적 대화가 가져오는 효과나 장점을 충분히 느낄 수 있을 것이다. 또한 자신의 대화 방법을 뒤돌아보는 반성적 계기를 마련하여 학생들의 대화 습관을 되돌아보고 개선할 수 있는 기회를 마련해 주는 것도 좋다. 중요한 것은 적극적인 반응과 맞장구치는 것만이 아니라 진심으로 상대의 말을 귀 기울여 듣고 상대에 대한 관심을 갖는 것임을 깨닫는 것이다. 공감적 대화를 통해 학생들은 서로 간의 관계를 개선하고 올바른 언어생활을 꾀할 수 있다.

⑤ **대화 방식과 대화 구조의 성찰** : 듣기·말하기 수업 상황이나 실제 대화 상황에서 학생들 스스로가 자신의 대화 장면을 관찰하고 어떤 문제가 있는가를 점검하고 수정하도록 하는

방법이다. 이를 위해서 학습자의 대화 장면을 담은 동영상 자료나 녹음 자료 및 대화 자료를 활용할 수 있다.

⑥ **공감적 대화에 참여하기** : 학습자들이 직접 대화를 통해 상호작용하도록 함으로써 동료들과 언어 수행을 하는 과정에서 공감적 대화 기능과 전략을 습득하게 되고 대화 능력을 신장시킬 수 있다. 공감적 대화를 지도할 때는 학습자들이 서로에게 책임을 지면서 상호 작용할 수 있도록 협동 과제를 해결하는 기회를 주어야 한다. 그러므로 짝 활동뿐만 아니라 소집단 대화 활동을 활용하면 좋다.

⑦ **다른 영역에서의 공감적 대화 지도하기** : 공감적 대화하기는 읽기나 쓰기 등 다른 영역에서도 적용할 수 있다. 동화책을 읽고 공감적 대화하기를 찾아서 이런 대화 방법이 앞으로의 사건 전개에 어떤 영향을 주는지, 인물의 성격과는 어떠한 관련이 있는지를 찾아보는 활동으로 문학 영역의 수업에서도 일어날 수 있다. 그리고 친구에게 위로나 감사하는 편지쓰기에서도 공감적 대화하기는 활용될 수 있다. 상대방의 마음을 헤아리고 그 마음을 이해하면서 위로나 감사의 글을 쓴다면 상대방에게 글쓴이의 마음이 더욱 잘 전달될 수 있다. 공감적 대화하기가 잘 나타난 글을 읽고서 앞으로 어떤 일이 일어날지 예측해 보는 활동을 하는 읽기 영역에서도 활용할 수 있다. 공감적 대화하기는 국어 시간뿐만 아니라 평소 학생들의 언어생활에서도 지도할 수 있는 요소이다. 학생들이 공감하면서 대화하도록 다른 교과 수업 시간이나 평소의 생활면에서도 꾸준히 지도해야 한다.

제1장 [듣기·말하기 지도]
2. 자신 있게 말하기

1. 자신 있게 말하기 개념과 특성

자신 있게 말하기는 학교에서 공식적인 말하기를 처음 경험하게 되는 초등 학습자들의 담화 상황을 고려하여 설정된 국어 교육의 내용이다. 여러 사람 앞에서 자신의 의견, 생각, 정보 등을 말하게 되는 공식적 말하기는 초등 학습자가 성장해가면서 지속적으로 경험하게 되는 중요한 듣기·말하기 영역의 교육 내용이라 할 수 있다.

자신 있게 말하기는 자신감을 가지고 상황에 대처하며 적극적으로 참여할 수 있는 능력으로, 말하기 능력의 중요한 요소이자 의사소통의 기본자세라고 할 수 있다. 말하기에 대한 자신감은 말하기 내용에 대한 판단과 말하기 수행에 대한 판단으로 구분해 볼 수 있다(김윤옥, 2020). 말하는 이가 말하기에 대하여 자신감을 갖기 위해서는 말할 내용뿐만 아니라 말하기 수행 과정에 대해서도 자신감이 있어야 한다. 듣는 이는 화자가 말하는 내용에 대해 잘 알고 있고 화자가 말하기 수행과정에도 자신감이 있다고 느끼면서 의사소통에 참여하게 된다. 따라서 '자신 있게 말하기'는 '화자가 말하려는 내용에 대하여 잘 알고 있고 말하기 수행에 대하여 잘 할 수 있다는 신념이 있는 말하기'를 의미한다.

말하기의 특정 상황이나 인식과 관련한 요인은 자신 있게 말하기를 방해하는 '말하기 불안'에 영향을 미친다. 즉, 말을 해야 할 상황은 매우 다양하지만 주로 공식적인 상황에서의 말하기는 말하기 불안을 초래할 가능성이 높다. 여러 사람 앞에서 자기를 소개하거나 어떤 의견을 발표해야 하거나 면접이나 구술시험과 같이 자신의 말에 대해 평가를 받는 상황에서는 일상적인 말하기보다 더욱 어려움을 겪게 된다.

또한, 말하기에 대한 선입견 혹은 편견은 말하기 불안을 증폭시킬 수 있다. 예를 들어, 말은 꼭 유창해야 한다거나 말을 완벽하게 해야 한다는 편견은 오히려 말하기 불안을 극대화한다. 말은 물이 흐르듯이 매끄럽게 말해야만 잘하는 것이라고 착각하는 경우 말하기가 부담스러워지고 말이 빨라지게 된다. 또한, 자신의 말하기를 완벽하게 잘 해내려는 욕심이나 계획은 부담과 긴장을 유발한다.

말하는 사람이 듣는 사람을 평가자로 인식하는 경향도 말하기 불안을 증가시킨다. 청자를 나와 함께 대화하면서 의미를 나누어가는 사람이 아니라 나를 평가하는 사람으로 보기에 부담이 가중되는 것이다. 그러한 생각은 '듣는 이는 나를 어떻게 생각할까?', '혹시 형편없는 사람으로 생각하지 않을까?' 하는 집착에 빠지면서 사람들의 평가에 너무 신경을 쓰다가 말하려는 내용을 제대로 전달하지 못하고 더욱 긴장하게 된다. 말할 내용을 정확히 암기해서 전달해야 한다고 생각하는 것도 말하기 불안에 악영향을 미친다.

간혹, 말하기를 멋있게 잘하기 위해서 내용을 완전히 외워버리려는 욕구에 빠지기도 하는데, 이는 상대방에게 메시지만을 전달하면 끝이라는 잘못된 판단이다. 발표와 같이 공식적인 말하기 상황에서도 말하기란, 상대방과 끊임없이 의미를 공유하는 과정이기 때문에 일방적인 메시지 전달만이 능사가 아님을 명심해야 한다. 말하기에 대한 불안을 감소하기 위해서는 말하기에 대한 새로운 인식을 갖도록 하는 것이 중요하다. 말하기를 꼭 잘해야 한다는 강박관념을 버리고, 부담 없이 즐겁게 임할 수 있는 말하기 기회를 일상적으로 자주 갖는 것이 좋다. 또한, 드라마 혹은 영화 '킹스 스피치'와 같은 영상 자료를 제시하면서 말하기 불안은 누구나 가질 수 있으며, 의식하고 노력함으로써 극복할 수 있음을 알게 하는 것도 도움이 된다.

2. 자신 있게 말하기를 위한 말하기 불안의 이해

가. 말하기 불안의 개념

말하기 불안은 '예상되는 또는 실제 말하기와 관련된 불안으로 개인의 성격이나 욕구, 동기 등에서 오는 특성 불안의 성격과 특별한 상황이나 대상에서 불안을 느끼는 상황 불안의 성격을 모두 지니고 있는 것(장윤경, 2001)'으로 누구나 이를 가지고 있다고 보아도 무방하다. 류성기(2003)에서는 '말하기 불안을 '말하기 전·중·후에 기대치 도달 불투명 심리에 의하여 형성된 조마조마한 정신적, 심리적, 신체적 상태'라고 했으며, 임칠성 외(2004)에서는 '어떤 상황에서 말을 할 때 가슴이 두근거리고, 손에 땀이 나고, 어지럽거나 얼굴이 붉어지거나 말을 하고 나서 무슨 말을 했는지 기억이 나지 않는 것'까지 모두 포함한 것이 말하기 불안이라고 하였다. 또한, 전은주(2010)는 말하기 불안을 '말하기 상황을 예측하거나, 말하기 상황에 직면하거나, 말하기 수행 중에 느끼는 심리적인 불안감으로 원활한 의사소통에 방해를 일으키는 인지적, 생리적 및 행동적 상태'로 정의하였다.

나. 말하기 불안의 요인

말하기 불안을 가져오는 요인은 다양한데, 크게 말하는 이의 특성 요인과 말하기 상황 요인으로 나누어 간략히 살펴보면 다음과 같다.

(1) 말하는 이의 특성 요인

① 유전적인 성향이나 가정에서의 의사소통 부족으로 인해 형성된 소극적, 부정적인 성격 요인이다. 말하기 불안은 유전적으로 내성적이거나 소극적인 성격을 물려받았거나 가정에서의 의사소통에서 긍정적인 보상과 상호작용 경험이 부족하여 형성된다. 특히 가정에서의 의사소통이 많은 영향을 주는 것으로 알려져 있다.

② 학교에서의 사회적 의사소통의 부재 및 동양적 의사소통 문화로 인해 형성된 성향 요인이다. 학교에서의 상호작용은 주로 교사와 또래들을 통해서 이루어지는데 이때 부정적인 언어 경험과 대인 관계가 영향을 미친다. 또한, 동양적 의사소통 문화로 인한 체면, 의례, 눈치 보기 등도 말하기 불안을 초래하는 요인이라 할 수 있다.

③ 자신과 타인, 말하기에 대한 태도 요인이다. 이 요인은 앞의 두 요인에 의해 형성될 가능성이 높다. 자아존중감이 부족하면 자신의 능력에 대해 확신하지 못하고 이 때문에 불안해진다. 또한, 타인을 협력자로 인식하느냐, 경쟁자로 인식하느냐에 따라 등의 타인과의 관계에 따라 불안의 정도가 달라지기도 한다. 마지막으로 말하기를 부정적인 것으로 생각하고, 말하기 상황에서 부정적 강화를 자주 받은 학생은 말하기에 대한 인식이 부정적으로 형성된다.

(2) 말하는 상황 요인

① 말하는 대상(청자) 요인이다. 의사소통의 상대에 대한 불안의 정도가 초등학생의 경우 교사, 아버지, 친구, 어머니 순으로 말하기 불안을 느낀다고 한다. 학생들이 교사와의 의사소통에 어려움을 겪는 것으로 보아 교사가 긍정적이고 공감적인 의사소통 태도를 지닐 필요가 있음을 알 수 있다.

② 말하기의 목적 요인이다. 청자에게 정보를 전달하거나 설득하기 위해서는 분명한 관점을 지니고 정확하고 객관적인 내용으로 준비하여 논리적으로 말해야 한다. 이는 상대방에게 부담을 주는 행위이면서 동시에 목적 달성 여부가 생기는 것이므로 이에 대해 말하기 불안감이 생겨난다.

③ 말하기의 내용 요인이다. 말하는 내용을 확신하고 있는지, 흥미롭다고 생각하는지, 중요하다고 생각하는지 등에 대한 인식이 불안 정도에 영향을 미친다. 주제에 대해서 긍정적으로 인식하고, 흥미를 느낄수록 말하기 불안은 감소된다. 말하기는 높은 인지를 요구하는 사고 과정이므로 말하기 내용에 대한 준비를 많이 하고 화자가 주제에 친숙함을 느낄수록 말하기 불안은 감소된다.

3. 자신 있게 말하기의 지도 방법

자신 있게 말하기는 국어교과의 듣기−말하기 영역의 중요한 내용 요소이지만 일상적으로 두루 필요한 역량이므로 일반 교과 수업에서도 꾸준히 자신 있게 말하기를 지도해야 한다. 좀 더 구체적인 지도 방법을 6가지로 제시하면 다음과 같다.

① 학생들이 자신 있게 말하기 위해서는 학생들에게 말할 기회를 많이 주어야 한다. 학생들이 자유롭게 이야기할 수 있는 개방적인 분위기를 조성해 주어서 학생들이 능동적으로 수업에 참여하도록 유도하고 말하기 수업을 활발하게 진행하는 데 적절한 주제를 활용하여 말하기 지도를 하는 것이 필요하다(신헌재 외, 2015).

② 말하기 불안과 긴장을 긍정적인 에너지로 전환할 수 있도록 말하기 목표나 기대치를 낮추어 접근할 수 있도록 말하기 학습 과제의 수준을 조정하거나 말하기 준비를 서서히 준비할 수 있도록 지도한다.

③ 자기가 하고 싶은 말을 메모하게 한다. 자신 있게 말하기 위해서는 자기가 하고 싶은 말이 있어야 한다. 자기가 할 말이 없을 때 말을 하게 되면 말하기 불안이 심해지고 말을 제대로 할 수 없기 때문이다. 메모는 기억에 대한 부담을 덜어서 자신 있게 말할 수 있고 자기가 하려고 한 말을 빠뜨리지 않고 전달할 수 있다.

④ 거울을 보면서 말하기 연습을 하게 한다. 이를 통해 말하는 화자 자신은 자기 자신에게 더 냉정한 평가를 할 수 있게 된다. 학생들은 자신의 수행을 직접 관찰하면서 말하기에서 개선해야 할 부분을 찾고 점검하여 자신 있게 말할 수 있다.

⑤ 자기가 가장 잘 알고 있는 것에 대하여 말하도록 한다. 자기가 말하려고 하는 내용에 대하여 잘 알고 있다면 말하기 불안이 줄어들고 말하고 싶은 욕구가 생기게 된다.

⑥ 자신 있게 말하기에는 비언어, 반언어적 표현이 관여된다. 자신 있게 말하기를 위해서는 내용에 해당되는 '언어적 표현' 뿐만 아니라, 메시지를 명료하고 효과적으로 전달하기 위해 목소리 크기, 속도 등의 반어적 표현과 시선, 표정, 몸짓 등의 반언어적 표현을 전략적으로 사용해야 한다.

3. 토론하기

1. 토론의 개념

가. 토론의 개념과 특징

　토론은 논증적 구두 의사소통의 대표적인 유형이다. 일반적으로 토론은 찬성측과 반대측이 교대로 주장과 반박, 재반박을 이어가는 상호교섭적인 대화 형식으로 이루어진다. 토론은 찬성측과 반대측이 대화를 이어가지만 궁극적인 설득의 대상이 청중이나 심판이라는 점에서 매우 특수한 담화 형태이다(Meany & Shuster, 2008). 토론이 경쟁적 담화 유형의 대표이기는 하지만 토론의 의의는 단순히 상대방의 입장을 반박하고 자신의 입장을 논리적으로 피력하여 상대를 설복시키는 데에 그치지 않는다. 토론은 상대방과 자신의 관점 차이를 인정하고 서로의 의견을 존중하며 궁극적으로 좀 더 나은 대안을 모색하기 위한 의사소통의 과정이기도 하기 때문이다.

　토론 과정에서 가장 적극적이고 강도 높은 논증 활동이 일어난다. 토론에 임하는 사람은 토론 주제에 대해서 심층적으로 분석, 탐구하여 자기의 입장을 정당화할 수 있는 논증을 구성해야 한다. 그리고 그것을 상대측에게 효과적으로 전달하기 위해 자신이 구성한 논증을 상황에 적절하게 언어화해야 하며, 상대측의 주장을 들으면서 동시에 상대측의 논증 과정을 빨리 파악하여 비판적인 질문을 제기(반박)할 수 있어야 한다. 또한, 상대측의 반박이나 질문에 즉각적으로 대응하여야 한다.

　요컨대, 토론은 자신의 견해와 상반되는 상대방의 의견을 경청하고 존중하면서 다른 한편으로 자신의 의견이 타당한 설득력이 있음을 밝히는 대화적 행위로 볼 수 있다. 일반적으로 토론은 다음과 같은 특징을 지닌다.

① 찬성측과 반대측은 생각이나 입장의 차이가 분명히 대립된다.
② 어떤 특정 문제에 대한 의견·해결안·결론 등이 상반되어 토론자는 대립적 관계에서 경쟁적 대화를 하게 된다.
③ 자기주장의 근거나 증거를 제시해서 자기주장의 정당성을 상대방이나 청중(판정자)에게 알리고, 상대방의 주장이 근거 없음을 논증하는 의사소통의 과정이 주를 이룬다.
④ 주장하는 바를 다양한 설득의 방법으로 할 수 있지만, 주로 논리적인 방식을 사용하며 설득을 펼치게 된다.

나. 토론과 토의의 차이

토론의 개념은 토의와 비교하여 살펴볼 때, 그 뜻이 분명하게 잘 드러난다. 토의는 어떤 결론을 도출하거나 합의를 끌어내기 위해서 여러 사람이 생각을 모으는 의사소통의 과정이라고 할 수 있다. 토의는 하나의 문제를 함께 생각하기 때문에 여러 각도에서 다양한 관점에서 현안을 이해할 수 있고, 해결에 이르는 길을 찾는 동안 다양한 가능성을 검토할 수 있는 장점이 있다. 토의는 그 과정에서는 비교적 소수의 의견도 중요하게 다루어진다는 점에서 가장 민주적인 말하기로 볼 수 있다.

이에 반해 토론은 어떤 논제에 대하여 찬성자와 반대자가 각기 논리적인 근거를 발표하고 상대방의 논거가 부당하다는 것을 명백하게 하는 설득적·경쟁적 담화의 한 유형이다. 토론은 넓은 의미에서 토의의 일종으로 볼 수 있지만, 토의가 문제의 해결을 위한 의견의 일치를 얻으려고 서로 협동하여 이야기하는 형식임에 비해 토론은 논제에 관한 입장을 긍정과 부정으로 나누어 양측의 대립을 전면에 내세운다는 점에서 토의와 차이가 있다.

2. 토론의 논제(명제)

토론이 진행되기 위해서는 '서로 대립되는 양측 토론자, 토론의 중심이 되는 하나의 논제(명제), 공정성을 위한 일정한 규칙과 형식, 심판을 포함하는 청중' 이라는 4가지 구성 요소가 필요하다. 원만한 토론을 위해서는 적절한 시간과 장소의 확보가 필요(집중할 수 있는 조용한 곳)하며, 토론의 쌍방이 서로의 주장에서 쟁점이 무엇인지 분명히 파악하고 있어야 한다. 또한, 서로의 주장은 심사숙고된 것으로 타당한 증거를 제시할 수 있어야 한다. 토론 과정에서 토론자는 지나치게 흥분하거나 감정적으로 임하지 않고 경청과 상호 배려하며 말하는 자세가 요청된다. 토론을 위한 논제는 다음을 고려하여 정하는 것이 좋다.

① 토론의 논제는 정책 명제나 사실 명제, 가치 명제로 구분된다.
② 논제는 될 수 있는 한 간결하고 긍정적인 평서문의 형식으로 진술한다.
③ 명백히 찬성 혹은 반대의 양측에 대립할 수 있는 논제를 설정한다.
④ 논제는 명료하게 진술해야 한다. 모호한 용어나 복잡한 개념이 포함되지 않도록 유념한다.
⑤ 논제는 하나의 명백한 주장에 한정되어야 한다.

> - **사실 논제**: 사실 여부를 가리는 것에 관심을 두며, 논제가 '사실'이라는 것이 명백하게 드러나면 토론이 끝난다. 아직 진실이 밝혀지지 않은 과거의 역사적 사실이나 미래의 일(예측)에 대해서 다룬다.
>   예) 사형제도는 범죄율을 감소시킨다.
> - **가치 논제**: 옳은지 그른지, 바람직한지 아닌지, 좋은지 나쁜지 등의 가치판단이 쟁점이 되는 논제다. 어떤 것이 가치 있음을 주장하거나 반대로 가치 없음을 주장할 수 있다. 또는 특정 가치가 다른 어떤 가치보다 우선한다고 주장하는 등의 내용을 다룬다.
>   예) 사형제도는 바람직하다.
> - **정책 논제**: 현 상황, 현 정책, 현 행동에 변화를 추구하는 논제이다. 논제가 변화해야 한다는 주장을 담아 표현한다. 그래서 변화를 주장하는 측이 '찬성 측', 현 상황의 유지를 주장하는 측이 '반대 측'이 되도록 논제를 만든다.
>   예) 사형제도를 폐지해야 한다.

3. 토론의 유형과 절차

가. 토론의 유형

초등학교 현장에서 활용하기 좋은 토론의 유형을 몇 가지 제시하면 다음과 같다.

(1) 원탁 토론(원탁 토의)

원탁 토론은 둥근 탁자에 앉아 자유롭게 서로의 자유롭게 서로의 의견을 교환하며 다른 사람들의 의견에 대해 자유롭게 토론하는 방법이다. 여기에서는 교과나 주제에 대한 제한 없이 다양한 내용을 다룰 수 있다. 소집단은 반 구성원이 20명이라면 6~7명씩 모둠을 편성하면 된다.

단계	활동 내용
독서 토론 주제 정하기	• 토론 주제 제시(선정)하기
입론 작성하기	• 제시된 주제에 맞는 자신의 입장(생각)적기
입론 발표 및 모둠별 자유토론하기	• 자신의 입장 발표 후 돌아가면서 균등하게 발언 기회 부여하여 해결책 찾기 및 토론자들의 발언 정리(사회자)
전체 자유토론하기	• 모둠에서 합의(수합)된 의견을 모둠장이 발표
정리 및 총평	• 소감 발표하기 및 총평

(2) 패널 토론

패널 토론은 토론 주제와 관련된 각 입장을 대변하는 사람들이 패널(일반적으로 4~6명)이 되어 토론을 하고, 다수의 청중들은 이를 지켜보고 질의·응답하면서 다양한 관점, 정보를 얻게 되는 방식의 토론이다. 구성원이 많아 모든 사람에게 발언할 기회를 주지 못하여 전체 토론이 성립되지 않는 경우 채택하는 토론 방식이다. 선발된 토론자들은 독서 토론 주제에 대해 자유 토론을 하고, 청중은 적당한 기회에 질문을 하거나 의견을 진술하여 전체 토의가 이루어진다.

단계	활동 내용
주제 제시 및 패널 소개	• 토론 주제 제시하기 • 사회자(교사)가 찬반에 따라 다양한 관점을 가진 패널 소개하기
패널(찬성 측, 반대측) 입장 발표하기	• 찬성 측부터 자신의 의견을 발표하기 • 반대 측도 자신의 의견을 발표하기
패널 간 토론하기	• 반대 측부터 5~7분 간 찬성 측에게 질문하고 자유토론하기 • 찬성 측도 5~7분 간 반대 측에게 질문하고 자유토론하기
방청객 질의응답	• 청중은 패널들의 토론을 듣고 궁금한 점을 질문하기 • 질문지를 작성하여 사회자에게 제출한 후 사회자가 답변할 패널을 선정하여 질의 및 응답하기
토론 정리	• 사회자(교사)가 토론 내용과 질의·응답을 종합한 후 결론 도출하기
정리 및 평가	• 학생들이 토론 수업을 통해 학습한 내용 정리하기 • 사회자, 패널, 방청객에 대한 칭찬과 전체적인 평가 시간 갖기

(3) 신호등 토론

신호등 토론이란 토론 주제에 대하여 토론자가 선택한 입장을 신호등 색깔 카드(초록: 찬성,
빨강: 반대, 노랑: 유보, 중립)로 표시하며 토론하는 방법이다. 신호등 카드로 찬반 의사 표현을
하고 그에 따른 근거를 타인에게 말하면서 아이들은 자신의 의사를 분명하게 표현할 수 있다.
또한, 다른 친구들이 주장하는 다양한 생각을 듣고 비교하면서 학생들은 좀 더 높은 수준의
사고 과정을 경험할 수 있다. 입장이 둘 이상이어서 찬반 대립 토론이 어려울 때, 자신의 생각은
있으나 토론에 소극적인 학생이 많을 때, 토론 주제에 대한 토론자 개인별 생각이 궁금할 때
사용하면 용이하다.

단계	활동 내용
토론 전 안내	• 교사가 학생 수만큼 신호등 카드를 나누어 주고, 각자의 생각에 맞게 신호 등 색상 카드를 드는 것임을 인식하도록 하기
토론 주제 선정	• 토론 주제 제시(선정)하기

단계	활동 내용
입장 표시	• 초록(찬성), 빨강(반대), 노랑(유보) 카드로 자신의 입장 표시하기(자리 이동 없음)
선택에 대한 까닭 발표	• 사회자는 초록, 빨강, 노랑 색깔의 카드를 든 학생을 고르게 지명하여 그 이유를 묻고 대답을 들어보기
토론 정리	• 토론 주제에 대한 자신의 생각 정리하기 • 토론 정리 단계에서 처음과 생각이 바뀐 경우 그 까닭을 발표하기

(4) 월드 카페 토론

월드 카페는 한 사람(주인)은 그 자리를 지키고 많은 수의 인원이 소그룹으로 쪼개져 돌아가면서 이야기를 나누는 방식의 토론이다. 월드 카페 토론은 단일 시간과 공간에서 발화량이 많으며 한 개인의 의견이 전체에 전달될 수 있고 여러 사람들의 의견을 들을 수 있다는 장점이 있다. 또한, 자신의 사고를 정교화할 수 있으며 학생 중심의 수평적 토론이 가능하다.

단계	활동 내용
토론 전	• 교실을 4~6개의 모둠으로 나누고 각기 다른 토론 주제를 각 모둠에 배정한다. • 각 모둠에서는 1명의 카페 주인을 뽑고 나머지는 손님(토론자)이 된다. • 카페 주인은 토론이 모두 종료될 때까지 그 자리를 지킨다. 손님(토론자)은 여러 주제의 모둠을 자유롭게 다니며 주어진 시간 동안 모둠에 앉아 있는 사람들과 이야기를 나눈다.
토론 시작하기	• 각 모둠에서 10~15분간 자유롭게 주제에 관련한 토의를 한다.
토론하기	• 지정된 시간이 지나면 카페 주인을 제외하고 자리를 바꾸어 다른 주제로 토론을 한다. • 카페 주인은 사람들의 이야기를 기록하고 다음 토론자들이 오면 이전 토론의 내용에 대해 설명해 준다.
모둠 토론 정리하기	• 모든 토론이 끝나면 각 모둠의 카페 주인은 종이에 정리한 내용을 발표한다.

나. 토론의 절차

토론의 절차는 양쪽의 발언 시간과 순서를 동일하게 배분하는 것이 중요하다. 예를 들면, 찬성측 입론(2분) → 반대측 입론(2분) → 숙의(2분) → 상호교차질의(6분)(찬성측 → 반대측, 반대측 → 찬성측) → 숙의(2분) → 반대측 최종변론(2분) → 찬성측 최종변론(2분)과 같은 방식으로 할 수 있다. 대체로 어떤 논제에 관하여 입장을 고수해야 하는 찬성 측이 불리하기 때문에 마지막에 최종변론의 기회를 찬성 측이 하도록 하며, 논박의 시간은 양쪽 측에 동일하게 준다. 토론 과정 중이나 토론 후에 청중 질의나 판정을 할 수 있다.

상호토론은 모든 토론자가 참여하여 의사를 교환하는 과정이다. 상호토론을 통해 우리 팀의 주장을 공고히 하고, 상대 팀의 주장과 근거에 대한 오류를 지적한다. 이전 과정들이 비교적 엄격한 형식과 제약하에 이루어졌다면, 상호 토론은 모든 토론자의 자유롭고 역동적인 의사소통을 보장한다. 단, 특정 토론자가 1분 이상 발언하는 경우는 사회자가 개입하여 발언 시간을 조절할 수 있다. 이때 유의할 점은 다음과 같다.

- 먼저, 찬성 팀의 두 번째 토론자가 토론 시작을 위해 30초 이내로 질문한다.
- 반대 팀의 토론자들은 자유롭게 답변한다.
- 해당 답변 이후 모든 토론자들은 자유롭게 토론에 참여할 수 있다.
  (이상의 과정을 반대 팀도 동일하게 진행한다.)
- 상호 토론 과정에서 상대팀을 존중하며, 배려와 예의를 지키도록 한다.

---

4. 토론 교육의 방법

토론 교육은 학습자로 하여금 어떤 사안에 대하여 자신의 의견을 세우고, 이를 뒷받침하는 논리적 근거를 제시하는 과정에서 논리적, 비판적 사고력을 기르게 하고 창의적 사고력을 함양하는 데 관심을 갖는다. 또한, 토론의 과정에서 의견의 대립을 보이는 상대측 토론자를 배려하며,

상호 존중과 협력하는 과정을 경험하게 하는 것이 매우 중요하다. 토론은 논리적으로 상대방을 설득하는 과정이 주를 이루므로, 논증을 구성하는 기본 구조를 이해하고 이를 적용할 수 있도록 지도하여야 한다. 또한 경청하는 태도를 강조하면서 토론 과정에서 사용할 수 있는 적절한 언어적 표현을 구체적으로 안내하는 것이 필요하다.

가. 논증 구성하기

논증은 근거를 들어 자신의 주장이 참임을 증명하는 방법으로, 상대방 설득, 추론, 정당화의 논리적 방식을 말한다. 논증은 언어적, 사회적, 추론적 행위이며, 사람과 언어, 맥락이 작용하는 합리적 의사소통의 방법이라고 할 수 있다. 논증은 갈등을 해결하거나 인간 공동체의 통합을 위한 의사소통의 핵심적 양식으로 언어적, 인지적, 사회문화적 측면의 고등정신적 사고력을 요구한다. 토론에서 주장, 근거, 추론규칙을 연결하는 논증 구성 능력은 매우 중요한 고차적 사고능력이다.

(1) 논증의 요소와 구조

형식적 논리학의 논증 개념을 비판하며 논증의 다양한 장에 주목한 학자인 툴민(Youlmin, 1958)은 대전제, 소전제, 결론으로 이루어지는 삼단 논법의 형식적 구성요소를 대신하여, 논증의 요소를 주장(Claim 또는 결론), 근거(Data 또는 자료), 추론규칙(Warrant, 또는 정당화 기제)의 세 가지로 제시하였다. 그의 견해에 따르면, 논증의 건전성은 이 세 요소간의 관련성과 보장을 뒷받침하는 지원(Backing 또는 보증), 예상되는 반박(Rebuttal 또는 예외조건)을 고려한 확신 정도를 통해 결정된다. 다음은 툴민의 논증 구조를 나타낸 그림이다.

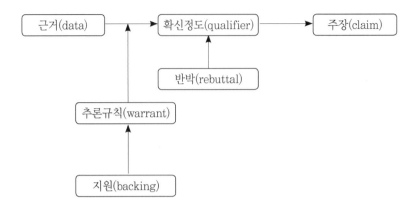

[그림 1] 툴민의 논증 구조(Toulmin, 1958; 2003)

(2) 논증 구성의 과정

① 논제(토론해서 논의할 문제) 정하기
② 논제에 적합한 근거(문제 현상)정리하기와 주장 내세우기
③ 근거와 주장 사이에 적절한 추론규칙 설정하기('왜 이렇게 주장하는가?'에 대한 일반적인 이유, 상위 개념, 보편적 타당성 제시하기)
④ 논증 구조 완성하기 : 주장–주장근거(자료) / 반박–반박근거(자료) 제시하기

나. 주장을 정하고 알맞은 근거 자료 찾기

토론을 위해서 학습자는 주어진 논제에 관하여 자신이 찬성측의 입장인지, 반대측의 입장인지 자신의 입장을 명확히 정함으로써 논증을 시작할 수 있다. 동일한 논제나 동일한 사건에 관하여 서로 상반되는 주장을 비교·대조 해봄으로써 서로 다른 관점을 비판적으로 이해하는 활동을 극대화할 수 있다. AI를 활용하여 양측의 입장에서 자료를 조사한 후 정보를 비교해 보는 방법도 활용해 보면 좋다.

다. 주장을 뒷받침하기

타인의 동의를 얻기 위해서는 자신이 내세우는 주장에 타당한 뒷받침할 근거가 마련되어야 한다. 논증의 과정에서 전면에 내세우는 주장의 뒤에는 항상 이를 뒷받침할 보조 근거(Data)를 제시하는 것이 중요하다. 보조 근거는 주장이 정당함을 지지할 객관적인 통계 자료, 공감이 되는 경험이나 전문가의 의견, 보도 자료, 문헌의 내용, 관용적 표현 등이 될 수 있다.

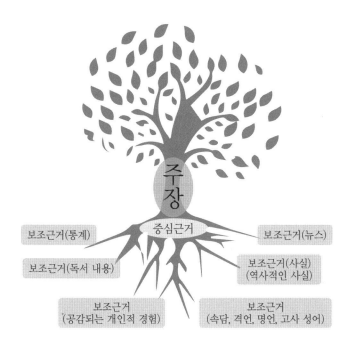

[그림 2] 주장 · 중심근거 · 보조근거의 관계 구조도

라. 반론하기

반론하기는 상대방이 전달하고자 하는 내용의 핵심을 빠르고 분명하게 파악한 후 이에 효과적으로 대응하는 것으로 '여기서 '효과적'이라는 것은 상대방의 기분을 크게 상하지 않으면서도 상대방 주장의 부족한 점이나 잘못된 점을 논리적으로 지적하는 것이다. 반론은 상대 주장의 허점이나 부족한 점을 지적하고, 어떤 점에서 논리적 오류가 있었는지를 밝히는 토론의 핵심적

단계라 할 수 있다. 이러한 점에서 조용길(2012)에서는 토론에서 경청이 갖는 역할과 중요성을 강조하며, 경청이 언어적으로 표출되었을 때 나타나는 구체적 유형을 아래와 같이 제시하고 있다.

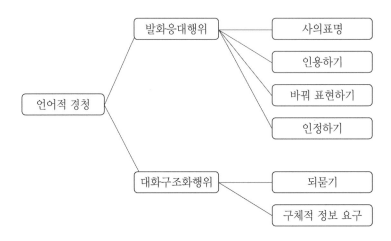

[그림 3] 반론에서의 언어적 경청(조용길, 2012:317)[1]

교실 토론의 실행을 위해서 교사는 크게 토론 준비하기와 실행하기로 나누어 생각할 수 있다. 교실 토론 준비하기는 토론에 필요한 논제 정하기 모둠 구성하기 역할 분담하기, 자료 조사하기, 토론 개요서 작성하기, 토론 판정지 구성하기 등이 해당된다. 또한, 교사는 토론과 관련된 교육과 정과 교과서 내용을 분석하고, 학습자 실태 점검 등을 진행할 수 있다. 효과적인 교실 토론을 위해서 교사는 사전 평가 기준 등을 마련하고 그 내용을 학생들과 공유하는 것이 좋다. 이를 기준으로 토론 후, 찬성과 반대 측 토론에 대해 판정하기와 교사의 최종 마무리 등이 진행할 수 있다. 학습자들에게 논증 구조를 시각적으로 제시하고 토론의 과정과 내용을 복기해보면서 토론 논제에 대한 주장하는 글쓰기 등을 연계하여 실시하면 국어 교육적 효과가 더욱 커진다.

---

1 자세한 내용은 조용길(2012) 참고.

제2장 [읽기 지도]

1. 읽기 유창성

1. 읽기 유창성의 개념과 중요성

가. 읽기 유창성의 개념

읽기는 해독(decoding)과 독해(reading comprehension)로 구분할 수 있다. 해독은 글자를 소리 내어 읽는 것을 말한다. 독해는 글의 의미를 이해하고 구성하는 사고 과정이다. 읽기는 해독과 독해의 과정으로 구성되고, 우리가 실제 텍스트를 읽을 때 두 과정이 동시에 작용한다. 예를 들면, '단추를 단다.'라는 문장을 읽을 때 글자를 해독할 수 있어야 하고, '단추'와 '단다'의 의미를 이해할 수 있어야 한다. 이처럼 글을 읽을 때 독자는 해독과 독해를 동시에 하며, 두 가지를 할 수 있어야 유능하게 읽을 수 있다.

읽기가 두 가지로 구분되는 것을 바탕으로 읽기 유창성(reading fluency)도 두 가지로 구분할 수 있다(Rasinski & Samuels, 2006: 95). 첫째, 글을 소리내어 유창하게 읽는다는 의미인 음독(oral reading) 유창성이다. 문자를 소리내어 읽으면서 머뭇거림이 없이 글자를 소리로 빠르게 변환하는 것을 음독 읽기 유창성이라고 한다. 음독 유창성은 해독이 숙달되어 유창해지는 것과 같은 의미이다.

둘째, 독해가 유창한 것을 의미하는 묵독(silent reading) 유창성이다. 독자는 읽기 능력이 발달해 가면서 소리를 내지 않고 마음속으로 글을 읽을 수 있게 된다. 마음속으로 글을 읽으면서 글의 의미를 파악하고 이해하며 의미를 구성하는 사고 과정을 거친다. 묵독 유창성은 글을 잘 읽고 이해한다는 의미와 가깝다.

초등학교 저학년 시기에는 음독 유창성을 중요한 발달 과업으로 가르쳐야 한다. 그리고 점차 독해에 필요한 전략과 기능을 배우면서 읽기 능력을 발달시켜 나간다. 초기 읽기 발달에서 음독 유창성이 중요하기 때문에 읽기 유창성은 주로 음독 유창성으로 이해된다. 즉, 읽기 유창성은 소리를 내어 머뭇거림이 없이 빠르고 정확하게 글자를 읽는 것을 의미한다.

읽기 유창성은 독해를 위해 중요한 과업이다. 읽기 유창성이 중요한 이유를 이해하기 위해서는 우리가 처음 글을 읽을 수 있는 순간을 이해해야 한다. 우리는 문자를 알기 전에는 음성 언어를 활용하여 의사소통한다. '[사과]'라는 소리를 듣고 그것이 지칭하는 것이 무엇인지 떠올릴 수 있다. '[밥 먹자]'라는 소리를 듣고 밥을 먹어야 한다는 것을 이해할 수 있다. 이때 필요한 능력이 음운인식(phonological awareness)이다. 음운인식은 소리를 바탕으로 음소(音素)와 운소(韻素)를 인식하는 것을 말한다. 음운인식이 정확하지 않으면, 음성 언어 소통이 어렵다. 음성 언어 소통을 통해 음운인식 능력이 발달한 후에 점차 문자에 대한 흥미를 갖게 된다. 우리는 문자의 소릿값을 아는 것이 아니라, 소릿값이 어떤 문자와 대응되는지 탐색하게 된다. 이처럼 소릿값과 문자를 대응시켜 문자를 소리로 변환하는 과정을 해독이라고 한다. 해독이 숙달되면 읽기 유창성이 발달하게 된다.

읽기의 유창성은 정확성(accuracy), 자동성(automaticity), 표현성(expression)의 세 가지 요소를 갖추는 것이 중요하다(Rasinski & Samuels, 2006). 문자를 소리로 변환할 수 있다고 해서 모두 읽기 유창성을 갖추는 것은 아니다. 정확성은 글자를 정확한 소리로 변환하는 것을 의미한다. 자동성은 해독의 속도와 관련이 있다. 머뭇거림이 없이 빠른 속도로 읽어 내는 것이 자동성과 관련이 있다. 표현성은 의미를 이해하면서 의미 단위로 끊어 읽는 것과 관련이 있다. 표현성은 독자가 소리 내어 읽으면서 글의 의미를 이해하면서 이해할 수 있도록 소리내어 읽는다는 것을 의미한다.

나. 읽기 유창성의 중요성

읽기 유창성이 중요한 이유는 독해력과 밀접한 관련이 있기 때문이다. 읽기 유창성은 단순히 글자를 소리 내어 읽는 음독 유창성에 머무르는 것이 아니라 묵독 유창성에도 영향을 준다.

독자는 해독하면서 자신이 낸 소리를 듣게 되는데, 자연스럽게 해독한 글자가 어떤 의미인지를 탐색하게 된다. 이런 과정에서 음독 유창성이 자연스럽게 묵독 유창성으로 전이가 된다.

글자를 소리 내어 읽는 음독 유창성이 중요한 이유로 해독과 독해를 담당하는 우리의 뇌 영역이 다른 것도 독해력과 밀접한 관련이 있다. 우리의 뇌는 효율성을 추구한다. 해독과 독해의 영역을 동시에 활성화하는 것이 아니라 한 영역을 숙달시켜 다른 영역에 집중하도록 하는 특징이 있다. 따라서 해독이 충분히 숙달되어야 독해 영역이 활성화될 수 있다. 즉, 음독 유창성을 획득한 독자가 글자를 읽고 의미를 이해하는 과정에 집중할 수 있는 것이다.

읽기 유창성은 단어 재인(recognition) 과정에도 긴밀한 영향을 준다. 재인은 인지(cognition)를 다시 한다는 의미로 읽은 문자가 자신이 들었던 소리인지, 읽었던 문자인지를 사고하는 과정이다. 재인을 통해 독자는 의미를 이해하는 데 집중할 수 있다. 단어의 의미가 무엇인지를 이해하기 위해서는 소리를 내어 글자의 음운을 인식하는 것이 중요하다. 자신의 소리를 듣고 단어의 의미를 정확하게 파악하면서 글의 의미를 이해하는 과정까지 나아갈 수 있다.

2. 읽기 유창성의 지도 방법

읽기 유창성을 지도하기 위해서는 다양한 방법을 활용할 수 있다.

첫째, 가장 중요한 지도 방법은 반복해서 읽는 것이다(이경남·이승미·이소라, 2021). 반복 읽기는 같은 텍스트를 반복해서 읽는 활동이다. 반복 읽기를 통해 읽기 유창성을 길러주기 위해서는 지도하는 교사가 시범을 보이는 것이 중요하다. 교사가 시범을 보이고 학습자는 따라 읽고 이러한 과정을 반복해서 하면, 음운인식과 문자를 해독하는 능력이 향상될 수 있다. 반복 읽기에서 중요한 점은 학습자의 흥미를 고려하는 것이다. 같은 텍스트를 반복해서 읽으면, 읽기 유창성에 효과적이지만, 지속해서 학습자가 글을 읽으려면 텍스트가 재미있어야 한다. 이를 위해 학습자의 흥미를 고려한 읽기 텍스트를 선정하는 것이 중요하다. 그리고 읽기 텍스트는 학습자가 도전적이면서 쉽게 읽을 수 있는 어휘로 구성하는 것이 중요하다.

둘째, 학습자가 읽은 것을 녹음한 후 들려주는 방법이 있다. 학습자는 자신이 어떻게 해독하고 있는지 정확하게 알아들을 수 없다. 말하는 순간 학습자는 인식하기도 전에 자신이 한 말이 지나가므로 정확하게 자신이 어떻게 음성을 내뱉었는지 인식하기 쉽지 않다. 따라서 지도하는 교사가 녹음기로 학습자가 소리 내어 읽은 것을 녹음한 후 학습자에게 들려주는 방법을 활용할 수 있다. 그런데 학습자가 녹음한 것을 듣고 읽기가 유창하지 않다고 해서 교정적 지도를 반복하는 것은 지양해야 한다. 학습자가 자신이 한 음성을 듣고 어떤 부분에서 교사와 발음 차이가 발생하는지 인식하도록 한 후 정확한 소리를 내어 발음한 것을 다시 듣고 자신감을 가질 수 있도록 이 방법을 활용해야 한다.

셋째, 학습자에게 대본을 주고 역할극을 하는 활동도 활용할 수 있다. 역할극은 상황맥락이 주어지기 때문에 학습자에게 충분한 읽기 동기를 부여할 수 있다. 다만, 역할극은 문어체보다 구어체를 읽어야 하는 상황이 많을 수 있으므로, 학습자의 흥미를 고려하여 반복 읽기와 통합적으로 활용하는 것이 필요하다. 또한, 역할극 활동은 또래 친구들의 발음을 직접 들어 보면서 학습자가 자신의 해독 능력을 향상할 수 있으므로, 잘 읽는 친구와 함께 짝이 되어 읽어 보는 활동을 구성하는 것이 필요하다. 이때 역할극도 반복 읽기를 통해 학습자가 자신이 읽은 것을 반복해서 연습할 수 있도록 해야 한다.

3. 읽기 유창성의 평가

가. Zutel과 Rasinski(2009)의 다면적 유창성 평가 척도

학생들의 읽기 유창성 수준을 객관적으로 평가하기 위해 루브릭(rubric)을 활용할 수 있다. 루브릭은 평가자가 객관적인 지표를 참고하여 평가할 수 있는 장점이 있다. 유창성 평가를 위한 척도로 Zutel & Rasinski(2009)에서 제시한 다면적 유창성 평가 척도가 있다. 구체적인 예시는 다음과 같다.

〈표 1〉 Zutel과 Rasinski의 유창성 평가 척도

요소/수준	1수준	2수준	3수준	4수준
감정과 음량	감정이 실려 있지 않으며, 단어를 겨우 입 밖에 내는 것처럼 읽으며, 자연스럽게 읽지 못함.	글의 일부분만을 약간의 감정을 실어 자연스럽게 읽지만 여전히 단어 읽기 수준.	많은 부분을 자연스럽게 감정을 실어 읽으나, 때때로 자연스럽게 못함. 소리는 전반적으로 적절함.	글을 자연스럽게 감정을 실어 읽으며, 텍스트의 의미에 맞게 표현과 소리를 조절함.
구절법	구절 경계에 대한 인식이 없으며 단어 단위로 읽음.	빈번하게 두세 단어를 경계로 짧막짧막하게 읽으며, 문장이나 절의 끝에서 적절한 강약을 사용하지 못함.	단어를 경계로 적절하게 구절을 나누어 숨을 쉬면서 읽으나, 때때로 짧막짧막하게 읽기도 함. 강약은 어느 정도 조절할 수 있음.	대체로 적절하게 구절을 나누어 읽으며, 문장이나 절의 끝에서 적절한 감정 표현을 하면서 읽음.
부드러움	빈번하게 정지하고 우물거리고 처음을 잘못 읽고 반복함.	어려운 부분에서 빈번하게 정지하고 우물거리면서 읽음.	어려운 어휘나 구절에서 종종 중지.	약간 정지하지만, 부드럽게 읽고 어려운 어휘나 구절에서는 빨리 스스로 수정하면서 읽음.
속도	느리고 힘들게 읽음.	중간 정도의 느림	빠름과 느림이 혼재.	지속적으로 대화하듯이

나. 읽기 유창성과 독해 검사 도구(Kice Reading inventory, KRI)

이 평가 문항은 영어권 국가에서 활용하는 QRI(qualitative reading inventory)를 바탕으로 개발한 검사지이다(이경남 외, 2021).

먼저, 단어 유창성 평가는 단어 목록을 제시한 후 학습자가 읽는 방식으로 진행할 수 있다. 이때 학습자는 제시된 단어를 1초 이내에 머뭇거림이 없이 빠르고 정확하게 읽어야 한다. 그리고 평가자는 각 단어를 정확하게 읽었는지, 자동성을 갖추어 읽었는지 판단하면서 평가를 진행한다.

$$단어유창성 = \frac{바르게\ 읽은\ 단어\ 수}{20} \times 100$$

〈표 2〉 단어 유창성 판단 기준

	1학년	2학년	3학년	4학년	5학년	6학년
기준 수	16	16	17	17	17	17
기준 백분율	80%	80%	85%	85%	85%	85%

　단어 유창성을 갖춘 학습자는 글 읽기 유창성 검사를 실시할 수 있다. 글 읽기 유창성은 자연스럽게 기초적인 독해와 연계하여 평가를 해야 하고, 간단하게 구두로 내용을 확인할 수 있는 질문을 하여 글에 대한 내용도 이해하고 있는지 평가할 수 있다.

　글 읽기 유창성은 학습자에게 40~60초 정도의 시간을 제공하고 해당 시간 내에 전체 읽은 음절 수를 계산한 후 정확하게 읽은 음절 수를 다시 확인한다. 그리고 두 수를 활용하여 '정확하게 읽은 음절 수/시간 내에 읽은 음절 수*100'을 계산한 후 수준에 따라 다르지만, 95~97% 정도의 정확도를 갖추면 글 읽기 유창성을 갖추었다고 할 수 있다(이경남 외, 2021).

$$문장유창성 = \frac{바르게\ 읽은\ 음절\ 수}{1분간\ 소리\ 내어\ 읽은\ 총\ 음절\ 수} \times 100$$

〈표 3〉 문장 유창성 판단 기준

	1학년	2학년	3학년	4학년	5학년	6학년
기준 백분율	95%	95%	95%	95%	96%	96%

　글 읽기 유창성은 자연스럽게 연음과 같은 음운변동의 요소가 정확성에 해당하는 평가 기준으로 고려된다. 조사와 어미가 단어와 결합을 하면서 받침이 있는 글자는 연음 등의 음운변동이 발생하게 된다. 물론 단어 자체에서 음운변동이 나타날 수 있다. 그러나 학습자의 발달을 고려할 때 학습자가 모든 단어의 음운변동을 고려하여 읽을 수 있도록 평가해서는 안 된다. 기초 읽기에서는 연음과 경음 등과 같은 음운변동을 주로 읽을 수 있도록 고려하고 점차 복잡한 음운변동을

읽을 수 있도록 지도와 평가를 하는 것이 필요하다.

* KRI 유창성 검사지 예시

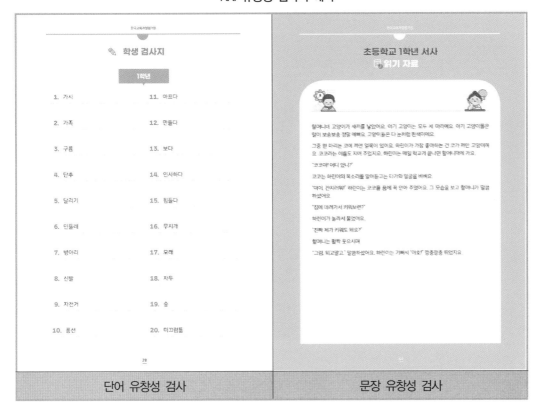

단어 유창성 검사	문장 유창성 검사

제2장 [읽기 지도]
2. 문장 독해

1. 문장 독해의 개념과 중요성

가. 문장 독해의 개념

문장 독해는 텍스트의 문법적 위계 단계를 고려할 때 음절, 단어, 구를 이루는 텍스트의 기본 단위를 이해하는 사고 과정을 의미한다. 문장(文章, sentence)은 생각이나 감정을 표현할 때 하나의 완결된 내용으로 표현하는 최소의 단위이다. 문장은 텍스트를 구성하는 의미의 최소 단위이면서 독자가 이해해야 하는 최소의 의미 단위라고 할 수 있다.

문장 독해는 의미론적(semantic) 접근으로 이해할 수 있다. 문장을 구성하는 성분도 중요하지만, 읽기에서는 문법적인 구조와 성분보다 의미론적인 이해가 선행한다. 이러한 특성을 잘 보여 주는 예가 의미 이해 과정에서 서술어의 역할이다. 독자가 의미를 이해하는 과정에서 의미를 한정하는 역할을 서술어가 한다. 의미론적인 접근에서 예시를 들면 다음과 같다.

> (1) ㄱ. 장미꽃이 피었다.
> ㄴ. 서하가 꽃을 심었다.
> ㄷ. 선생님이 학생들에게 책을 읽게 했다.

위 문장은 흔히 통사적 구조로 서술어 자릿수를 보여주는 예이다. (1)ㄱ의 경우 '피다'는 '무엇'이라는 주어가 필요하다. 이때 '무엇'은 '피다'라는 의미론적 속성으로 인해 필요한 문장 성분이다. (1)ㄴ의 '심다'는 '서하'라는 주어와 '꽃'이라는 목적어를 문장 성분으로 요구한다. (1)ㄷ의 경우, '읽게 하다'는 '누가'라는 주어, '책'이라는 목적어와 '학생들에게'라는 다른 성분을 요구한다. 이러한 문장의 통사적 구조는 서술어의 의미론적 특성으로 인해 결정된다.

초등학교 학습자는 문장 성분의 서술어 자릿수를 지식으로 배우지 않는다. 초등학교 학습자가 읽어야 하는 문장이 어떤 통사적, 의미론적 구조로 구성되어야 하는지는 지도하는 교사가 알아야 하는 지식이다. 그런데 교사가 알아야 하는 지식을 학습자는 명제(proposition)를 구성하는 과정에서 이미 사고하고 있다. 즉, 의미론적으로 분석한 문장의 성분은 독자가 문장의 의미를 이해하는 명제를 구성하는 과정과 일치한다.

명제는 의미를 이해하고 구성하는 과정에서 독자가 머릿속에 구성하는 기본적인 사고 단위이다 (Kintsch, 1998). 명제를 구성하는 과정에서 독자는 술어(predicate)와 논항(argument)을 의미의 단위로 묶어가면서 이해한다(이경남, 2018). 문장 성분의 예시 문장으로 명제를 구성하는 과정을 예로 들면, 다음과 같다.

(2) ㄹ. (피다), (장미꽃)

ㅁ. (심다), (서하가, 꽃을)

ㅂ. (읽게 했다), (선생님이, 책을, 학생들에게)

(2)ㄹ, ㅁ, ㅂ의 예시는 술어와 논항의 관계를 보여주는 예시이다. 앞에 서술어에 해당하는 것은 술어에 해당한다. 논항은 술어의 의미를 한정하는 성분이거나 구의 형태를 취한다. 독자는 의미를 이해하기 위해서 술어의 의미를 이해하고, 필요한 정보를 문장에서 찾아낸다. '피다'를 읽고, 무엇이 피었는지 정보를 확인하는 독자는 '장미꽃'이 피었다는 정보를 확인함으로써 문장의 의미를 확정하게 된다.

만약, 문장의 성분이 모두 제시되어 있지 않다면, 독자는 어떻게 이해해야 할까? 문장의 성분이 생략된 경우와 누락된 경우를 생각해 볼 수 있다. 생략된 경우는 한 문장으로 의미를 확정하기 어려우므로 다른 문장과의 관계를 따져보거나 담화 맥락 혹은 의미를 이해하는 텍스트의 맥락, 문맥을 고려하여 이해해야 한다. 이러한 문장의 이해 과정에서 필요한 것이 추론적 이해 과정이다

(이경남, 2018). 반면에 누락된 경우는 문장의 의미가 완성되지 않았으므로 독자가 문장의 의미를 확정하기 어렵다. 다른 문장을 보더라도 누락된 경우는 의미를 완성하기 어렵다.

나. 문장 독해의 중요성

첫째, 문장 독해는 텍스트의 최소 의미 단위를 이해하는 과정이므로 독해의 기초가 된다. 텍스트는 여러 문장이 응집성(coherence)을 만들기 위해 마치 직물처럼 엮여있다. 최소 단위인 문장의 의미를 정확하게 파악하지 못하면, 독자는 큰 단위의 직물을 엮어가기가 어렵다. 텍스트의 의미를 이해하기 위해서는 전체 맥락을 고려하면서도 세부적인 정보를 파악하는 것이 중요하다. 세부적인 정보 이해의 공백이 생긴다면, 전체 주제를 파악하기 어려울 수 있다. 따라서 문장 독해는 독해의 기초로 중요하다고 할 수 있다.

둘째, 문장 독해는 의미론적, 통사론적인 이해의 기초가 된다. 문장을 이해할 때, 문법적인 성분을 이해하기에 앞서 문장의 의미에 필요한 논항이 무엇인지 파악하는 것부터 시작한다. 즉, 초등학교 학습자는 문장 성분이라는 통사론적 구조에 관한 지식이 없어도 의미를 이해하는 데 필요한 성분을 찾아가며 의미를 이해한다. 이러한 과정에서 학습자는 문장을 이해하면서 문장을 이해하는 데 필요한 정보가 무엇인지도 파악한다. 의미론적 이해를 하면서 자연스럽게 통사론적 구조를 이해할 수 있는 준비를 갖추는 것이다. 따라서 문장 독해를 지도하는 것은 의미론적, 통사론적인 이해에 기초가 되는 과정이라고 할 수 있다.

셋째, 정확한 의사소통을 위해 중요하다. 문장은 의미의 최소 단위이므로 의사소통 시 정확한 의미 전달에 필요하며, 동시에 정확한 의미의 이해에도 필요하다. 문장은 의미를 다루는 최소의 단위이다. 문장을 정확하게 이해하는 것은 상호 의사소통 과정에서도 중요하다. 즉, 텍스트를 이해하는 것뿐만 아니라 담화(discourse) 상황에서도 상호 의사소통을 위해 중요한 사고 과정이라고 할 수 있다.

2. 문장 독해의 지도 원리

첫째, 문장 독해는 기본적인 문장 성분을 이해할 수 있도록 가르쳐야 한다. 문법적인 문장 성분에 관한 지식을 배우는 것이 아니라, 의미를 이해하기 위해 한 자리를 요구하는 서술어부터 위계적으로 필요한 정보를 확인하고 이해할 수 있도록 해야 한다. '꽃이 피다', '서하가 잔다', '아기가 운다' 등의 문장을 보고 이해하는 것부터 학습자에게 가르치는 것이 중요하다. 그리고 두 자리 서술어를 요구하는 문장을 천천히 보여 주면서 학습자가 문장의 의미를 이해하고 있는지 확인하는 것이 필요하다. 이러한 이해 과정은 독자가 명제를 정확하게 구성하고 있는지 확인하는 것과 일치한다.

둘째, 문장을 이해하는 데 필요한 정보가 있는지 확인하는 것을 가르쳐야 한다. 문장 독해를 지도할 때, 학습자에게 정보가 모두 구성된 문장을 제시하면서 지도하는 것이 첫 번째 지도 방법이라면, 담화나 텍스트를 이해하는 과정에서 확인하는 문장은 문장을 이해하는 데 필요한 정보가 없는 경우가 있다.

예를 들면, '사과를 먹었다', '학교에 갔다' 등의 문장을 보면, 누가 사과를 먹었는지, 누가 학교에 갔는지 정보가 없다. 문장 단위에서는 누구라는 정보를 확인하기 어렵다. 그런데 주어의 경우, 텍스트의 문맥이나 담화 맥락에서 독자가 여러 단서를 통해 이해할 수 있다면, 생략할 수도 있다. 학습자는 어떤 정보가 없는지 문장으로 모든 정보를 이해할 수 있는지 판단하는 연습을 해야 한다. 이러한 문장 독해 과정은 첫 번째 지도 방법이 효과적으로 성취했을 때 가르쳐야 한다. 이 과정은 추론적인 이해를 하는 데 기초적인 이해 과정이라고 할 수 있다.

셋째, 듣기·말하기, 쓰기와 통합적으로 가르쳐야 한다. 문장을 읽고 이해하면서 자신이 문장으로 표현하는 것도 함께 지도하는 것이 중요하다. 문장으로 자신의 생각을 표현하는 과정에서 의미를 명료하게 표현하고 있는지 확인해야 한다. 이처럼 통합적으로 가르치는 것이 필요한 이유는 문장 독해 과정에 독자는 의미론적으로 '주제−설명' 구조를 파악하면서 이해하기 때문이다(윤평현, 2012: 229). 다음의 문장을 예시로 '주제−설명' 구조를 이해할 수 있다.

(1) ㄱ. ㉠수타리봉은 ㉡시청의 동쪽에 있다.

ㄴ. ㉢시청 동쪽에는 ㉣수타리봉이 있다.

위 두 문장을 보면, (1)ㄱ의 ㉠은 주어이면서 주제를 나타낸다. ㉡은 주제에 대한 설명을 나타낸다. (1)ㄴ의 ㉢은 주제를 나타내고 ㉣의 '수타리봉'은 주어이지만, ㉣ 전체는 설명을 나타낸다. 문장의 의미를 살펴보면, 같은 의미인 것 같지만, 어떤 구성을 하느냐에 따라 의미론적인 구조가 다르다는 것을 알 수 있다.

문장의 의미론적인 특성은 읽을 때보다 자신의 생각을 표현하면서 명확하게 파악할 수 있다. 따라서 학습자는 자신의 생각을 표현하는 과정에서 '주제-설명' 구조에 따라 어떤 것을 주제로 드러내고자 하는지 인식하는 것이 중요하다. 물론, 초등학교 학습자는 문장의 구조를 메타적으로 분석하지는 않는다. 다만, 의미론적으로 어떤 차이가 있는지 알고 문장을 이해하고 표현하는 것은 가르칠 필요가 있다. 이러한 의미론적인 차이는 문장을 독해하는 과정과 문장으로 표현하는 과정에서 가르칠 수 있다. 따라서 문장 독해는 표현 과정과 통합적으로 지도하는 것이 중요하다.

3. 문장 독해의 지도 방법

먼저, 문장 성분에 따라 문장의 의미를 이해하는 문장 성분 중심 독해 지도 방법이 있다.

문장 성분은 단어가 문장에서 맡고 있는 역할을 의미한다. 주요 문장 성분에는 주어, 서술어, 목적어 보어, 부사어 등이 있다. 각 성분의 역할을 이해하고 문장의 의미를 파악하면서 문장의 의미를 찾는 과정을 학습자에게 지도할 수 있다. 다만, 교사는 문장 성분의 의미를 정확히 이해하고 학습자를 지도해야 한다. 문장 성분은 주성분, 부속 성분, 독립 성분으로 구분할 수 있다. 주성분은 문장을 이루는 데 필수적인 성분을 말한다. 부속 성분은 주성분의 내용을 꾸며주는 것을 의미한다. 독립 성분은 다른 문장 성분과 직접적인 관련이 없는 것을 의미한다.

초등학교 학습자에게 문장 성분을 중심으로 지도할 때에는 주어, 서술어, 목적어, 보어를 중심으로 문장의 의미를 결정짓는 중요한 성분의 역할을 가르쳐야 한다. 그런데 우리나라 교육과정에서는 초등학교 학습자에게 주성분, 주어, 서술어, 목적어, 보어를 직접 언급하지 않는다는 점을 주지해야 한다. 초등학교 학습자에게는 문장에서 서술어에 해당하는 것이 무엇인지를 먼저 찾도록 해야 한다. 앞서 언급한 것처럼 명제를 이해할 때 독자는 서술어에 기반하여 문장의 의미를 찾는다. 따라서 초등학교 학습자에게 서술어가 무엇인지를 먼저 찾도록 해야 한다. 그리고 서술어에 호응하는 주어와 목적어를 찾도록 지도한다.

    (1) ㄱ. 원숭이가 바나나를 좋아한다.

  (1)ㄱ의 문장을 보면 서술어는 '좋아한다'이다. 초등학교 학습자에게 '누가' 좋아하는지를 묻는다면, '원숭이'라고 대답한다. 이때 '원숭이'는 주어이다. 그리고 '무엇을'에 해당하는 것을 찾으라 하면, '바나나'라고 대답할 것이다. 이때 '바나나'는 목적어에 해당한다. 이렇게 주성분의 문장 독해를 할 수 있는 학습자에게는 부속 성분을 찾고 이해하는 학습을 할 수 있다.

    (2) ㄴ. 원숭이가 <u>매우 맛있는</u> 바나나를 좋아한다.

  (2)ㄴ의 문장을 보면, 부사어와 관형어를 찾을 수 있다. '바나나'를 수식하는 것은 '매우 맛있는'에 해당한다. 이때 '매우'는 '맛있는'을 꾸미는 부사어에 해당하고, '맛있는'은 바나나를 꾸미는 관형어에 해당한다. 초등학교 학습자에게 가르치지는 않지만, 관형어는 관형사와 용언의 관형사형으로 나타난다는 것을 교사가 인지할 필요가 있다. 위의 문장에서 관형어는 용언의 관형사형으로 제시되고 있다.

    (3) ㄷ. 원숭이가 <u>새</u> 바나나를 좋아한다.

  (3)ㄷ에서 '새'는 '바나나'를 꾸미는 관형사이다. 학습자에게 두 가지를 직접적으로 구분하는 것을 초등학교 교육과정에서 가르치지 않는다. 그러나 문장 성분에 따라 의미를 이해할 때 '매우 맛있는'과 '새'가 같은 역할을 한다는 의미론적 역할을 이해하도록 하는 것이 중요하다. 이러한 문장 성분의 의미론적 역할은 (2)ㄴ과 같은 문장에서 점차 복잡해지는 문장의 구조를 이해하는 데 중요한 기초가 된다.

  문장 성분에 따라 문장의 의미를 이해하게 된 이후에는 홑문장과 겹문장의 차이를 인식하는 것으로 문장 독해를 확장할 수 있다.

(4) ㄹ. 영희가 학교에 <u>갑니다</u>.

ㅁ. 빨간 옷을 <u>입은</u> 영희가 학교에 <u>갑니다</u>.

ㅂ. 빨간 고양이 그림이 <u>그려진</u> 옷을 <u>입은</u> 영희가 학교에 <u>갑니다</u>.

위 문장을 지도할 때 초등학교 학습자는 먼저, ㄹ의 의미를 이해해야 하는데, 이 문장은 홑문장에 해당한다. 홑문장은 문장 내에 서술어를 중심으로 의미론적 문장 성분이 1개가 존재한다. (4)ㅁ, ㅂ은 서술어가 두 개 이상 문장에 존재한다. (4)은 '입은', '갑니다'에 해당하는 문장 성분을 찾아 문장의 의미를 이해해야 한다. (4)ㅂ은 '그려진', '입은', '갑니다'에 해당하는 문장 성분을 찾아 문장의 의미를 이해해야 한다. 초등학교 학습자에게는 직접적으로 홑문장과 겹문장이란 용어를 사용하지 않는다. 따라서 문장의 의미를 이해할 때 서술어에 해당하는 주어, 목적어, 보어 등에 해당하는 주성분을 찾도록 해야 한다. 그리고 서술어가 두 개 이상일 경우, 각각의 서술어에 해당하는 문장 성분을 찾아 의미를 이해하도록 지도해야 한다.

제2장 [읽기 지도]

3. 글 내용 독해

1. 중심 생각 찾기

가. 중심 생각 찾기 개념과 지도 원리

중심 생각(main idea)은 화제(topic)에 관하여 필자가 말하고 싶은 주제와 핵심 내용을 의미한다. 중심 생각을 찾는 것은 글의 구조와 의미를 구성하는 데 중요한 역할을 한다. 중심 생각은 글의 유형에 따라서 파악하는 방법이 다르다. 정보 텍스트의 경우 설명하고자 하는 정보와 주제를 파악하고 설득, 논증의 글의 주장을 찾는 것이 중심 생각과 연결이 된다. 서사 텍스트는 서사 구조와 다양한 서사적 기법으로 주제를 함축적으로 드러낸다. 중심 생각 파악하기 지도 시 고려해야 할 점은 구체적으로 다음과 같다.

첫째, 독자가 중심 생각을 찾기 위해서 먼저, 글의 제목을 살펴봐야 한다. 글의 제목은 필자가 말하고자 하는 내용을 응축하여 담고 있다. 글의 제목은 화제이자 소재이기도 하다. 그리고 설득하는 글에서는 주장을 함축적으로 담기도 한다. 서사 텍스트의 제목은 주제를 암시적으로 나타내기도 하고, 의문을 자아내기도 한다. 서사 텍스트의 제목은 글을 읽고 싶게 하는 흥미를 이끌기도 하고 글을 읽은 후 제목과 내용이 통합되어 중심 내용을 나타내기도 한다. 독자는 제목을 바탕으로 중심 생각을 파악하고 더 나아가 주제를 확인한다.

둘째, 중심 생각을 찾기 위해서는 글의 구조도 파악해야 한다. 정보 텍스트의 글의 구조는 서론, 본론, 결론의 형태를 기본으로 한다. 이 구조에서 복잡한 구조로 변형되기도 하는데, 큰 틀에서는 세 단계의 구조로 해석할 수 있다. 결론의 내용을 드러내기 위해 어떤 내용을 서론과 본론에 포함하였는지 파악하면서 글의 중심 생각을 파악하는 것이 중요하다. 서사 텍스트는 이야기 문법 구조(발단, 전개, 절정, 결말 등)에 따라 서사의 흐름을 파악함으로써 글의 구조를 파악하고 중심 생각을 확인할 수 있다.

셋째, 중심 생각을 찾기 위해서 중심 문장, 주제 문장을 찾는 것이 중요하다. 글의 중심 생각을 파악하기 위해서는 각 문단에서 말하고자 하는 핵심 내용을 드러내는 중심 문장을 찾아야 한다. 여러 문단의 중심 문장 중 가장 핵심 주제를 드러내는 주제 문장을 파악해야 한다. 중심 문장과 주제 문장을 바탕으로 중심 생각을 정리할 수 있다.

넷째, 반복되는 핵심어를 찾는 것이 중요하다. 필자는 자신의 생각을 표현하기 위해 반복적으로 주제와 관련된 어휘를 사용한다. 같은 어휘일 수도 있고, 같은 범주에 속하는 어휘일 수도 있으며, 유의어일 수도 있다. 이처럼 반복되는 핵심어를 파악한 주제가 무엇이고 중심 생각이 무엇인지를 파악할 수 있다. 다음 그림처럼 반복되는 핵심어를 찾아볼 수 있다.

나. 중심 생각 찾기 지도 방법

(1) 반복되는 어휘 찾기

중심 생각을 찾기 위해서는 반복되는 어휘를 확인해야 한다. 반복되는 어휘를 찾아 표시하고 반복되는 어휘에 기반하여 중심 생각을 찾아보는 연습을 해야 한다. 학습자를 지도할 때 다음의 질문을 활용할 수 있다.

- 현재 쪽에서 반복되는 단어는 무엇인가요?
- 이 부분의 화제를 말해봅시다. 이 부분의 화제는 전체 화제의 일부입니다.
- 반복되는 단어를 찾았네요. 그렇다면 이 부분의 화제를 이야기해 봅시다.

위 질문을 바탕으로 반복되는 단어를 찾을 수 있다. 반복되는 단어만 찾는 것이 아니라 그 단어가 세부 화제가 되는지, 단어를 바탕으로 세부 화제를 파악한 후 전체 중심 생각을 파악하는 과정도 학습하는 것이 중요하다. 구체적으로 다음과 같은 전략을 활용하여 지도할 수 있다.

현재 여러분이 보고 있는 쪽에서 반복해서 보이는 단어에 집중해 봅시다. 그리고 생각해 봅시다. 이 부분에서는 OO 단어가 반복되고 있는데, 반복되는 단어를 바탕으로 전체 글이 무엇에 대한 내용인지 말하여 봅시다.

(2) 문단에서 중심 문장 찾기

중심 생각을 파악하기 위해서는 문단에서 중심 문장이 무엇인지 파악해야 한다. 문단은 여러 개의 문장으로 구성되어 있다. 필자는 문단을 구성하면서 핵심이 되는 문장을 제시하고 다른 문장으로 관련 근거를 제시하거나, 부연한다. 독자는 문단을 읽으면서 필자가 핵심적으로 말하고 싶은 것이 무엇인지 파악하는 연습을 해야 필자가 글을 통해 말하고자 하는 중심 생각을 파악할 수 있다.

문단의 중심 문장은 처음, 중간, 끝에 위치할 수 있고, 중간 혹은 처음과 끝에 동시에 위치할 수 있다. 필자가 강조하고 싶은 내용이 핵심적이라면 반복해서 중심 문장이 나타날 수도 있다. 독자는 문단에서 말하고자 하는 중심 문장을 찾아 필자가 설명하고자 하는 혹은 주장하고자 하는 지식과 명제가 무엇인지 파악해야 한다. 문단에서 중심 문장을 찾는 지도를 할 때 다음의 질문을 통해 교사가 지도할 수 있다.

- 이 문단의 중심 문장을 찾을 수 있나요? 어떤 문장이 중심 문장일까요?
- 각 문단의 중심 문장이 어떤 내용을 중심으로 연결되는지 생각해 봅시다.
- 각 문단의 중심 문장에서도 중심 생각이 잘 드러나는 문장이 무엇인지 찾아봅시다.
- 각 문단의 중심 문장을 연결하여 중심 생각이 무엇인지 말해 봅시다.

(3) 질문 만들기를 바탕으로 중심 생각 찾기

글을 읽으면서 독자는 글에 대한 호기심을 갖는다. 이 화제에 대해 무엇을 제시하고 있는지, 주장하고 싶은 것이 무엇인지를 끊임없이 질문하면서 독자는 글을 읽는다. 이러한 과정에 기반하여 질문을 만들어보면서 독자가 중심 생각을 찾아볼 수 있다. 화제에 대해 독자가 궁금한 것이 무엇인지 먼저 생각하고, 궁금한 것을 바탕으로 질문을 만들어본다. 그리고 그 질문에 대한 답이 제시되어 있는지 글에서 확인한다. 질문과 직접적으로 연관이 있는 내용을 찾으면서 독자는 중심 생각이 무엇인지 정리할 수 있다. 수업에서 활용할 수 있는 질문의 예시는 다음과 같다.

> • 글을 전반적으로 읽어 보면서 무엇이 중심 생각인 것 같은지 생각해 봅시다.
> • 무엇이 궁금했나요? 글을 읽으면서 궁금한 점이 무엇이고, 그에 대한 답이 있었는지 생각해 봅시다. 그리고 질문을 만들어봅시다.
> • 자신이 만든 질문을 다시 읽어 봅시다.
> • 질문에 기반 하여 중심 생각은 무엇인 것 같나요?

2. 요약하기

가. 요약하기 개념과 지도 원리

요약하기(summarizing)는 글의 전체 맥락과 흐름을 파악하여 독자가 중요하다고 판단하는 내용을 간략화하는 전략이다. 독자는 글을 읽고 글 전체를 기억하기 어렵다. 독자가 중요하다고 생각하는 내용을 중심으로 기억함으로써 기억의 효율을 높인다. 독자는 글을 읽고 중심 생각을 파악한 후 중심 생각과 관련된 주요 정보를 연결하여 기억에 저장한다. 독자는 이 정보를 바탕으로 글의 내용을 설명할 수 있고, 오래 기억할 수 있다. 요약을 효율적으로 할수록 오래 기억할 수 있다. 이때 효율적인 과정은 중심 생각을 잘 구조화하여 중요한 정보를 연결하는 과정을 의미한다.

독자는 글을 읽을 때 미시 구조와 거시 구조를 파악하면서 읽는다. 미시 구조는 세부 정보를 의미하며, 세부 정보가 글의 주제를 포괄하는 정보가 되기도 한다. 미시 구조의 의미적 연결 관계를 파악한 후 독자는 머릿속에 응집성(coherence)을 만들어나간다. 세부 정보의 연결 구조는 자연스럽게 응집성으로 만들어지게 된다. 이 응집성과 연결 구조는 거시 구조 형태로 만들어진다. 즉, 독자는 끊임없이 미시 구조와 거시 구조를 파악하면서 글을 읽을 수밖에 없다.

독자의 응집성을 효율적이고 성공적으로 구성하기 위해서 요약하기 전략은 중요한 역할을 한다. 글의 내용을 요약하기 위해서는 van Dijk(1980)에서 요약의 규칙으로 설명한 '삭제, 선택, 일반화, 재구성'과 같은 규칙을 활용한다. 삭제는 중요하지 않은 정보를 삭제하는 과정을 말한다. 선택은 중요한 정보를 고르는 과정을 의미한다. 일반화는 여러 정보의 상위어 역할을 하는 정보를 찾아 구조화하는 사고 과정을 의미한다. 재구성은 주어진 정보를 기억할 수 있도록 자신의 언어로 핵심 주제를 만드는 사고 과정을 말한다. 이 네 가지 규칙을 활용하여 독자는 중요한 정보를 기억하여 요약하기를 할 수 있다.

요약하기를 학습하기 위해서는 학습자에게 다음과 같은 지도를 할 수 있다.

첫째, 주요 내용과 세부 내용을 구분하는 연습을 해야 한다. 글을 읽으면서 핵심 문장이 무엇이고 핵심 문장을 설명하는 세부 내용이 무엇인지를 확인하면서 읽어야 한다.

둘째, 요약 규칙을 설명해야 한다. 삭제, 선택, 일반화, 재구성 등의 요약 규칙을 학습자에게 설명한 후 각각의 방법을 연습하도록 한 후 요약해야 한다.

셋째, 교사의 시범 보이기가 필요하다. 요약하기는 초등학교 학습자가 수행하기에 어려운 전략 중 하나이다. 모범이 되는 글을 학습자와 함께 읽고 요약하는 과정과 결과를 학습자에게 직접 보여 주며 따라 할 수 있도록 지도해야 한다.

넷째, 요약하기는 반복 연습이 중요하다. 글을 읽은 후 어떤 내용인지 정확하게 파악하는 연습을 하기 위해서는 요약하기가 중요하다. 학습자가 글을 읽은 후 요약하기를 적용해 보는 경험을 반복해서 할 수 있도록 지도해야 한다.

다섯째, 글의 장르에 따라 요약하기 전략이 다르다는 것을 인식하도록 해야 한다. 정보 텍스트, 서사 텍스트를 읽을 때 요약하는 방법과 결과가 다를 수 있다. 장르 특성에 따라 요약하는 방법과 과정이 다르다는 것을 인식하고 요약하는 것이 중요하다.

나. 요약하기 지도 방법

(1) 글의 구조를 고려하여 요약하기

글은 다양한 구조로 구성된다. 대표적으로 비교와 대조, 분류, 분석, 원인과 결과, 시간의 흐름, 공간의 변화 등으로 글의 구조가 구성된다. 학습자는 글을 요약할 때 글의 구조를 고려하여 요약한다면, 비교하는 대상이 무엇이고 유사한 점은 무엇인지를 찾아 요약하는 연습을 할 수 있다. 인과 관계는 정보 텍스트에서는 현상의 원인과 결과가 무엇인지를 구분하고 원인과 결과를 중심으로 요약할 수 있다. 서사 텍스트에서는 일이 일어난 이유와 까닭을 찾아보며, 결과적으로 나타난 서사를 간추려서 요약할 수 있다.

분류와 분석은 정보 텍스트에서 대표적으로 나타나는 글의 구조이다. 분류한 것의 기준과 기준에 따라 분류된 것을 확인하여 요약할 수 있다. 분석은 세부적으로 분석한 대상이 무엇이고, 분석한 결과가 구체적으로 무엇인지를 범주화하는 방법으로 요약할 수 있다.

시간과 공간의 변화는 표지어를 바탕으로 요약할 수 있다. 시간의 표지어는 '지금', '과거', '앞으로'와 같은 과거, 현재, 미래에 해당하는 것을 예로 들 수 있고, 일이 일어난 시간의 전과 후를 알 수 있는 표지어를 활용하여 요약할 수 있다. 공간의 변화는 주로 일어난 사건의 배경이 무엇인지를 확인하고 그 공간에 따라 일어난 일을 정리하는 것으로 요약하는 것을 가르칠 수 있다.

요약은 글의 내용을 명확하게 기억하고 중심 생각을 파악하는 데 핵심적인 전략이다. 글을 읽고 이해했다는 것은 독자가 내용을 정리하여 기억하고 있다는 것과 같은 의미이다. 요약은 독자가 효율적으로 글을 기억할 수 있도록 돕는다. 따라서 요약하기는 독해에서 핵심적인 전략이면서 학습자에게 필수적으로 가르쳐야 하는 전략이다.

(2) 도해 조직자 활용하기

요약하기를 효율적으로 하기 위해서는 글로 기술하면서 쉽게 간추릴 수 있는 도해 조직자를 활용하는 것이 중요하다. 도해 조직자는 글의 구조를 이해하기 쉽도록 도표나 그림으로 나타낸 것을 말한다. 글은 문자가 나열된 형태이므로 독자에게 추상적으로 다가온다. 독자가 글을 잘 이해하고 기억하기 위해서는 글을 구체성이 있는 도표로 구성해야 한다. 이미지화한 글의 내용은 기억하기 쉽고, 내용을 쉽게 요약하는 데 도움이 된다.

학습자에게 도해 조직자를 활용한 요약을 지도하기 위해서는 도해 조직자를 교사가 제공해야 한다. 글의 구조에 적합한 도해 조직자를 제시하고, 이에 맞는 내용을 채우는 활동을 할 수 있다. 요약하기에 도움이 되는 활동을 하기 위해서는 도표를 다시 글로 옮기는 활동을 해야 한다. 도해 조직자로 요약한 내용을 글의 형태로 정리함으로써 도해 조직자의 도움이 없이도 요약할 수 있도록 조력하는 것이 중요하다.

3. 추론적 읽기

가. 추론적 읽기 개념과 지도 원리

글을 읽으면서 글에 명시적으로 제시되지 않은 의미를 파악하는 능력이 중요하다. 글쓴이는 자신이 쓰고 있는 글을 읽는 독자가 당연히 알 수 있을 거라는 내용은 생략하고 글을 쓴다. 그 이유는 글쓴이가 전달하고 싶은 내용을 초점화하고 요점을 제시하면서 자신의 생각을 전달하려고 하기 때문이다. 따라서 글쓴이가 의도적, 비의도적으로 생략한 내용을 독자는 끊임없이 짐작하고 추론하면서 읽어야 한다.

추론하기 전략은 독자가 그 내용을 자세히 알아보고자 하는 탐색 과정의 하나이다. 독자는 글에서 실마리를 발견하고 머릿속에 있는 정보를 이용하여 이것들을 결합시킨다. 우리는 필자가 암시는 했지만 직접적으로 드러내지 않은 것을 추론을 통하여 이해하게 된다. 능숙한 독자는 글을 읽으면서 계속적으로 추론해 나간다. 주어진 글을 정확하고도 깊이 있게 읽기 위해서는 행간의 의미를 파악할 수 있어야 하는데 이러한 능력이 바로 추론적 읽기 능력이다. 명시적으로 제시되어 있지 않더라도 앞뒤 상황을 고려하여 그 글의 의미를 추론해 낼 수 있어야 한다.

추론적 읽기는 독자의 배경지식과 경험을 활용하여 명시적으로 제시되어 있지 않은 텍스트의 내용을 파악하는 이해 과정을 의미한다(이경남, 2018). 추론적 이해는 학생들이 배경지식을 활용해 글의 내용과 연결을 짓고 글의 전체적인 주제를 연결하는 데 중요한 역할을 한다. 글에 제시된 명시적인 정보를 이해하는 사실적 이해 능력을 길러주면서 추론적 이해 능력도 함께 길러주어야 글의 의미를 깊이 있게 이해할 수 있다.

추론적 읽기가 독해에 중요한 이유는 다음과 같다.

첫째, 초기 발달 단계에서는 기초 독해를 위해서 추론적 읽기가 중요하다. 초등학교 저학년 시기에는 어휘의 의미를 추론하는 '어휘 추론' 능력이 중요하다. 예를 들면, "커피를 쏟았다."라는 문장을 이해하는 과정을 살펴보면 이해하기 쉽다. 먼저, '커피'가 무엇을 의미하는지 알아야 한다. 그리고 구체적으로 커피가 지칭하는 의미가 액체인지 고체인지 의미를 파악해야 한다. 그 의미를 확인하기 위해서는 다음에 이어지는 문장의 의미를 확인해야 한다. 이어지는 문장에서 "빗자루로 커피를 닦았다."라는 문장이 나온다면, 커피는 고체인 원두 알맹이일 가능성이 높다. 만약 "걸레로 커피를 닦았다."라는 문장이 나온다면, 커피는 액체일 가능성이 높다. 이렇게 커피의 의미를 정확하게 확정하는 과정에서 학생들은 의미를 연결하는 추론하는 과정을 거치게 된다.

둘째, 문장과 문장의 의미를 연결해 나가면서 어휘의 의미를 추론하는 과정은 읽기 이해에서 기초적인 이해 과정이다. "나는 학교에 간다."라는 문장의 의미를 파악하는 것은 명시적인 글의 의미를 파악하는 과정이고, '나', '학교'의 구체적인 의미를 파악하는 과정은 문장과 문장의 의미를 연결해 나가는 과정이라고 할 수 있다. "산에 둘러싸인 학교에 단풍이 들고 있다."라는 문장이 이어진다면, '학교'에 대한 구체적인 정보를 확인하는 과정을 거치게 된다. 이렇게 문장과 문장의 의미를 연결해 나가면서 어휘의 의미를 추론하고, 문장과 문장의 의미를 연결하면서 문단의 주요 내용을 파악하게 된다. 그리고 문단과 문단의 주요 내용을 연결해 나가면서 글의 주제를 파악할 수 있게 된다.

셋째, 추론적 이해는 글의 중심 생각을 파악하는 데 중요한 이해 과정이다. 글은 일관되게 글쓴이가 말하고자 하는 주제가 담겨있다. 주제를 파악하는 것은 글쓴이의 의도를 파악하는 것으로도 연결이 된다. 글의 주제를 파악하는 것은 글쓴이의 핵심 생각을 확인하고 의도를 확인하는 과정이다. 이 과정에서 글에 제시되어 있지 않은 빈자리를 메우기 위해 자신의 배경지식과 경험을 활용해야 한다. 글을 읽기 전 배경지식과 경험을 떠올려 보는 것은 추론적 이해에 도움을 주기 위한 준비 활동이다. 따라서 학생들이 글과 관련된 배경지식과 경험을 잘 떠올리는지 확인하면서 지도하면 추론적 이해에 도움을 줄 수 있다.

넷째, 어휘의 의미를 추론하는 과정은 학생의 어휘 능력을 확장하는 데에도 도움이 된다.

어휘력을 늘릴 수 있는 지도 방법 중 중요한 것 중 하나가 문맥을 고려해 어휘의 의미를 짐작하는 것이다. 학생들이 많은 어휘를 암기하고 학습하는 것으로는 어휘력을 확장하는 데 한계가 있다. 어휘력은 글을 읽으면서 자연스럽게 늘게 된다. 이를 설명할 수 있는 것이 바로 추론적 이해 능력이다. 글을 읽으면서 잘 모르는 어휘의 의미를 문맥에 따라 짐작하고 학생들이 짐작한 어휘의 의미가 맞는지 글을 읽는 과정에서 확정하게 되는데, 이 과정에서 학생들의 어휘력은 무한히 확장된다.

추론적 읽기 전략을 가르치기 위해서는 독자가 글을 읽으면서 어떤 지식과 경험을 활용했는지 확인하는 것이 중요하다. 문장과 문장의 의미를 연결하면서 독자는 글에 있는 정보를 바탕으로 의미의 응집성을 연결해 나가기도 하지만, 자신이 알고 있었던 지식과 경험을 활용하기도 한다.

나. 추론적 읽기 지도 방법

(1) 배경지식 활성화하기

추론적 읽기를 지도하기 위해서는 배경지식을 떠올리는 것이 중요하다. 배경지식을 활성화하기 위해서는 독자가 읽고 있는 텍스트의 배경지식을 확인하는 것이 필요하다. 텍스트를 이해하기 위해서 알아야 하는 배경지식이 무엇인지를 파악하고, 관련된 배경지식을 교사가 확인해야 한다. 그리고 텍스트 이해에 어려움을 겪는 학습자에게는 직접적으로 배경지식을 제공해 주고, 우수한 독자에게는 관련된 배경지식이 무엇이 있는지 확인하고 떠올릴 수 있도록 조력해야 한다.

배경지식 활성화는 교수 학습, 평가 측면에서도 나누어서 가르칠 수 있다. 교수 학습 차원에서는 독자의 수준에 따라 배경지식을 제공 여부를 차별화할 수 있다. 모든 독자가 글을 읽을 때 배경지식이 있어야 글을 잘 이해하는 것은 아니다. 독자가 배경지식이 없더라도 글에 몰입하여 이해할 수 있는 능력도 독해 과정에서 중요하기 때문이다. 따라서 우수한 독자에게는 배경지식을 제공하지 않고도 텍스트에 제시된 내용을 근거로 추론적 읽기를 할 수 있는 꼼꼼하게 읽기(close reading)를 지도할 수 있다. 꼼꼼하게 읽기는 신비평 분석을 근거로 제시된 읽기 방법으로 텍스트의 내용을 꼼꼼하게 분석하여 이해하는 과정을 의미한다.

반면에 읽기에 어려움을 겪는 독자에게는 선택적으로 배경지식을 제공할 수 있다. 관련된 배경지식이 무엇인지 파악한 후 간단한 질문으로 배경지식의 정도를 파악한다. 그리고 독자에게 부족한 배경지식을 안내 자료로 제공한 후, 추론적 읽기를 할 수 있다. 직접적으로 배경지식을 제시하지 않고, 독자가 이해할 시간을 제공한 후 점진적으로 배경지식을 제공할 수도 있다.

(2) 응집성 파악하기

추론적 읽기가 필요한 이유는 텍스트의 응집성(coherence)을 독자가 파악해야 하기 때문이다. 독자가 글을 읽으면 텍스트에 빈자리를 발견하게 되고, 이해하는 데 필요한 지식이나 정보, 경험 등을 떠올리게 된다. 텍스트에서 파악한 빈자리는 텍스트의 응집성을 파악하는 데 방해가 된다. 독자가 응집성을 제대로 파악하지 못하면, 글의 중심 생각과 개요를 파악하기 어렵고, 텍스트 이해에 실패하게 된다. 따라서 응집성을 파악하고 연결할 수 있도록 교사가 적극적인 지도를 해야 한다.

응집성을 파악하는 방법은 텍스트 이해 과정에서 빈자리를 찾아보는 것이다. 문장과 문장, 문단과 문단을 연결하여 이해하는 데 필요한 지식과 정보, 경험을 찾아보는 활동을 할 수 있다. 응집성 파악하기 활동은 학습자가 응집성의 개념을 이해하는 데 초점을 두지 않는다. 학습자에게는 글의 의미를 이해하는 과정에서 무엇을 염두하여 이해해야 하는지 강조해야 한다. 예를 들면, "화창한 아침, 서하가 학교에 갑니다. 그런데 갑자기 서하가 우산을 빼서 폈습니다."와 같은 문장과 문장의 의미를 이해할 때, 서하라는 주체가 하는 행위의 의미를 연결하는 과정을 가르쳐야 한다. 서하가 학교에 가다가 우산을 폈고, 우산을 편 이유는 비가 온건지, 햇빛이 뜨거운건지 생각해야 한다. 그러한 의미 단서는 다음 문장을 예측하면서 읽고, 답을 찾아가고 의미를 수렴해 나가야 한다. 이러한 과정을 의미 구성 과정이라고 하며, 응집성을 파악하는 기초적인 과정의 예이다.

제2장 [읽기 지도]

4. 독서 동기

1. 독서 동기의 개념

읽기 교육의 궁극적인 목표 중의 하나는 학생을 평생 독자로 길러내는 것이다. 독서 동기는 읽기 교육에서 고려하여야 할 핵심 내용이다. 읽기 능력이 우수한 독자라고 해도, 정작 독서를 택하지 않을 수 있다. 더욱이 다양한 매체를 통해 자극적이고 흥미로운 텍스트가 쏟아지는 현재의 문식 환경에서 독자가 구태여 책 읽기를 선택하는 것은 당연한 일이 아니다.

독서 동기는 읽는 행위를 촉발하고 유지하며 강화하는 독자의 내적, 외적 요인이다. 쉽게 말해 '책을 읽으려는 이유와 읽고 싶은 정도'를 의미한다. 읽기 동기는 '읽기를 촉발하는 계기(motive)'나 '보상 또는 유인가(trigger)', '흥미(interest)'와 같이 협의에서 개념을 규정할 수도 있지만, 광의에서 '읽기 과정을 지속시켜주는 동력'의 개념을 포함한다(전제응, 2010). 독서 동기는 독자가 소셜 미디어 대신 책 읽기를 선택하게 하고, 끝까지 책을 읽도록 이끈다.

2. 독서 동기의 요인

독서 동기를 촉진하는 요인에는 무엇이 있을까? 독서 동기는 독자 내적 요인이나 텍스트 요인

뿐 아니라 자신을 둘러싼 교사와 교실 환경, 가정환경, 사회문화적 상황 등의 영향을 받아 형성되며, 독서 동기가 작용하는 가운데 학생은 몰입 독서를 경험한다(이순영, 2006). 여기서는 '텍스트 요인', '독자 내적 요인', 그리고 '교사와 교실 환경 요인'의 특성을 살펴본다.

가. 텍스트 요인

학생을 책 읽기에 몰두하게 하는 텍스트의 속성에는 무엇이 있는가? 첫째, 텍스트를 구성하는 인물, 사건, 배경과 독자가 갖는 관련성이 클수록 독자는 이야기 세계에 쉽게 빠져든다. 학생들은 작품을 끌어가는 '주동 인물'과 주인공과 목적이나 신념 등을 달리하는 '반동 인물'이 만들어내는 갈등 상황에서 흥미를 느끼며 텍스트 읽기를 지속한다. 특정 인물에 자신을 투영하며 이야기에 몰두하기도 하고, 나와 다른 신념을 지닌 인물에 반박하거나 입장에 동조하면서 앞으로 이어질 이야기에 호기심을 갖는다.

둘째, 적절한 난이도의 텍스트를 읽을 때 독자는 지속적인 동기를 가지고 독서에 몰입할 수 있다. 자신의 수준보다 어려운 텍스트를 접한 학생은 읽기 실패를 경험하는데, 실패 경험은 읽기에 대한 부정적인 감정을 일으키고 읽기 효능감을 떨어뜨린다. 자신의 독해 수준에 적절한 텍스트를 읽는 학생은 독서 몰입 경험을 인식함으로써 후속 독서 상황에 긍정적으로 참여하게 된다(백희정, 2021). 텍스트 난이도는 학생의 완독 경험에 유의한 영향을 주어 현재 독서와 후속 독서의 동기 요인으로 작용한다.

셋째, 복합양식 텍스트(multi-modal text)는 독자의 이목을 끈다. 복합양식 텍스트는 문자, 음성, 영상, 이미지, 동영상을 포함한 다양한 매체 언어가 복합적으로 결합하여 의미를 구성하는 텍스트를 말한다(이경화 외, 2024). 초등학생들은 복합양식 텍스트 중에서도 그림책에 큰 관심을 갖는다. 그림책 삽화의 배치나 형태, 색채 등은 어린이들의 시선을 끄는 주된 요소라 할 수 있다. 또, 문해력 수준이 낮은 저학년 학생들의 경우 그림책의 그림을 통해 이야기 내용을 추론하고 자신만의 이야기를 만들어가는 과정에서 읽기에 자신감을 얻고 즐거움을 경험한다. 초등학교 고학년 학생들은 그림을 통해 서사의 흐름을 파악하거나 글과 그림이 대위적 관계에 놓인 책을 읽을 때 흥미를 느낀다(유승아, 김해인, 2015).

나. 독자 내적 요인

학생들을 독서에 몰두하게 하는 독자 요인은 무엇인가? 첫째, 독서에 부여하는 가치가 높을수록 자발적인 독서가 이루어진다. 김해인(2020)은 책 읽기를 좋아하는 애독자와 그렇지 않은 비독자 성인을 대상으로 독서 가치와 목적 인식 양상을 비교하였다. 책 읽기를 좋아하는 독자 대다수가 독서에 높은 가치를 부여하고 있는 반면, 비독자는 상대적으로 가치를 낮게 평가하였다. 독서를 즐기는 독자들은 책에서 새로운 정보를 얻는 실용성과 읽는 행위에서 오는 즐거움 모두를 독서 목적으로 생각하지만, 책을 읽지 않는 독자는 독서를 학업 상황에서 해결해야 할 과업으로 바라보았다. 독서의 가치를 정보 습득이나 학업 등의 외부 맥락뿐 아니라 학생 자신의 즐거움과 만족감이라는 독자 내부 맥락으로부터 찾을 때 학생들은 더 높은 독서 동기를 가지고 책 읽기를 시작하고 지속할 수 있다.

둘째, 독서 효능감은 책 읽기에 자신감을 가지고 읽는 행위를 주도하게 한다. 독서 효능감은 독자 스스로 자신이 독서를 성공적으로 해낼 능력이 있다고 믿는 기대와 신념을 의미한다. 효능감은 성취 경험과 대리 경험, 사회적 설득, 정서적 상태에 의해 결정된다(Bandura, 1982). 학생이 성공적으로 책을 읽은 경험은 독서 효능감을 높이고, 실패 경험은 효능감을 낮춘다(성취 경험). 교사나 부모, 유능한 또래와 같은 성공적인 모델이 책을 읽는 모습을 관찰하며 학생의 독서 효능감은 향상될 수 있다(대리 경험). 자신의 독서에 대해 주변에서 받는 칭찬이나 비난과 같은 사회적 피드백은 효능감의 증감에 영향을 줄 수 있다(사회적 설득). 충분한 독서 시간과 안정적인 독서 공간이 주는 편안한 신체적·심리적 상태는 높은 수준으로 학생의 효능감을 유지하는 데 영향을 줄 수 있다(정서적 상태).

다. 교사와 교실 환경 요인

학생들을 몰두하게 하는 교사와 교실 환경 요인에는 무엇이 있는가? 첫째, 학생의 독서 활동에 대한 교사의 관심과 잘 구조화된 과제는 학생의 참여를 높인다. 교사는 관심과 애정을 가지고 학생의 책 읽기를 과정을 관찰한다. 그리고 개별 학생의 독서 과정에서 잘된 점과 보완해야 할 점을 고려하여 적절히 도전적인 과제를 구안해야 한다. 학생의 독해력 수준을 약간 상회하는 과제를 제시함으로써 도전감과 성취감을 경험하게 할 수 있다. 또한 개별 또는 학급 학생들에게 유의미하고 흥미로운 과제를 부여하여 독서 행위에의 참여도를 높일 수 있다.

둘째, 독서 활동에서 학생의 자율성과 선택을 존중함으로써 동기를 진작시킬 수 있다. 학생들은 자신의 흥미와 관심, 선호 등을 고려하여 읽을 텍스트를 선택할 수도 있고, 과제의 성격이나 단계의 복잡성 등을 주도적으로 조율해가면서 독서 프로그램에 지속적으로 참여하게 된다.

셋째, 사회적 협동과 상호존중의 과정에서 학생들은 동기화된다. 책을 중심으로 또래나 교사와 소통하는 동안 학생들은 다양한 모습으로 자아를 표현하며 자신이 구성한 의미를 공유한다. 토의와 토론, 대화와 같은 사회적 상호작용은 독서 몰입을 이끄는 요인으로 작용한다.

3. 책 선정 전략

교사는 학생이 스스로 책을 고르는 기회를 제공할 필요가 있다. 스스로 책을 선정하게 되면 독서에 대한 흥미와 책임감이 향상된다. 이지영, 박소희(2011)가 제시한 초등학생이 책을 선정하는 요인은 다음과 같다.

---

① 텍스트 요인
• 난도 관련 물리적 특성: 책의 두께, 책의 밀도, 단어와 문장, 삽화와 사진, 책의 형태
• 시작 관련 물리적 특성: 표지 디자인, 삽화와 사진
• 책에 대한 상위 정보: 시리즈물, 저자, 삽화가, 출판사, 출판 시기, 수상 경력
• 내용: 화제/주제, 재목, 장르, 삽화, 사진, 뒤표지 내용, 책의 분위기

② 독자 내적 요인
• 관심, 흥미, 자아 효능감, 독서 성향, 배경 지식

③ 맥락 요인
• 상황 맥락: 읽기 목적, 책 선택 공간 활용 차원
• 사회, 문화적 맥락: 독서 공동체 영향, 상호텍스트 영향

초등학생이 활용할 만한 전략으로 북매치(BOOKMATCH) 전략, 다섯 손가락 규칙, I-PICK 기법 등이 있다. 첫째, 고학년 학생에게 북매치 전략을 지도할 수 있다. 북매치 전략은 Wutz & Wedwick(2005)이 제안한 전략이다.

〈표 4〉 북매치 전략(Wutz & Wedwick, 2005: 17)

B	Book length 책의 길이	• 책의 길이가 적당한가요? • 너무 짧나요? 적당한가요? 너무 긴가요? • 이 책을 끝까지 읽을 수 있다고 생각하나요?
O	Ordinary language 언어의 친숙성	• 아무 쪽이나 펼쳐서 소리 내어 읽어보세요. • 자연스럽게 들리나요? • 매끄럽나요? 말이 되나요?
O	Organization 글의 구조	• 책이 어떻게 구성되어 있나요? • 인쇄 크기와 한 쪽에 포함된 낱말의 수가 적당한가요? • 장(chapter)이 너무 짧거나 긴가요?
K	Knowledge prior to book 책에 대한 선행지식	• 제목과 앞표지, 뒷표지의 요약을 읽어보세요. • 주제와 작가, 삽화가에 대해 무엇을 알고 있나요?
M	Manageable text 다룰 만한 텍스트	• 책 읽기를 시작해 보세요. • 책에 쓰인 낱말이 쉽나요? 적당한가요? 어렵나요? • 내가 읽는 내용을 이해할 수 있나요?
A	Appeal to genre 장르에 대한 관심	• 장르가 무엇인가요? • 이전에 이 장르를 읽어본 적이 있나요? • 이 장르를 좋아하거나 좋아할 것이라 기대하나요?
T	Topic appropriate 주제 적합성	• 이 책의 주제가 편안하게 느껴지나요? • 이 주제를 읽을 준비가 되었다고 느끼나요?
C	Connection 연관	• 내가 이 책과 관련이 있나요? • 이 책은 나에게 어떤 대상이나 누군가를 떠오르게 하나요?
H	High interest 높은 흥미	• 나는 이 책의 주제에 흥미가 있나요? • 나는 이 책의 작가나 삽화가에 흥미가 있나요? • 다른 사람이 이 책을 추천했나요?

둘째, 저학년 학생에게는 다섯 손가락 규칙(five fingers rules)을 지도할 수 있다. 다섯 손가락 규칙은 어린 학습자들이 책을 선택할 때 자신의 읽기 수준에 적합한지를 직관적으로 판별해볼 수 있는 전략이다. 활용 방법은 다음과 같다. 먼저, 책을 고른 뒤 임의로 책의 한쪽을 펼친다.

그리고 책을 눈으로 훑어 읽으면서 모르는 단어가 보일 때마다 접어두었던 손가락을 하나씩 올린다. 올린 손가락의 개수에 따라 책의 난이도를 평정한다.

〈표 5〉 올린 손가락 개수에 따른 책의 수준

어려운 낱말의 개수	책의 수준
0~1개	너무 쉬운 수준
2~3개	적합한 수준
4개	도전 가능한 수준
5개	너무 어려운 수준

셋째, I-PICK 기법은 초등학생 모두가 활용할 수 있다. I-PICK은 Boushey, G., & Moser(2006)가 제시하였으며 초등학생이 활용하기에 간단하고 효과적이다.

〈표 6〉 I-PICK 기법(Boushey, G., & Moser(2006)

I	스스로(I)	• 스스로 책을 골라 안팎으로 살펴보세요.
P	목적(Purpose)	• 내가 이 책을 읽고 싶은 이유가 무엇인가요?
I	관심과 흥미(Interest)	• 나는 이 책에 관심과 흥미가 있나요?
C	이해(Comprehend)	• 내가 읽고 있는 내용을 잘 이해하고 있나요?
K	알기(Know)	• 대부분의 단어가 무슨 뜻인지 알고 있나요?

4. 독서 동기 지도 방법

학생들의 독서 동기는 저마다 다르다. 교사가 학생들의 독서 동기를 파악하여 지도한다면 학생들은 자연스럽게 독서에 흥미를 갖게 되고, 나아가 긍정적인 독서 습관을 형성하게 될 것이다. 독서 동기의 요인을 고려한 독서 동기 교육의 방향은 다음과 같다.

첫째, 학생의 관심과 흥미를 고려하여 텍스트를 제공해야 한다. 이야기의 소재나 책의 주제는 독서 동기를 촉진하는 주요 텍스트 요인이다. 교사는 평소 학생의 관심사를 파악해두었다가 적합한 도서를 추천하거나 학생 스스로 원하는 책을 선택하도록 독려해야 한다. 교사는 학생들의 독서 흥미 발달 단계를 고려해 적절한 텍스트를 제공해 줄 수 있다.

둘째, 긍정적인 독서 경험을 제공하여 독서 효능감을 높인다. 학생들은 자신의 읽기 능력을 약간 상회하는 수준의 도전적인 책을 끝까지 읽어내었을 때, 그리고 자신의 수행 과정에 대해 주변인으로부터 긍정적 피드백을 받았을 때 독서 경험을 긍정적으로 인식할 수 있다. 경험의 긍정적 인식은 독서 효능감, 즉 내적 동기의 향상으로 이어진다.

교사는 학생이 성공적인 독서를 경험할 수 있도록 학생이 자신의 읽기 능력보다 한 단계 높은 수준의 책을 골라 읽을 수 있게 독려해야 한다. 어린이들이 책을 고를 때에는 책의 두께가 어떠한지, 한 페이지에 얼마나 많은 단어가 들어가는지, 단어와 문장의 길이와 수준이 어떠한지, 삽화나 사진이 있는지, 책의 외적인 디자인은 어떠한지 등에 영향을 받는다(이지영·박소희, 2011). 교사는 어린이들의 인식 특성을 고려하여 책 선택 과정에 도움을 줄 수 있다.

또, 독서 경험에 대한 교사로부터의 긍정적인 피드백은 독서 효능감 향상에 주요한 영향을 미친다. 어린이들은 자신의 독서 행위에 대해 교사 또는 또래로부터 칭찬을 받을 때 자신감을 가질 수 있다. 책의 난도가 높더라도 긍정적인 읽기 경험으로부터 형성된 효능감은 독서에 대한 내적 동기가 되며 책 읽기를 포기하지 않는 동력이 된다. 교사는 학생이 책을 통해 새롭게 배운 점을 이야기하면 이를 경청하고 공감해 주어야 한다.

셋째, 독서 후 타인과 소통할 기회를 제공한다. 사회적 상호작용(social interaction)은 독서 몰입을 이끄는 주요한 환경적 요인이다. 독서는 사회적 행위로서 학습자의 사회적 의사소통 능력을 향상시킨다. 교사는 학생이 자신이 읽은 책의 내용을 다른 사람과 공유하고, 이를 통해 의미를 확장해가는 경험을 할 수 있도록 활동이나 과제를 구성한다. 학생은 친구나 교사, 가족에게 자신이 읽은 내용을 공유하기 위해서라도 독서를 하려는 강한 동기를 가질 수 있다.

넷째, 독서에 몰입할 수 있는 환경을 조성한다. 학생들이 시간과 공간의 제약에서 벗어나 간섭 없이 독서에 몰두할 수 있는 환경을 마련해 줄 필요가 있다. 이를 위해 일과 중 아침 시간, 점심시간 등을 활용해 지속적인 독서가 이루어질 수 있도록 시간을 설정할 수 있다. 또 학급

문고나 학교 도서관, 전자책 도서관 등 물리적 환경을 조성하여 학생들이 독서에 빠져들 수 있는 상황을 마련해주어야 한다. 이때 학생 개개인이 편안함을 느낄 수 있는 공간에서 책을 읽을 수 있도록 하여 심리적 안정감을 느끼게 해주는 것 또한 중요하다.

다섯째, 초등학교 저학년 때에는 보상, 인정, 성적 등의 외재적 동기로 시작하되 초등학교 고학년이 될수록 독서 효능감, 읽기 호기심 등의 내재적 동기를 촉진해야 한다. 외재적 동기에서 비롯한 독서 행위는 결국 외부로부터의 보상이 사라지면 그 힘을 잃는다. 따라서 외부에서 주어지는 보상이 없어도 독서를 지속할 수 있도록 하기 위해서는 점차 내재적 동기가 내면화되는 게 중요하다.

제3장 [쓰기 지도]
1. 문장 쓰기

1. 문장 쓰기 지도의 중요성

　문장은 필자의 생각과 감정을 완결된 형태로 나타내는 최소의 언어 단위이다. 문장 쓰기 지도는 필자가 자신이 표현하고자 하는 바를 문장으로 어떻게 구성해 쓰는가를 가르치는 것이다. 초등학교 국어과 교육과정 성취기준에 제시된 문장 쓰기 관련 내용은 문장을 구성하는 방법, 문장의 기본 구조 익히기, 문장 부호의 이름과 쓰임 알기, 문장을 확장해 쓰기, 다양한 종류의 문장 쓰기 등이다. 문장을 어법과 관습에 맞게 정확하게 쓰는 방법, 자신의 생각을 상황을 고려해 다양한 문장으로 표현하는 방법 등을 익힌다.

　문장의 구성은 문장 성분의 결합으로 이루어진다. 주어, 서술어, 목적어, 보어의 주성분과 관형어, 부사어의 부속 성분, 독립어의 독립성분 등이 있다. 필자는 문장 성분을 적절히 활용해 자신의 의향이나 태도 등을 독자에게 전달하는 문장 구조를 만든다.

　문장 쓰기의 목적이 한 편이 글을 완성하기 위함이라면 문장 쓰기는 문장 개별 단위 지도뿐만 아니라 문장과 문장 간의 연결에 관한 지도도 필요하다. 글의 통일성과 응집성을 확보할 때 필수적으로 작용하는 것이 문장과 문장 간의 의미적, 문법적 연결 관계이기 때문이다. 문장 쓰기 지도의 중요성을 정리하면 다음과 같다.

　첫째, 초등학생이 자기 생각을 주체적으로 구성해 문장의 형식으로 표현하게 한다. 문장은 필자의 완결된 생각, 감정 등을 담고 있다. 필자는 단어, 어절, 구, 절 등을 활용해 자기 생각을 문장의 형식으로 표현한다. 문장 쓰기 지도는 초등학생 필자가 자기 생각을 문장의 형식을 고려해 생성하고, 문장으로 표현하는 능력을 함양하도록 한다.

둘째, 초등학생이 상황, 관계, 입장 등을 고려해 알맞은 문장을 쓰도록 해야 한다. 문장은 표현하는 상황이나 관계, 매체 등에 따라 자세하게 표현할 것인지, 간략하게 표현할 것인지가 달라진다(이창근, 2011). 문장 쓰기 지도는 필자가 문장을 쓰는 상황을 판단하고 알맞은 표현 방식을 결정하도록 가르쳐야 한다. 초등학생이 상황과 독자를 고려해 글을 쓸 수 있도록 어법에 맞는 문장 쓰기, 독자가 쉽게 이해할 수 있는 문장 쓰기를 지도해야 한다.

셋째, 초등학생의 문장 쓰기 오류를 개선해야 한다. 문장 쓰기 능력은 단기간에 형성되는 것이 아니다. 류성기(2001), 최종윤(2019)에서 지적했듯이 초등학생은 어순, 주술 호응, 중복 표현, 시제, 경어 등 다양한 오류를 보인다. 초등학생의 발달 특성, 오류 특성을 분석해 개선 방안을 구체적, 계획적으로 제시한 문장 쓰기 지도가 필요하다.

2. 문장 쓰기 지도의 내용

문장 쓰기 지도에서 지도 내용을 결정하는 것은 중요하다. 교사가 무엇을 가르칠 것인가에 따라 학생이 어떻게 쓸 것인가가 영향을 받기 때문이다. 이 절에서는 문장 쓰기 지도 내용을 기본 문장 쓰기, 문장 확장 쓰기, 문장 성분 호응 쓰기를 중심으로 서술하고자 한다. 기본 문장 쓰기와 문장 확장 쓰기는 이현진(2008)에서 제시한 문장 쓰기 지도 유형을 토대로 하되, 일부 요소를 통합하거나 수정해 구성하고자 한다.

〈표 1〉 문장 쓰기 지도 유형(이현진, 2008)

문장 단위	문장 쓰기
가. 기본 문장 쓰기	1. '무엇이 무엇이다' 유형 2. '무엇이 어떠하다' 유형 3. '무엇이 어찌하다' 유형 4. '무엇이 무엇을 어찌하다' 유형 5. '무엇이 무엇이 아니다/되다' 유형

문장 단위		문장 쓰기
나. 문장 확장 하여 쓰기	1. 수식 성분 확장형	① '(어떠한) 무엇이 (어떠한) 무엇이다.' 유형 ② '(어떠한) 무엇이 (어떻게) 어떠하다' 유형 ③ '(어떠한) 무엇이 (어떻게) 어찌하다' 유형 ④ '(어떠한) 무엇이 (어떠한) 무엇을 (어떻게) 어찌하다' 유형 ⑤ '(어떠한) 무엇이 (어떠한) 무엇이 (어떻게) 아니다/되다.' 유형
	2. 이어진 문장의 확장형	① 대등하게 이어진 문장 유형 ② 종속적으로 이어진 문장 유형 ③ '-와/과'에 의해 이어진 문장 유형
	3. 문장 속의 문장 확장형	① 필수적 성분으로 안긴문장 속의 문장 유형 ② 꾸미는 성분으로 안긴문장 속의 문장 유형 ③ 인용문장이 안긴문장 속의 문장 유형

가. 기본 문장 쓰기

문장의 기본 구조를 이해하면 올바른 문장을 쓰고, 다양한 문장을 쓰는 데 도움이 된다. 문장의 기본 구조는 주성분의 규칙적인 배열에 따라 형성한다. 문장 쓰기의 기본 유형은 주성분의 구성에 따라 다음과 같이 다섯 가지 유형으로 구분할 수 있다. 기본 문장 쓰기는 문장의 기본 구조를 유형별로 익혀 쓰는 것이다. 기문 문장 쓰기의 유형과 유형별 예시 문장을 제시하면 다음과 같다.

〈표 2〉 기본 문장 쓰기 유형과 유형별 예시 문장

	문장 쓰기 유형	유형별 예시 문장
기본 문장 쓰기	1. '무엇이 무엇이다' 유형 2. '무엇이 어떠하다' 유형 3. '무엇이 어찌하다' 유형 4. '무엇이 무엇을 어떠하다/어찌하다' 유형 5. '무엇이 무엇이 아니다/되다' 유형	(1) ㄱ. 나는 햇살이다. 　 ㄴ. 바람이 차갑다. 　 ㄷ. 참새가 노래한다. 　 ㄹ. 영수는 냉면을 좋아한다. 　 ㅁ. 그는 별이 되었다.

기본 문장 쓰기의 홑문장은 주어와 서술어가 하나씩 배열된 구조이다. 문장 쓰기 유형의 '1, 2, 3,'은 주어와 서술어만으로 구성된 구조이다. (1)ㄱ의 서술어는 명사, (1)ㄴ의 서술어는 형용사,

(1)ㄷ의 서술어는 자동사로 서술어의 특성에 따라 세 가지로 유형을 구분할 수 있다. 문장 쓰기 유형 '4, 5'는 주어와 서술어 외에 주성분인 목적어나 보어가 필요한 구조이다. (1)ㄹ은 목적어가 있어야 하고 (1)ㅁ은 보어가 필요하다. 기본 문장 쓰기는 주어와 서술어를 하나씩 연결해 문장을 쓰는 것이다. 서술어가 무엇을 요구하느냐에 따라 목적어, 보어 등의 주성분을 추가해 문장을 쓸 수 있다.

나. 문장 확장하여 쓰기

필자는 주성분이나 홑문장으로만 자기의 생각이나 감정을 온전히 표현하기 어렵다. 다양한 생각이나 감정을 문장으로 표현하기 위해서는 문장 쓰기의 기본 구조를 바탕으로 문장 확장이 이루어져야 한다. 문장 확장은 주성분을 수식하는 부속 성분을 추가하는 방식, 홑문장과 홑문장을 이어서 연결하는 방식, 홑문장이 다른 문장을 안은 방식으로 구성된다. 이 절에서는 이현진 (2008)에서 제시한 〈표 1〉의 수식 성분 확장형, 이어진 문장의 확장형, 안김과 안음의 문장 확장형 유형을 중심으로 지도 내용을 구체화하고자 한다.

(1) 수식 성분 확장형

〈표 3〉 수식 성분 확장형 문장 쓰기 유형과 유형별 예시 문장

문장 확장 하여 쓰기	수식 성분 확장형 문장 쓰기 유형
	① '(어떠한) 무엇이 (어떠한) 무엇이다.' 유형 ② '(어떠한) 무엇이 (어떻게) 어떠하다' 유형 ③ '(어떠한) 무엇이 (어떻게) 어찌하다' 유형 ④ '(어떠한) 무엇이 (어떠한) 무엇을 (어떻게) 어찌하다' 유형 ⑤ '(어떠한) 무엇이 (어떠한) 무엇이 (어떻게) 아니다/되다.' 유형
	유형별 예시 문장
	(1)ㄱ. 편안한 집이 곧 천국이다. ㄴ. 고래의 눈은 매우 아름다웠다. ㄷ. 뽀얀 눈이 부드럽게 내린다. ㄹ. 푸른 별이 까만 숲을 스르륵스르륵 지나간다. ㅁ. 가을의 호수는 찬란한 거울이 되었다.

부속 성분은 주성분을 수식해 내용을 더하는 문장 성분이다. 〈표 3〉 예시 문장 (1)ㄱ~ㅁ에는 체언을 꾸미는 관형어와 용언을 꾸미는 부사어가 사용되었다. 주성분에 부속 성분을 추가하면 문장의 의미와 형태가 확장한다.

(2) 이어진 문장의 확장형

홑문장과 홑문장이 이어진 유형은 대등하게 이어진 문장과 종속적으로 이어진 문장으로 구분할 수 있다. 대등하게 이어진 문장은 홑문장과 홑문장이 대등한 의미 관계로 이어져 확장한 문장이다. 종속적으로 이어진 문장은 홑문장과 홑문장이 종속적인 의미 관계로 이어져 확장한 문장이다.

〈표 4〉 이어진 문장의 확장형 문장 쓰기 유형과 유형별 예시 문장

문장 확장 하여 쓰기	이어진 문장의 확장형 문장 쓰기 유형
	① 대등하게 이어진 문장 유형 ② 종속적으로 이어진 문장 유형
	유형별 예시 문장
	(2) ㄱ. 거센 파도가 잠잠해지고 고요한 정적이 찾아왔다. 　　ㄴ. 어항이 너무 작아서 물고기가 답답할 것 같았다.

(3) 안은문장 확장형

안은문장 확장형은 명사절을 안은문장, 관형절을 안은문장, 부사절을 안은문장, 서술절을 안은문장, 인용절을 안은문장으로 구분한다.

〈표 5〉 안은문장의 확장형 문장 쓰기 유형과 유형별 예시 문장

문장 확장 하여 쓰기	안은문장의 확장형 문장 쓰기 유형	유형별 예시 문장
	① 명사절을 안은문장 ② 서술절을 안은문장 ③ 관형절을 안은문장 ④ 부사절을 안은문장 ⑤ 인용절을 안은문장	(3) ㄱ. 우리는 철수가 초등학생임을 안다. 　　ㄴ. 원숭이는 꼬리가 길다. 　　ㄷ. 이것은 내가 만든 빵이다. 　　ㄹ. 비가 소리도 없이 내린다. 　　ㅁ. 토끼는 조심해서 내려가라고 말했다.

(3)ㄱ과 (3)ㄴ은 안긴문장이 주성분인 목적어와 서술어로 안겨 있다. 따라서 안긴문장은 문장을 구성하는 필수성분 역할을 하며 문장을 확장한다. (3)ㄷ~ㅁ은 안긴문장이 부속 성분인 관형어, 부사어이다. 안긴문장은 주성분을 수식해 내용을 더하는 역할을 하며 문장을 확장한다.

다. 문장 성분 호응

호응의 사전적 의미는 "앞에 어떤 말이 오면 거기에 응하는 말이 따라옴."이다. 문장은 문장 성분 간이 결합으로 구성된다. 문장 성분에 따라 호응하는 문장 성분이 정해져 하나의 문장을 완성한다. 문장 성분 호응은 문법적 호응과 의미적 호응으로 구분한다.

(1) 문법적 호응

문법적 호응은 형태를 기준으로 호응 관계를 정한다. 필자는 문장 성분 간의 형태가 호응하는지를 고려해 문장을 써야 한다.

〈표 6〉 문법적 호응을 고려한 문장 쓰기 유형과 유형별 예시 문장

	문법적 호응을 고려한 문장 쓰기 유형	유형별 예시 문장
문장 성분 호응	① 높임 호응 ② 피·사동 호응 ③ 시제 호응 ④ 부정 표현 호응	(1) ㄱ. 할머니께서 진지를 드신다. ㄴ. 아기가 엄마에게 안겼다. ㄷ. 아빠가 아들에게 심부름을 시킨다. ㄹ. 나는 어제 공원에 갔다. ㅁ. 나는 거짓말을 결코 안 했다.

(1)ㄱ은 주어와 서술어, 목적어가 높임 호응 관계를 형성한 문장이다. 주어인 할머니에 대한 높임 태도를 서술어, 목적어에서 응하여 알맞게 표현하였다. (1)ㄴ은 피동 표현에 의한 호응이다. 피동 표현은 주어가 어떤 행동을 스스로 하지 않고, 남에 의해 어떤 행동을 하게 되는 것을 의미한다. (1)ㄷ은 사동 표현에 의한 호응이다. 사동 표현은 다른 사람에게 어떤 동작을 하게

시키는 행동을 표현한 것이다. 피동문은 용언의 어간에 피동 접미사 '-이, -히, -리, -기'를 붙이거나 보조적 연결 어미 '-어지다'를 붙여서 만들어야 하므로 문법적 호응 관계를 형성한다. 사동문은 용언의 어간에 사동 접미사 '-이, -히, -리, -기, -우, -구, -추'를 붙이거나 보조적 연결 어미 '-게 하다'를 붙여 문법적 호응 관계를 형성한다. (1)ㄹ은 시제의 호응이다. 과거, 현재, 미래 시제를 '어제, 곧' 등 때를 나타내는 부사어나 선어말 어미를 사용해 표현한다. (1)ㅁ은 부정 표현 호응이다. '결코, 전혀' 등은 '아니, 없다, 못하다' 등과 호응한다.

(2) 의미적 호응

의미적 호응은 낱말의 의미를 기준으로 호응 관계를 정한다. 문법적으로 호응이 되더라도 의미가 호응하는지를 고려해 문장을 써야 한다. 의미적 호응은 다양하다. 이 절에서는 허영실 (2007)에서 제시한 의미적 호응의 유형인 '주어와 서술어의 의미적 호응, 수식어와 피수식어의 의미적 호응, 부사어와 서술어의 의미적 호응'을 중심으로 서술하고자 한다.

〈표 7〉 의미적 호응을 고려한 문장 쓰기 유형과 유형별 예시 문장

	의미적 호응을 고려한 문장 쓰기 유형	유형별 예시 문장
문장 성분 호응	① 주어와 서술어의 의미적 호응 ② 수식어와 피수식어의 의미적 호응 ③ 부사어와 서술어의 의미적 호응	(2) ㄱ. 참새는 헤어지는 아픔을 노래하고 있다. ㄴ. 참새는 헤어지는 아픔이다. ㄷ. 친구의 이마에 땀이 송글송글 맺혔다. ㄹ. 친구에 이마에 땀이 송글송글 맺혔다. ㅁ. 나는 휴식을 취함으로써 행복을 느낀다. ㅂ. 나는 휴식을 취함보다 행복을 느낀다.

(2)ㄱ은 '참새는'이라는 주어에 맞게 서술어를 표현한 호응이고 (2)ㄴ은 주어와 서술어의 호응이 이루어지지 않은 비문이다. (2)ㄷ은 관형격 조사를 올바르게 사용한 수식어와 피수식어의 호응이고 (2)ㄹ은 관형격 조사 '-의'를 '-에'로 사용한 비문이다. (2)ㅁ은 부사격 조사 '-로써'와 서술어 '느낀다'의 호응이고 (2)ㅂ은 부사격 조사 '-보다'와 서술어 '느낀다'가 호응하지 않는 비문이다.

3. 문장 쓰기 지도 방법

가. 문장 쓰기 유형 활용하기

기본 문장 쓰기	'무엇이　무엇을　어떠하다/어찌하다' 유형		
	(예시) 민우는	빵을	좋아한다.
	(연습) 거북이는	_____	_____
	(연습) _____	비가	_____

문장 확장 쓰기	'(어떠한) 무엇이 (어떻게) 어떠하다/어찌하다' 유형			
	(예시) 예쁜	산이	푸르게	물들었다.
	(연습) _____	친구가	_____	말했다.
	(연습) _____	선생님이	_____	_____

문장 성분 호응 쓰기	'시제' 유형			
	(예시) 나는	어제	체험학습을	다녀왔다.
	(연습) _____	오늘	_____	먹었다.
	(연습) 나는	_____	_____	할 것이다.

나. 문장 고쳐쓰기 활동

이어진 문장의 확장형 문장 쓰기	(대상 문장) 점심을 많이 먹었으나 배가 불렀다. (문장 고쳐 쓰기) _____
문장 성분 호응 쓰기	(대상 문장) 나는 결과가 좋을 것이라고 전혀 의심한다. (문장 고쳐 쓰기) _____

2. 장르별 글쓰기

1. 정보전달 글쓰기

가. 정보전달 글쓰기의 개념과 특징

정보전달 글은 일반적으로 이해를 목적으로 하는 객관적인 글을 가리킨다. 유사하게 쓰이는 용어로 논픽션, 설명문 등이 있다. 정보전달 글쓰기는 읽는 이에게 자연세계나 인간세계에 대한 정보를 알기 쉽게 전달하기 위해 글을 쓰는 것을 말한다. 지식 정보화 사회에서는 다양한 정보에 대한 접근성과 활용성이 높기 때문에 수많은 지식과 정보 중에서 신뢰할 수 있고 유용한 내용을 선별하여 조직하고 구성하는 일이 매우 중요하게 되었다(최승식, 2015).

정보전달 글쓰기가 중요한 까닭도 이러한 지식 정보 중심의 사회 변화와 밀접하게 관련이 있다. Duke & Bennett-Armistead(2003)가 주장한 정보 전달 글쓰기의 의의를 소개하면 다음과 같다(이정우, 2011). 첫째, 정보전달 글은 학생들이 학교 생활에서 매우 빈번하게 접하는 글의 유형이다. 학생들은 학년이 올라갈수록 다양한 정보전달 글을 읽고 또 쓰게 된다. 둘째, 학생들이 학교 밖의 생활을 하는 동안 모든 분야에서 정보전달 글을 읽고 쓰게 된다. Kamil & Lane(1998)에 의하면 웹 사이트에 있는 자료 중 96%가 정보전달 글이다. 학생들은 인문, 사회, 과학, 예술 등 여러 분야의 내용이 담긴 설명문, 신문이나 뉴스의 기사문, 보고서, 각종 정보 안내문, 사용 설명서 등 다양한 정보전달 글을 접하고 쓰기도 한다. 셋째, 정보전달 글쓰기는 학생의 흥미와 궁금증을 유발한다. 학생들은 문학 작품을 읽고 쓰는 것만을 좋아하지는 않는다.

정보전달 글을 읽거나 쓰면서 더 큰 희열을 느끼는 이른바 'Info-Kids'가 있다. 넷째, 정보전달 텍스트를 쓰는 동안 자연세계와 인간세계에 대한 지식을 형성할 수 있다. Wilson & Anderson(1986)도 이러한 정보전달 글의 기능은 인간의 학습에 있어서 매우 중요하다고 강조한다.

정보 전달 글쓰기를 할 때는 가치가 있고 타당한 내용을 얼마나 정확하고 객관적으로 쓰는지가 관건이다. 정보 전달 글쓰기의 목적은 독자에게 필요하고 가치가 있는 타당한 정보를 정확하고 객관적인 텍스트로 짜임새 있게 전하는 것이기 때문이다.

정보전달 글은 첫째, 내용이 타당하고 객관적이어야 한다. 정보 전달 글쓰기가 설득하는 글쓰기나 문학 글쓰기와 다른 점은 필자의 주관적인 의견이나 심상을 드러내기보다 내용의 타당성, 정확성, 객관성을 유지한다는 것이다. 필자가 타당성, 정확성, 객관성이 있는 내용으로 썼을 때 좋은 글이라고 할 수 있을 것이다.

둘째, 체계적이고 논리적이어야 한다. 필자는 독자가 처음 접하거나 이해하기 어려운 내용을 쉽게 파악할 수 있도록 글의 구조가 체계적이고 논리적인 글을 써야 한다. 처음-가운데-끝의 삼단 구조를 주로 사용하고 설명을 위한 비교, 대조, 분류, 분석, 정의, 예시, 열거, 인용 등 문단 전개 방식도 효과적으로 활용해야 한다.

셋째, 정보가 독자에게 가치가 있고 유용해야 한다. 정보 전달 글에는 독자가 관심을 가질 만하고 독자에게 필요한 정보가 담겨 있어야 한다. 필자는 글을 쓰는 상황, 독자의 요구 등을 고려해 주제를 정하는 한편, 독자의 요구에 부응할 수 있게 주제와 관련한 풍부한 지식을 갖추어야 한다. 또한 독자에게 정확한 정보를 전달하는 것이 목적이므로 독자가 이해하기 쉬운 표현을 사용해야 한다.

정보전달 글의 종류에는 설명문, 기사문, 보고서 등이 있다. 설명문은 필자가 특정 사항에 관한 독자의 이해를 돕기 위해 객관적, 논리적, 체계적으로 쓴 글이다. 필자는 설명 내용을 명료하게 정리하고, 독자가 설명하고자 하는 정보를 쉽게 이해할 수 있도록 글을 써야 한다. 기사문은 신문이나 방송 등 대중 매체를 통해 어떠한 사실이나 사건을 신속하게 전달하는 글이다. 보도할 가치가 있는 문제를 신속하고 정확하게 전달해야 하며, 표현은 객관적이고 정확하며 간결해야 한다. 필자는 기사를 쓰기 위한 정보나 자료를 충분히 탐색해야 하고, 각 매체에 맞는 자료 유형을 선택해야 한다. 보고서는 어떠한 일의 진행 내용이나 결과를 독자에게 보고하는 글이다. 조사 보고서는 대상을 면밀하게 살펴 조사한 내용과 결과를 알리기 위해 쓴 것이고,

연구 보고서는 어떤 일이나 사물을 연구한 과정과 결과를 전달하기 위해 쓴 것이다. 보고서는 일의 진행 내용이나 과정, 결과를 체계적으로 구성하고 표현해야 한다.

나. 정보전달 글쓰기의 지도

(1) 자료의 수집과 선택

정보 전달 글을 쓰기 위해서는 필자가 설명이나 보고 대상에 대한 풍부하고 정확한 정보나 지식을 갖추어야 한다. 만약에 정보나 지식이 글을 쓰기에 충분하지 않다면 다양한 자료를 수집하고 필요한 정보나 지식을 보완해야 한다. 이때 학생은 정보 전달을 위한 자료 수집과 선택 방법을 알고 실행할 수 있어야 한다. 초등학생 수준에서 자료를 수집할 때 고려해야 할 자료의 특성은 다음과 같다.

〈표 8〉 자료의 유형별 특징

자료 유형	자료 특징	수집 방법
사진 자료	특정 물체나 대상을 있는 그대로 보여 줄 수 있음	인쇄 매체, 인터넷 매체
도표 자료	어떤 정보의 흐름이나 분석 결과를 한눈에 알아볼 수 있음	인쇄 매체, 인터넷 매체
동영상 자료	특정 상황이나 대상의 움직임, 모양, 소리 등을 실감 나고 생생하게 전달할 수 있음	인터넷 매체, 시청각 매체
면담 자료	전문가, 특정 인물 등을 직접 만나 구체적이고 자세한 이야기를 들을 수 있음	대면, 비대면 만남

수집한 자료는 모두 사용할 수 있는 것이 아니라 글을 쓰는 목적, 대상, 예상 독자, 실현 가능성 등을 고려해 선택의 과정을 거친다. 자료의 유형에 따라 선택을 할 때 고려할 내용은 다음과 같다.

<표 9> 자료 선택의 방법

자료 유형	선택 방법	유의 사항
사진 자료	전달할 정보와 관련이 깊고 독자의 정확하고 객관적인 이해에 도움이 되는 자료를 선택함	필자의 관점이 지나치게 개입된 자료, 전달할 메시지가 모호한 자료는 배제함
도표 자료	전할 내용이 일목요연하게 정리된 자료를 선택함	자료의 내용이 정확한지, 신뢰할 수 있는지를 확인함
동영상 자료	학생의 수준에 맞는 영상인지, 재생 시간 등은 적절한지 등을 확인해 선택함	동영상을 원활히 재생할 수 있는 환경인지 확인함
면담 자료	사전 준비가 잘 된 면담 자료, 정보를 전달할 가치가 있는 면담 자료를 선택함	면담 대상자의 전문성, 내용의 타당성과 신뢰성 등을 확인함

(2) 글의 구조와 문단 전개 방식

정보 전달을 하는 글은 필자와 독자의 의사소통을 위한 논리 전개 방식을 가져야 한다. 먼저 글의 구조가 정보 전달에 유리하고 사회적이어야 한다. 통상적으로 사용하는 정보 전달 글의 구조는 '처음-가운데-끝'의 짜임이다.

<표 10> 정보 전달 글의 구조와 주요 내용

글의 구조	주요 내용
처음	글에서 전하고자 하는 대상이나 상황 등을 구체적으로 밝힘
중간	전달하고자 하는 정보, 내용 등을 상세하게 밝힘
끝	전체 내용을 요약하고 중요한 내용을 강조함

다음으로, 필자의 사고를 글로 설명하는 문단 전개 방식이 필요하다. 2022 개정 국어과 교육과정에는 설명하는 글의 설명 방식을 '정의, 부연 상술, 예시, 열거, 인용, 비교와 대조, 분류와 구분, 인과, 분석' 등으로 제시하고 있다(교육부, 2022: 34). 설명을 위한 주요 문단 전개 방식을 살펴보면 다음과 같다.

① **정의** : 어떤 말이나 대상의 뜻을 명확하게 한정하는 방법이다.
  • 정의의 예 : 학생은 학교에 다니면서 배우는 사람이다.
            김치는 채소를 발효한 식품이다.

② **예시** : 어떤 대상이나 개념의 이해에 도움을 주기 위해 구체적인 예를 들어 설명하는 방법이다.
  • 예시의 예 : 우리나라에는 나라를 지키기 위해 용맹하게 싸운 장수들이 있다. 강감찬, 을지문덕, 이순신 등이 대표적인 예이다.

③ **비교와 대조** : 두 가지 이상의 대상이나 개념의 공통점과 차이점 등을 밝혀 설명하는 방법이다. '비교'는 둘 이상의 사물을 살펴 유사점이나 차이점을 밝히는 것이고 '대조'는 둘 이상 대상의 같고 다름을 검토하는 것이다.
  • 비교와 대조의 예 : 짜장면과 짬뽕은 중국요리라는 공통점이 있다. 그런데 짜장면은 고기, 채소 등을 넣어 볶은 춘장에 국수를 비빈 면이고 짬뽕은 국수에 각종 해물, 채소 등을 섞어 볶은 것에 국물을 부어 만든 면이라는 점에서 차이가 있다.

④ **분류와 구분** : '분류'는 두 가지 이상의 대상을 공통 특성 등 종류에 따라 나눈 설명 방법이다. '구분'은 일정한 기준이나 공통 특성에 따라 하나의 대상이나 전체를 나누는 설명 방법이다.
  • 분류의 예 : 축구, 야구, 농구는 구기 종목이다.
  • 구분의 예 : 대중교통 수단은 버스, 지하철, 택시 등이 있다.

⑤ **인과** : 어떤 일의 원인과 결과를 나타내는 설명 방법이다.
  • 인과의 예 : 배가 고파서 빵을 먹었다.

⑥ **분석** : 어떤 대상의 부분, 요소, 성질 등을 나누어 설명하는 방법이다.
  • 분석의 예 : 학교의 건물은 교실, 특별실, 화장실, 복도, 계단 등으로 나눌 수 있다.

(3) 정확하고 적절한 표현

정보 전달 글쓰기는 정확한 정보를 사실적이고 객관적으로 써야 한다. 특정 대상이나 개념에 대한 이해가 필자보다 부족한 독자에게 정보를 최대한 객관적으로 전달하기 위한 글이기 때문이다. 따라서 사실적이고 객관적인 정보를 논리적으로 표현해야 한다. 정보 전달 글을 쓸 때는 모호하거나 중의적인 표현, 논리적 모순이나 비약이 있는 표현, 주관적인 표현 등은 지양해야 한다. 예상 독자의 수준을 고려하는 방법, 객관적이고 적절한 표현 등은 교사나 동료 학생과의 상호 작용 활동 등을 통해 확인할 수 있다.

예를 들어 추측(-인 것 같다, -(으)ㄹ 것이다), 바람(-고 싶다, -를 바라다), 주관적 판단을 나타내는 양태 표현보다는 객관적인 지표나 논리를 통해 독자가 신뢰할 수 있는 내용을 서술해야 한다. 특히 필자의 주관이 개입해 논리를 모순적으로 서술하거나 비약을 해 독자의 오해를 유발하면 안 된다. 모순적인 표현은 필자의 논리가 앞뒤가 맞지 않는 것을 말한다. 비약적인 표현은 작은 단서나 사실을 보고 지나치게 확대 해석하는 것을 말한다. 예를 들어 초등학교 교실에서 한 학생이 책을 들고 있다고 해서 그 학생이 독서를 좋아한다고 하는 것은 비약적인 표현이다. 필자는 현상에 관한 충분한 사실 확인과 객관적인 판단을 근거로 서술해야 한다.

2. 설득하는 글쓰기

가. 설득하는 글쓰기의 개념과 특징

설득하는 글은 어떤 주제에 관한 자신의 의견이나 주장으로 상대방의 입장이 변화하도록 하는 글이다. 유사한 용어로 논설문, 논술[1] 등이 있다. 김영석(2008)은 설득을 말이나 글을 통해 자신

---

1 '설득하는 글쓰기'와 '논술'의 개념이 일치하는 것은 아니다. 남을 납득시킬 목적으로 쓰는 글이 '설득하는 글'이므로 이는 '목적'을 강조한 개념인 반면, '논술'은 텍스트의 '진술 방식'과 '형식적 측면'을 강조한 개념이다. '설득'의 목적을 가졌다고 하더라도 '논술'이 아닌 다른 진술 방식이나 형식으로 쓸 수도 있으며, 반대로 '논술'의 방식이나 형식으로 쓴 글이라도 '설득'의 목적을 가지지 않는 경우도 있다(임천택, 이석규, 2008).

의 주의·주장을 다른 이에게 주입시키는 것으로서, 궁극적인 목적은 태도의 변화에 두고 있다고 하였다. 독자의 태도를 변화시키기 위해서 필자는 설득하고자 하는 메시지를 논리적이고 완결성 있게 글로 표현해야 한다. 긴 역사를 가진 수사학에서나 지금의 작문 연구자들이 설득과 관련하여 갖는 관심은 논쟁에서 이기는 것이 아닌, 다른 사람들의 생각을 읽고 그들을 설득하는 것이다. 설득 커뮤니케이션 이론이나 설득 관련 심리학, 사회 심리학은 '설득'이 단순히 개인을 넘어서 개인과 사회의 소통에 많은 영향을 미치고 있음을 보여주어 그 중요성을 강조하고 있다.

Crosswhite(1996)는 '설득'을 주장을 하는 어떤 사람과 그것을 쉽게 받아들이지 않을 다른 사람 사이의 사회적 갈등을 해결하는 단초로 보았다. 설득하는 글쓰기는 의미 구성에 관여하는 필자와 독자의 대화적 담화 행위이고, 이를 통해 서로의 갈등을 해결하는 이성적 행위라는 것이다. 이러한 관점에서 설득하는 글쓰기는 독자와 긴밀하게 대화하는 글쓰기이고, 필자의 의견이 최선이 아니고 다른 이견이 있을 수 있음을 고려하여 독자를 설득해 나가는 고도의 지적 작업이며, 필자와 독자가 놓여 있는 현재의 상황과 맥락을 중시하는 의미구성 행위이다.

설득하는 글을 쓸 때는 필자가 강요보다는 설득으로 독자를 이해시킬 수 있는가가 중요하다. 설득하는 글쓰기의 목적은 독자를 기만하는 것이 아니라 타당한 이유와 구체적이고 정확한 근거로 독자를 이해시키는 것이기 때문이다. 설득하는 글의 내용은 진솔하고, 정확해야 하며, 주제에 관한 독자의 이해와 관점 형성에 도움을 주도록 풍부해야 한다.

설득하는 글은 첫째, 필자의 주장이 일관되어야 한다. 필자가 상대방을 설득하기 위해서는 일관되고 명확한 주장이 필요하다. 또한 주장을 뒷받침하는 근거를 통해 이해, 동조, 설득의 과정을 거칠 수 있다. 만약 필자의 주장이 일관성을 잃는다면 독자는 필자의 주장에 논리적, 감성적으로 이입하기 어렵다. 필자는 설득하는 글을 쓰기 전에 글을 쓰는 상황과 목적, 자신의 관점, 설득의 필요성 등을 고려해 주장을 정하고 일관성 있게 논리적으로 표현해야 한다.

둘째, 글의 의도가 명확하고 효과를 기대할 수 있어야 한다. 독자가 필자의 주장이나 의견에 동조하게 하는 것은 매우 어려운 일이다. 설득하기 위해서는 상대방이 논리적, 감성적으로 동의하고 태도를 변화할 수 있도록 다양한 설득 수단이 필요하다. 독자가 이해할 수 있는 수준, 독자의 관심을 끌 수 있는 표현을 하는 것이 효과적일 것이다.

셋째, 글을 쓰는 상황과 예상 독자를 고려하는 것이 중요하다. 설득을 목적으로 글을 쓸 때는 필자 자신의 주장만을 생각하는 것이 아니라 다른 사람들의 생각을 고려해야 한다. 특히 예상 독자를 필자와 의견을 달리하는 사람들을 대상으로 할 때에는 신중하고도 정교한 설득 전략이 요구된다. 필자 자신의 주장만을 펼치는 글보다는 다양한 관점이나 상반된 주장도 함께 제시하고 그에 대한 필자의 입장을 표명하는 글이 독자에게 객관적이고 논리적으로 받아들여질 수 있다.

나. 설득하는 글쓰기의 지도

(1) 주장과 근거의 설정

설득하는 글의 핵심인 주장은 자기의 의견을 명백히 내세우는 것이다. 논쟁이 될 만한 수사적 상황에서 필자는 자기의 주장을 설정한다. 그리고 주장을 통해 논쟁 상황에서 독자의 행동이나 태도 변화를 요구한다.

설득하는 글쓰기에서 주장을 효과적으로 하기 위해서는 명제에 관한 이해가 있어야 한다. 명제는 어떤 문제나 상황에 관한 발화자나 필자의 주장이나 의견을 언어적 표현으로 나타낸 것을 말한다. 명제의 종류에는 사실 명제, 정책 명제, 가치 명제가 있다.

〈표 11〉 명제의 종류

명제의 종류	명제의 내용	명제의 예
사실 명제	참을 입증할 수 있는 객관적인 증거로 사실을 증명하는 명제	나무는 식물이다.
정책 명제	어떤 문제에 관한 해결 방법을 제안해 특정 행위를 유도하는 명제	학급 규칙을 지켜야 한다.
가치 명제	어떤 대상이나 상황에 관해 가치 판단이나 평가를 하는 명제	인간의 본성은 선하다.

사실 명제는 주장이 참임을 입증할 수 있는 객관적인 증거로 사실을 증명하는 명제이다. 누구나 알고 있는 사실, 객관적인 자료 등이 사실 명제에 필요하다. 정책 명제는 필자가 어떤 문제에 관한 해결 방법을 제안하고 독자의 특정 행위를 유도하는 명제이다. '자연을 보호하자, 자연을 개발하자, 학교 폭력 예방을 위해 인성 교육을 강화하자' 등이 해당한다. 가치 명제는 필자와 독자가 어떤 대상이나 상황에 관해 가치 판단이나 평가를 하는 명제이다. 특정 상황이나 개념

등에 관해 옳고 그름, 좋고 나쁨 등을 판단할 때 사용한다.

명제를 통해 자신의 주장을 설정하였으면 이를 뒷받침하는 근거가 있어야 한다. 필자의 주장에 관한 구체적이고 분명한 근거를 제시하지 못하면 설득력이 떨어진다. 따라서 주장의 타당성과 당위성을 뒷받침해 주는 구체적이고 효과적인 근거가 필요하다.

근거의 종류에는 사실 논거, 소견 논거가 있다. 사실 논거는 보편적인 지식, 일반화된 정보나 역사적인 사실, 객관적인 자료를 활용해 사실을 제시하는 방법이다. 소견 논거는 해당 문제와 관련한 전문가 등 신뢰할 수 있는 제삼자의 의견, 증언 등을 근거로 삼는 방법이다. 주장을 뒷받침하는 근거가 설득력을 얻기 위해서는 타당하고 신뢰할 수 있는 자료를 풍부하게 제시해야 한다.

(2) 글의 구조와 논증 방식

설득하는 글의 구조는 '서론-본론-결론'의 짜임이다.

〈표 12〉 설득하는 글의 구조와 주요 내용

글의 구조	주요 내용
서론	논제와 관련해 제기되는 문제점을 구체적으로 밝힘
본론	논제에 관한 필자의 주장을 논리적으로 풍부하게 제시함
결론	필자의 주장을 요약하고 강조하며 글을 마무리함

설득하는 글의 서론에서는 논의의 주제를 파악하고 관련한 문제점을 구체적으로 밝혀 진술한다. 서론의 내용은 필자가 주장을 선택한 까닭을 나타내기도 한다. 본론에서는 논제에 관한 필자의 의견이나 주장을 근거와 함께 진술한다. 필자의 주장은 명료하게 제시하되 감성적인 강요보다는 논리적인 설득을 하도록 서술한다. 결론에서는 필자가 이 글에서 밝힌 주장을 요약하고 필자의 입장을 다시 한번 강조하며 글을 마무리한다.

설득하는 글쓰기를 위한 논증 방식은 연역법과 귀납법, 유추가 있다. 연역법은 기본적이고 일반적 법칙이나 이론에서 특수한 의견이나 주장을 추론하는 방법이다. 대전제, 소전제, 결론으로 구성된 삼단논법이 대표적이다. 귀납법은 개별적인 구체적인 사실이나 원리에서 일반적인 명제를 도출하는 방법이다. 유추는 서로 다른 대상이 유사성이 있을 때 그 유사성을 토대로 다른 측면에서도 유사성이 생길 수 있음을 추론하는 것이다. 예를 들어 인간과 로봇이 형태적 유사성이 있을 때 로봇도 인간처럼 스스로 사고하고 감정을 느낄 수 있을 것으로 유추해 보는 것이다.

(3) 명료하고 설득력 있는 표현

자신의 주장을 다른 사람에게 설득하기 위해서는 목적에 알맞은 표현을 사용해야 한다. 필자의 주장은 명료해야 하고 주장을 뒷받침하는 근거는 설득력이 있는 표현이어야 한다. 필자의 주관적 표현이나 단정적인 표현, 모호한 표현은 설득력을 떨어뜨릴 수 있다. 자기의 주장을 명료하게 표현한다고 해서 지나치게 강압적인 어조보다는 상대방을 존중하면서 논리적으로 이해시켜야 한다.

3. 표현적 글쓰기

가. 표현적 글쓰기의 개념과 특징

표현적 글쓰기는 필자가 특정한 수사적 상황에서 떠올린 생각, 감정, 느낌 등을 진솔하게 표현한 글을 말한다. 표현적 글쓰기는 독자보다는 필자의 내면에 초점을 둔다는 점에서 정보전달 글쓰기나 설득하는 글쓰기와 구분된다. 설명하는 글쓰기나 설득하는 글쓰기는 필자가 설명이나 설득의 대상이 되는 독자를 고려해 내용과 조직, 표현을 정한다. 그런데 표현적 글쓰기는 필자가 자기의 내면을 드러내기 위해 글을 쓴다. 필자가 자기의 내면을 표현한 것이므로 설명하는 글이나 설득하는 글보다 독자를 크게 고려하지 않는다. 그리고 형식도 상대적으로 자유롭다.

자기표현적 글쓰기를 통한 정서적·심리적 성숙과 자아 성장의 경험은 바람직한 쓰기 태도를 형성하는 데 도움을 주고, 쓰기의 생활화에도 긍정적 영향을 미칠 수 있다(윤금준, 2022). 이러한 점에서 자기표현적 글쓰기는 평생 필자로 성장하게 하는 좋은 방안이 될 수 있으며, 다양한 어려움에 직면하게 된 학생들에게 자신의 내면을 관찰하고 조응할 수 있는 계기를 마련할 수 있다는 점에서도 교육적 함의가 크다.

표현적 글쓰기는 '표현'에 목적을 두는 글이다. 표현의 '대상'은 자기 자신이며 독자 또한 기본적으로 자신이 설정된다. 스스로와 의사소통을 가능하게 하는 글쓰기이며, 자신을 좀 더 잘 이해할 수 있게 되는 통로가 되기도 한다(이해진, 2009). 자신의 내면에 주목하여 글을 쓸 때, 필자는 쓰기 과정을 통해 자신을 좀 더 객관적으로 관찰하게 되며, 이를 통해 자아를 발견하고 정서를 치유하는 힘을 얻게 될 수 있다.

표현적 글쓰기를 할 때에는 첫째, 어떤 상황이나 대상에 대한 자기 생각, 느낌, 감정 등을 떠올릴 수 있어야 한다. 표현적 글쓰기는 필자가 상황이나 대상에 관해 가지게 된 인상을 글로 표현하는 것이다. 따라서 상황이나 대상을 민감하게 관찰하고 기억, 이해, 분석하는 인지 능력이 필요하다.

둘째, 자기의 생각, 느낌, 감정을 진솔하게 표현할 수 있어야 한다. 필자가 자기 내면을 효율적으로 표현하기 위해서는 적절한 낱말, 문장, 문단 등을 떠올려 쓸 수 있는 표현 능력이 필요하다. 표현적 글쓰기에서 필자의 낱말 쓰기, 문장 쓰기, 문단 쓰기 능력은 효과적인 표현적 글쓰기를 할 수 있는가에 중요한 영향을 미친다.

셋째, 글의 형식보다는 자기표현에 집중해야 한다. 표현적 글쓰기는 필자가 수사적 구조, 기능, 전략 지식을 정확히 알고 있는가보다 개인 경험을 얼마나 진솔하게 표현하는가가 중요하다. 필자는 상황이나 대상에 관한 자기 생각을 구체화하고 적절하게 표현하며 자신의 내면에 집중해야 한다. 자기에 관한 이러한 인지, 표현 작용은 필자가 자아 성찰과 자아 탐구 경험을 할 수 있도록 한다.

표현적 글쓰기에는 일기, 감상문, 자서전, 기행문 등이 있다. 필자가 특정 상황이나 사건, 대상에 관해 자신의 생각이나 감정, 느낌 등을 솔직하게 표현하는 글이 모두 표현적 글쓰기에 해당한다. 학령 초기부터 초등 전 학년에 걸쳐 많이 쓰는 일기는 형식이 비교적 자유롭게 자신에게 있었던 일과 생각이나 느낌을 기록하여 쓴다는 점에서 표현적 글쓰기의 대표적인 양식으로 볼 수 있다. 일기는 필자가 자신의 내면을 표현하고 되돌아보는 과정에서 쓰기 능력 함양과 자기 성찰의 기회를 제공한다. 또 내용 생성이나 조직에 관한 인지적 부담이 비교적 적다는 점에서 한 편의 글쓰기 수준의 쓰기 교육을 할 때 유용하다. 감상문이나 자서전, 기행문의 경우 정보 전달 글쓰기의 영향도 동시에 받는다. 따라서 감상문, 자서전, 기행문이 갖추어야 할 규범과 양식을 시대에 따라 달리 적용할 수 있다.

나. 표현적 글쓰기의 지도

(1) 자기 회상

표현적 글쓰기는 자기에게 있었던 일을 회상해 보고 자신의 생각, 느낌, 감정, 마음 등을 진솔하게 표현하는 글이다. 자기에게 인상 깊었던 일을 떠올려 무슨 일이 있었는지, 그 일이 있을 때 어떤 생각이나 느낌, 감정 등이 들었는지를 표현한다. 자기 회상을 할 때는 있었던 일을 시간적인 흐름에 따라 떠올려 볼 수도 있고 공간적인 변화로 떠올릴 수도 있다. 초등학교 저학년 학생에게 표현적 글쓰기는 비교적 형식에서 자유로운 방식으로 자신의 생각을 낱말, 문장으로 써 보는 경험을 제공한다. 그래서 자신의 생각을 한 편의 글로 쓸 때 상대적으로 쉬운 장르이다.

표현적 글쓰기를 지도할 때에는 학생에게 자기와 자기 주변의 일로 글을 쓰게 한다. 정보전달 글쓰기나 설득하는 글쓰기는 필자 주변의 문제나 사회 문제를 다룬다. 주요 정보나 논제와 관련한 자료 등이 필자의 내용 생성에 필수적이다. 하지만 표현적 글쓰기는 자기 회상 자체가 내용 생성 활동이다. 내용 생성에 관한 인지적 부담이 큰 초등학생의 쓰기 학습에는 적합한 면이 있다. 자기 회상은 시간, 공간, 주요 사건 등을 중심으로 학생이 떠올리도록 교사가 안내할 수 있다.

(2) 진솔한 표현

표현적 글은 글의 짜임이나 형식이 비교적 자유롭다. 필자가 경험했던 일, 경험을 하며 들었던 생각, 느낌, 감정 등을 표현한다는 특징이 있다. 따라서 한 편의 글의 구조는 있었던 일과 필자의 생각, 느낌, 감정으로 나눌 수 있다. 있었던 일은 주로 필자의 인상 깊은 일이다. 자기 회상으로 떠올린 것을 시간, 공간, 주요 사건 중심으로 나열한다. 필자의 생각, 느낌, 감정은 있었던 일에 관한 필자의 주관을 표현한 것이다. 있었던 일은 사실이나 사건을 표현하고 필자의 생각, 느낌, 감정은 필자의 주관적인 마음을 적절한 낱말이나 문장으로 표현한다.

사회적 제약인 형식에 얽매이지 않고 자유롭게 표현하도록 한다. 보통 글은 필자와 독자의 소통 도구이다. 필자는 글을 쓸 때 사회적으로 정해진 소통의 틀에 맞추어 써야 한다는 부담을 갖는다. 그런데 표현적 글쓰기는 자기 이야기를 진솔하게 담는 글이다. 따라서 정보 전달 글쓰기나 설득하는 글쓰기보다 사회적인 기능이 약하다. 개인의 생각, 느낌, 감정 등을 자유롭게 표현하는 글쓰기이기 때문이다. 글의 형식보다는 자신이 하고 싶은 이야기, 즉 진솔한 내용에 초점을 맞춘다.

표현적 글쓰기는 자신이 인상 깊게 보고 느낀 점을 진솔하게 표현하는 글이다. 따라서 자신의 정서와 감정을 솔직하고 풍부하게 표현할 수 있어야 한다. 인상 깊은 일이나 대상에 관한 감상을 표현할 때, 친구나 부모님 등 주변 사람에게 고마움, 미안함 등 자신의 정서와 감정을 표현할 때 그것을 정확하게 표현할 수 있는 낱말, 어휘, 문장을 익히도록 지도한다.

제3장 [쓰기 지도]

3. 쓰기 윤리

1. 쓰기 윤리 개념과 특성

쓰기 윤리란 필자가 글을 쓰는 과정에서 준수해야 할 윤리적 규범이다(교육부, 2022). 이것은 학습자가 글을 쓰는 과정 내내 필자가 고려해야 할 사항 중 하나이다. 특히 다른 사람이 쓴 책, 글, 자료 등을 자신의 글 쓰기에 인용할 경우 그 출처를 정확하게 밝혀야 한다. 디지털 의사소통 환경 속에서 글을 쓰고 소통할 때에도 쓰기 윤리를 지키고 독자를 존중하고 배려하는 태도를 지녀야 한다는 점에 유의해야 한다(교육부, 2022).

쓰기 윤리는 '쓰기'와 '윤리'가 결합된 용어이다. 이 경우 어느 쪽에 방점을 찍는가에 따라 쓰기 윤리의 특성은 달라질 수 있다. 여기에서는 '쓰기'에 방점을 찍은 '쓰기 윤리'의 특성을 박영민(2009)의 논의를 중심으로 기술한다.

첫째, 쓰기 윤리는 사회적 관계 속에서 실현된다. 글쓰기는 사적인 행위이자 공적인 행위이다. 쓰기 윤리가 강조되고 작동하는 영역은 공적인 행위로서의 쓰기 활동이다. 실제로 글쓰기는 필자가 예상하는 독자, 필자의 배경 지식에 영향을 미친 텍스트들, 사회·문화적 맥락, 담화 공동체의 규범 등과 복합적으로 상호작용하는 사회적인 행위이다. 그러므로 쓰기 윤리의 문제는 개인 차원이 아니라 사회적 차원에서 실현된다.

둘째, 쓰기 윤리는 영역 특수성을 지닌다. 쓰기 윤리가 윤리라는 가치의 일반성에 기반하고 있으나, 그것만으로 쓰기 윤리를 규정할 수는 없다. 쓰기 윤리만의 고유성이나 특이성이 있기 때문이다. 박영민(2009)에서는 이 특성이 쓰기 윤리가 일반적 윤리에서 파생하였지만, 다른 영역의 윤리와 구분되어 있으며, 서로 교차하지 않는 것에서 비롯된다고 보았다.

셋째, 쓰기 윤리는 교육을 통해 신장될 수 있다. 일반적인 윤리와 마찬가지로 쓰기 윤리 또한 의식적인 변화를 통해서 행위의 개선을 도모할 수 있다. 쓰기 윤리는 필자가 가진 고유한 특성이라기보다는 어떤 것이 쓰기 윤리를 위반하는 것인지를 인식하고 그것을 위반하지 않으려는 필자의 의도가 개입되어야 한다. 그러므로 쓰기 윤리는 쓰기 윤리에 대한 지식과 필자의 태도 변화 두 가지 차원에서 설명할 수 있는데 충분하고도 지속적인 교육을 통해 강화될 수 있다.

2. 쓰기 윤리 지도 내용

쓰기 윤리 지도 내용에는 '정직하게 쓰기', '진실하게 쓰기', '배려하며 쓰기'가 있다(가은아, 2009). 첫째, 정직하게 쓰기는 정확하게 출처를 밝히는 글쓰기이다. 다른 사람이 쓴 글의 내용을 인용하는 경우, 다른 사람의 아이디어를 빌려오는 경우, 자신이 썼던 글 내용의 일부를 다시 사용하는 경우에 학생이 출처를 밝히면서 글을 쓰는 것이 정직하게 쓰기이다. 출처를 밝히는 방법은 두 가지가 있다. 하나는 원자료에 있는 내용을 그대로 옮겨 쓰는 것으로, 출처를 밝히고 큰따옴표로 표시한다. 다른 하나는 원자료에 있는 내용을 간단히 요약하거나 풀어 쓸 때, 다른 사람의 견해 또는 자료라는 것(출처)을 밝히면서 기술한다.

둘째, 진실하게 쓰기는 자신이 구성한 내용과 표현된 것이 일치하는 글쓰기이다. 글을 쓰는 과정은 일반적으로 내용을 계획, 생성, 조직하는 구성의 과정과 구성된 내용을 글로 표현하는 과정으로 구분할 수 있다. 진실한 생각으로 구성된 내용이 결과적으로 표현된 글과 동떨어지는 것은 학생이 진실하게 글을 썼다고 보기 어렵다. 거짓으로 글을 쓴 것이므로 쓰기 윤리에 위배된다.

셋째, 배려하는 쓰기는 다른 사람의 처지나 생각, 또는 감정을 존중하는 글쓰기이다. 인터넷에 글을 쓰기나 댓글을 쓰는 경우, SNS에 글을 올리는 경우, 이메일에 글을 쓰거나 답글을 쓰는 경우 학생이 자신의 관점이 아닌 상대방의 관점을 이해하고자 노력하며 글을 쓰는 것이 배려하는 쓰기이다. 자신과 생각이 다르다고 상대방을 비방하거나 욕설을 쓰는 것은 쓰기 윤리에 위배

된다. 인터넷 공간에서의 글쓰기는 비대면 상황에서 진행되고, 익명성이 보장된다는 점을 고려할 때, 배려하는 글쓰기를 지도하는 것은 중요하다.

3. 쓰기 윤리 지도 방법

쓰기 윤리 지도는 쓰기 지도 과정과 별개로 진행되거나 일회적으로 지도하는 것이 아님에 유의할 필요가 있다. 쓰기 윤리에 대해 직접 지도하는 것은 별도의 시간을 확보해 집중적으로 지도하는 것이 가능하다. 그러나 그 이후에는 쓰기 지도 과정과 연계해 쓰기 윤리를 지속적으로 지도하고, 또한 학생들의 생활 속에서 실제 사례를 활용해 지도하는 것이 중요하다. 가은아 (2009), 박영민(2009), 이정아(2016)의 연구를 참고하여 쓰기 윤리를 지도하는 방법에는 쓰기 윤리 점검하기, 쓰기 윤리 제정하기, 자기 평가 활용하기, 출처를 밝혀 쓰기, 인터넷에 선플 달기 등이 있다. 이러한 지도 방법은 학생들이 쓰기 윤리 내용을 먼저 이해하고, 글을 쓸 때 직접 수행하는 것이 중요하다는 점에 근거한 것이다.

가. 쓰기 윤리 점검하기

쓰기 윤리 점검하기는 박영민(2009)에서 개발한 검사지[2]를 활용해 학생들의 쓰기 윤리 인식을 확인할 수 있다. 또한 이 검사지를 실시하는 과정에서 학생들이 쓰기 윤리에 대한 인식과 자기 점검을 할 수 있다. 교사는 점수가 낮은 학생을 개별적으로 지도할 수 있다. 쓰기 윤리 검사 후 교사는 이 결과를 토대로 쓰기 윤리와 관련한 전반적인 내용을 지도할 수 있다.

---

2 이 검사지는 중학생용으로 개발된 것이므로 일부 내용을 수정해 사용할 수도 있다.

<표 13> 쓰기 윤리 검사지(박영민 외, 2013:546)

쓰기 윤리 구성 요인		요인별 해당 문항
쓰기 윤리 의식	1	나는 다른 사람의 글이나 생각을 존중해야 한다고 생각한다.
	2	나는 스스로 노력하여 쓴 글이 가치 있다고 생각한다.
	3	나는 다른 사람의 글을 베껴 쓰는 것이 바람직한지 아닌지를 판단할 수 있다.
	4	나는 내 생각을 꾸미지 않고 솔직하게 쓴 글이 가치 있다고 생각한다.
	5	나는 다른 사람의 글이나 생각을 베껴 쓰는 것은 바람직하지 않다고 생각한다.
쓰기 과제 환경	1	나는 집에서 글을 쓸 때 더 많이 베껴 쓴다R.
	2	나는 감상문처럼 느낌에 대한 글을 쓸 때 다른 사람의 글을 베껴 쓴다R.
	3	나는 쓰는 것 자체가 싫어서 베껴 쓰고 싶은 생각이 많이 든다R.
	4	나는 좋은 결과(예, 상, 성적 등)을 위해 다른 사람의 글을 베껴 쓸 수 있다고 생각한다R.
	5	나는 설명문처럼 어려운 글을 쓸 때 다른 사람의 글을 자주 베껴 쓴다R.
	6	나는 학교 숙제를 할 때 다른 사람의 글을 자주 베껴 쓴다R.
	7	나는 베끼는 것이 아니라면 다름 사람(예, 부모님)에게 쓰기 숙제를 부탁해도 괜찮다고 생각한다. *R
저작권 인정	1	다른 사람의 글을 베껴 쓰면 원 저자에게 미안한 마음이 든다.
	2	나는 다른 사람의 글(생각)이라고 밝히지 않고 글을 쓰면 마음이 불편하다.
	3	다른 사람의 글(생각)을 내 것처럼 쓰는 것은 매우 나쁜 일이라고 생각한다.
쓰기 윤리 준수 노력	1	나는 인터넷 자료를 활용할 때 다른 사람의 글(생각)을 베껴 쓰지 않도록 노력한다.
	2	나는 쓰기 숙제를 혼자 힘으로 스스로 해결하려고 노력한다.
	3	나는 쓰기 숙제를 할 때 다른 사람의 글(생각)을 베끼지 않기 위해 노력한다.

*R은 역점수 처리 문항임.

나. 쓰기 윤리 제정하기

쓰기 윤리 제정 활동은 쓰기 윤리와 관련된 규정이나 규칙을 제정하고 활용하는 활동이다. 쓰기 윤리와 관련된 규정에는 쓰기 윤리 규칙과 쓰기 윤리 위반의 경중을 기술한다. 나아가 쓰기 윤리 규정을 준수하겠다고 약속하는 서약서를 작성하는 방안도 있다. 학교에서 쓰기 윤리의 날, 쓰기 윤리 주간 등을 정하여 쓰기 윤리에 대해 인식하고 자신의 쓰기 윤리를 성찰해보는 시간을 가진다.

다. 자기 평가 활용하기

자기 평가를 쓰기 윤리 지도에서도 활용할 수 있다. 학생들이 쓰기 윤리에 대한 인식이나 각성이 부족한 상황이므로 쓰기 윤리를 점검할 수 있는 문항을 구성하게 하는 활동, 그것을 활용하여 평가표나 체크리스트를 구성하는 활동, 그것을 활용하여 자신의 쓰기 윤리를 평가하고 점검해보는 활동 등이 있다.

라. 출처를 밝혀 쓰기

정직하게 쓰기를 지도하기 위해서는 학생들에게 출처를 밝히는 방법을 가르치는 것이 중요하다. 학생들이 저작권에 대해 이해하고, 다른 사람의 글에서 가져오는 내용을 바르게 인용하며, 원자료의 출처를 밝힌다면, 쓰기 윤리에서 발생하는 많은 문제가 해결된다. 내 생각과 다른 사람의 생각을 구분하고 다른 사람의 생각을 인용할 때는 반드시 출처를 밝혀야 한다.

마. 인터넷에 선플 달기

인터넷 게시판이나 SNS에 배려하는 글쓰기, 다른 사람이 쓴 글에 선플 달기를 지도할 수 있다. 교사가 좋은 예시 글을 먼저 보여 주며 인터넷이나 SNS에 배려하는 글쓰기를 수행해

보는 것이 좋다. 인터넷 게시판이나 SNS에서 쓰기 윤리를 지키는 활동인 '인터넷에서 쓰기 윤리를 지켜요'(이정아, 2016)을 소개하면 다음과 같다.

〈표 14〉 인터넷에서 쓰기 윤리를 지켜요(이정아, 2016:42)

1. 인터넷 게시판 및 SNS에서 악플이나 선플을 달아본 경험을 나누어봅시다.
   (1) 자주 사용하는 인터넷 게시판 또는 SNS는 어디인가요?
   (2) 어떤 목적으로 사용하나요?
   (3) 어떤 내용의 글을 주로 읽거나 쓰나요?
   (4) 게시글이나 댓글을 보고 기분이 상했던 적이나 좋았던 적을 떠올려보고 경험을 나누어봅시다.

2. 다음 글에 모둠원이 돌아가며 악플과 선플을 달아보고, 상대방의 입장을 생각해봅시다.

〈악플 달기〉	〈선플 달기〉
나는 어제 생일을 맞이해서 가족과 함께 고급 레스토랑에 다녀왔어. 가격은 좀 비쌌지만 정말 맛있어서 이곳을 추천하려고 해~ 너희들도 꼭 한번 가서 먹어보길 바라^^ 내가 먹은 음식들 사진이야. 정말 맛있겠지?	나는 어제 생일을 맞이해서 가족과 함께 고급 레스토랑에 다녀왔어. 가격은 좀 비쌌지만 정말 맛있어서 이곳을 추천하려고 해~ 너희들도 꼭 한번 가서 먹어보길 바라^^ 내가 먹은 음식들 사진이야. 정말 맛있겠지?
└	└
└	└
└	└

3. 상대방의 입장을 생각하며 학급 홈페이지와 개인 SNS에 글을 써봅시다.

4. 내 손바닥에 인터넷 쓰기 윤리 다짐 선언문을 만들어봅시다.

   (예) 인터넷 게시판에 글을 쓸 때는 상대방의 입장을 고려하여 기분이 상하는 내용을 올리지 않겠습니다.
   SNS에 함부로 허위 사실을 올리지 않겠습니다.

제4장 [문법 지도]

1. 표준 발음

1. 표준 발음의 개념과 중요성

가. 표준 발음의 개념

발음의 개념을 무엇으로 정하느냐에 따라 발음 지도의 개념과 지도 내용 및 지도 방법이 달라진다. 가장 기본적으로 살필 것은 국어사전의 뜻풀이다. 표준국어대사전에는 '발음'을 『언어』 음성을 냄. 또는 그 음성. ≒소리내기.'로 뜻을 정의하고 있다. 이 말이 사용되는 예시로는 '정확한 발음', '서툰 발음으로 말하다.', '발음을 잘못하다.'가 제시되어 있다. 여기서 주목할 점은 '음성'이다. 발음의 뜻풀이에 등장하는 '음성'은 '말소리'를 대상으로 한다[1]. 즉, 갑작스럽게 튀어나오는 비명이나 무의미한 괴성 등은 말소리가 아니므로 발음에 해당되지 않는다. 사람들이 말소리를 내는 경우는 크게 두 가지로 나누어 볼 수 있다. 문자의 개입 여부에 따라 문자가 개입되지 않고 말하는 경우와 문자가 개입되어 말하는 경우이다. 이 중에서 전자를 구술(口述)[2]이라 할 수 있고, 후자는 '음독(音讀)'이라 할 수 있다.

발음 지도에서 발음의 개념을 구술에 초점을 두느냐, 음독에 초점을 두느냐, 두 가지 모두를

---

1 유현경 외(2018: 45)에는 '서로 다른 방식으로 만들어져서 그 특성이 구분되는 말소리들을 흔히 '음성(音聲)'이라고 부른다.

2 월터 J. 옹이 쓴 『Orality and Literacy』를 '구술문화와 문자문화'로 번역한 사례에서도 확인할 수 있듯이, 문자가 개입되지 않은 경우를 '구술'로 표현하는 것은 큰 문제가 없어 보인다.

포함하느냐에 따라 발음 지도의 목표와 내용이 달라진다. 구술에 초점을 둔다면 명확하게 발음하기[3]를 목표로 설정하게 될 것이고 이에 해당하는 교육 내용은 쉼과 힘주기, 말소리의 크기나 억양, 어투 등에 대한 지도가 주를 이루게 될 것이다.

이에 비해 음독에 초점을 둔다면 음운 변동이 일어나는 낱말의 정확한 발음에 초점을 두게 될 것이다. 왜냐하면 음운 변동이 일어나는 낱말의 음독은 글자로 적힌 대로 발음하는 것이 아니라 구술로 발음하는 대로 읽어야 하기 때문이다. 또한 글을 소리 내어 읽을 때 문장에서의 끊어 읽기, 쉬어 읽기 등을 지도 내용으로 선정하게 될 것이다. 만약 구술과 음독을 포함하는 의미로 발음을 정의하게 되면 위에서 언급한 내용 모두가 발음 지도의 내용으로 설정될 것이다.

위에서 살펴본 발음은 말하는 사람에 따라, 지역에 따라 차이가 생긴다. 이 차이가 커지면 의사소통에 지장을 주게 되는데 원활한 의사소통을 위해 국가에서 정한 발음에 대한 규범이 표준 발음법이다[4]. 표준 발음 지도란 표준 발음법에 맞게 발음하도록 지도하는 것을 의미한다.

나. 표준 발음의 중요성

표준 발음의 의의는 다음과 같이 정리해 볼 수 있다.

첫째, 의사소통의 기본 기능에 해당한다. 말을 하는 이유는 1차적으로 타인과 소통하기 위함이다. 소통을 잘 하기 위해서는 타인의 말을 잘 듣고, 자신의 의사를 잘 전달하는 것이 중요한데, 자신의 의사를 잘 전달하는 1차적인 방법이 발음을 정확하게 하는 것이다. 발음이 정확하지 않으면 청자가 화자의 말을 잘 이해할 수 없으므로 소통에 문제가 생긴다.

둘째, 발음을 정확하게 하는 것은 청자를 배려하는 것이다. 의사소통 상황에서 발음이 정확하지 않으면 상대방이 재차 확인하게 되거나 오해를 하게 된다. 이로 인해 의사소통의 부담이 증가하게 되는데, 발음을 정확하게 하면 청자가 불필요한 에너지를 쓰지 않아도 되므로 정확한 발음은 상대를 배려하는 요소로 작용한다.

셋째, 정확하고 명확한 발음은 음독 및 표기와 관련이 깊다. 음독이란 문자로 표기된 것을

---

3 이문규(2005)에서 주장한 '명확한 발음(enunciation)'을 의미한다.

4 정확히 표현하자면 표준 발음법은 표준어 규정의 제2부에 속해 있다.

음성화하는 것이고 표기란 말소리나 생각을 문자로 나타내는 것을 의미한다. 발음을 정확하게 하는 것은 표기를 정확하게 하는 기능과 관련이 깊고, 음운 변동이 있는 낱말의 음독을 정확히 하는 기능과도 관련이 깊다. 또한 표기법에 맞게 표기하는 것과도 관련이 깊다. 이 모든 활동의 기초는 발음이다.[5]

넷째, 교양을 갖추는 기본이다. 표준 발음법에 맞게 발음하는 것은 교양 있는 언어 생활의 기초에 해당한다. 표준 발음법의 제1장 총칙, 제 1항은 '표준 발음법은 표준어의 실제 발음을 따르되, 국어의 전통성과 합리성을 고려하여 정함을 원칙으로 한다.'이다. 표준 발음법의 대상은 표준어이다. 표준어 사정 원칙 제1항은 '표준어는 교양 있는 사람들이 두루 쓰는 현대 서울말로 정함을 원칙으로 한다.'이다. 교양 있는 사람들이 쓰는 말을 표준어로 정하고 있으며 그 표준어를 정확하게 발음하는 것이 표준 발음이다. 그러므로 표준 발음을 구사한다는 것은 교양을 갖추는 것과 관련이 있다.

2. 발음 지도를 위한 기본 지식

가. 대상, 구술, 표기, 음독의 관계 인식하기

언어 기호는 어떤 대상을 음성이나 문자로 표현하는 수단이다. 즉 언어 표현에는 표현하고자 하는 대상이 있고, 이 대상을 지칭하는 구술(발음)이 있고, 이것을 문자로 표현한 표기가 있으며, 표기한 것을 소리 내어 읽는 음독이 있다. 이들은 서로 관련되어 있으며, 관련성을 인식할 때 각각의 기능에 내재한 원리를 이해할 수 있다. 이 관계를 표로 나타내면 아래 〈표 1〉과 같다.

5　자세한 내용은 제4-3장 1절 참고.

〈표 1〉 대상, 구술, 표기, 음독의 관계

대상(의미)	구술	표기	음독
줄기나 가지가 목질로 된 여러해살이 식물	[나무]	나무	[나무]
지평선이나 수평선 위로 보이는 무한대의 넓은 공간	[하늘]	하늘	[하늘]
몸을 싸서 가리거나 보호하기 위하여 피륙 따위로 만들어 입는 물건	[옫]	옷	[옫]
일정한 시설을 갖추어 놓고 음식을 만들고 설거지를 하는 등 식사에 관련된 일을 하는 곳	[부억]	부엌	[부억]

위 〈표 1〉을 보면 몇 가지 원리를 발견할 수 있다. 첫째, 구술과 음독은 일치한다. 구술과 음독이 일치해야 청자가 화자의 말을 이해하기 쉽기 때문이다. 구술을 표기할 때는 뜻을 밝혀 적는 방식과 소리 나는 대로 적는 방식의 두 가지 표기 방식이 가능하다. 이 중에서 현재 한글 맞춤법에서는 이 두 방식을 모두 반영하고 있다. 한글 맞춤법 제 1항은 '한글 맞춤법은 표준어를 소리대로 적되, 어법에 맞도록 함을 원칙으로 한다.'이다.

여기서 '소리대로 적되'는 구술되는 방식을 그대로 적는 방식을 의미하는데, 위 〈표 1〉의 '[나무]'와 '나무', '[하늘]'과 '하늘'의 관계가 그 예이다. '어법에 맞도록'은 뜻을 밝혀 적는 방식을 의미하는데, 위 〈표 1〉의 '[옫]'을 '옷'으로 적는 방식이 이에 해당한다. 만약 이들을 소리대로 적게 되면 동일한 의미를 지닌 '[옫](衣)'이 경우에 따라서는 '[오슬], [오시], [옫꼬름]'으로 소리 나므로 이들을 소리대로 표기하면 '오슬. 오시. 옫꼬름'으로 적게 되어, 표기된 낱말이 무엇을 의미하는지 파악하기 힘들게 된다. 그래서 '衣'를 뜻하는 표기는 모두 '옷'으로 적게 하였다. 이것은 필자에게는 표기 규칙을 학습해야 하는 부담을 주지만, 독자에게는 뜻을 파악하기 쉬운 편리함을 제공한다. 이 방식은 '어법에 맞도록'에 해당한다. 이런 방식에 의해 표기된 것을 글자로 적힌 그대로 읽으면 음독을 듣는 사람은 의미를 파악하기 힘들다. 그래서 음독은 구술과 동일하게 한다. 이 방식은 의사소통에 편리함을 주는 방식이다.

둘째, 구술과 표기, 표기와 음독이 일치하는 경우도 있고 일치하지 않는 경우도 있다. 일치하는 경우는 〈표 1〉에서 '나무'와 '하늘'에 해당하고 일치하지 않는 경우는 '[옫]과 옷', '[부억]과 부엌'이 해당한다. 앞서 살핀 바와 같이 구술과 표기를 일치시켰을 때 문제가 발생하지 않는 경우는 이 둘을 일치 시키고, 소리 나는 대로 표기했을 때 동일한 대상이 다르게 표기되어 의미 파악에 혼란이 생기는 경우는 뜻을 밝혀 적는 방식을 택하고 있다. 앞서 언급한 바와 같이 이 방식은 필자에게는 표기 규칙을 학습해야 하는 부담을 주지만 독자에게는 의미 파악을 수월하게 하는 효과가 있다. 이처럼 구술, 표기, 음독이 서로 관련성을 지니는 대상으로 인식할 필요가 있다.

나. 음소 관련 지식

단어의 뜻을 구분해 주는 말소리의 최소 단위를 음운이라 한다. 음운은 음소와 운소가 합쳐진 말이다. '[물](water)'과 '[불](fire)'은 [ㅜ], [ㄹ] 소리는 동일하고 첫소리가 하나는 [ㅁ]이고 다른 하나는 [ㅂ]이다. 즉, [ㅁ]과 [ㅂ]의 소리 차이에 의해 낱말의 의미가 달라졌다[6]. 다르게 표현하면 [ㅁ]과 [ㅂ]은 의미를 변별하는 기능을 가진 말소리라 할 수 있다. 이러한 방식을 적용해 보면, 한 언어에서 의미를 변별하는 기능을 하는 말소리의 목록이 만들어질 수 있는데, 이 목록에 포함된 소리를 음운이라 한다. 음운에 포함된 소리 중에서 속성에 따라 음소와 운소로 구분한다. 개별 단위로 쉽게 쪼갤 수 있는 것을 분절음(分節音, segment)이라고도 한다(유현경 외, 2018 : 47). 분절음은 다시 두 종류로 나뉘는데, 발음할 때 방해 여부에 따라 방해를 받는 자음(consonant)과 방해를 받지 않는 모음(vowel)으로 나눈다. 즉, 음소에는 자음과 모음이 포함된다.

이에 비해 운소는 음소와 달리 음소의 결합체에 얹혀서 실현될 뿐 홀로 실현되지 않으며 쪼갤 수 없는 소리이기 때문에 초분절음(初分節音, suprasegment)이라고도 한다(유현경 외, 2018 : 48). 운소의 종류에는 고저(高低), 장단(長短), 강세(强勢) 등이 있으나 현대 한국어에는 장단음 만 인정되고 있지만 기능은 점차 약화되고 있다.

음소와 운소에 관한 지식이 발음 지도에 어떻게 관여하는지 살펴보자. 모음은 음소 중에서 발음할 때 방해를 받지 않고 나는 소리라 하였다. 이 모음은 다시 발음되는 방식이나 구성 음소의 수에 따라 단모음과 이중모음으로 나눌 수 있다[7]. 단모음은 발음할 때 입의 모양이나 혀의 위치가

---

6 이런 경우를 '최소 대립쌍(minimal pair)'라 한다.

7 유현경 외(2018: 54)에는 모음을 단모음과 중모음으로 구분하고 중모음은 다시 이중 모음과 삼중 모음으로 구분하고 있으나 현대 국어에는 삼중 모음이 없으므로 본고에서는 단모음과 이중 모음으로 구분한다.

변하지 않는 모음이다(이진호, 2021 : 53). 이에 비해 이중 모음은 구성 면에서나 발음의 방법 면에서 단모음과 차이가 난다. 구성 면에서 이중 모음은 단모음과 반모음의 결합으로 구성되며, 발음 방법 면에서는 한 자리에서 다른 자리로 옮겨 가면서 내는 소리이므로 발음할 때 입술의 모양이나 혀의 위치가 한 번 바뀐다는 점이 단모음과의 차이점이다[8].

단모음을 분류하는 기준은 혀의 최고점의 전후 위치, 입술 모양[9], 혀의 높이이다. 이를 기준으로 하여 정리한 국어 단모음 체계는 아래 〈표 2〉와 같다. 이 표에서 발음 지도와 관련하여 눈여겨 볼 부분은 'ㅟ'와 'ㅚ'이다. 이 두 모음은 단모음인데 표준 발음법 제4항에서 이중 모음으로 발음하는 것을 허용하고 있다. 이 두 모음을 이중 모음으로 발음하는 경우를 문자로 표기하면 [ㅚ]의 경우는 '웨'로 나타낼 수 있다. [ㅟ]를 단모음으로 발음하는 경우와 이중 모음으로 발음하는 경우를 구별하여 표기할 수 없다.

〈표 2〉 국어 단모음 체계

혀의 높이 \ 혀의 전후 위치, 입술 모양	전설 모음		후설 모음	
	평순 모음	원순 모음	평순 모음	원순 모음
고모음[10]	ㅣ (i)	ㅟ(ü)	ㅡ(ɨ)	ㅜ(u)
중모음	ㅔ(e)	ㅚ(ö)	ㅓ (ʌ)	ㅗ(o)
저모음	ㅐ (ɛ)		ㅏ(a)	

발음 지도와 관련하여 위 〈표 2〉를 통해 점검할 사항이 몇 가지가 있다.

첫째, [ㅔ]와 [ㅐ]의 구별이다. 위 〈표 2〉를 보면 [ㅔ]와 [ㅐ]는 두 모음 모두 전설 모음이면서

---

8 이진호(2021), 유현경 외(2018)에는 이중 모음에 대한 견해가 소개되어 있으나 이는 학문적 탐구 측면에서는 중요한 내용이므로 이를 참고하기 바란다. 그러나 발음 지도를 위한 지식으로는 본고의 내용 정도로도 충분할 것으로 판단되어 이진호(2021), 유현경 외(2018)의 내용을 정리하였음을 밝힌다.

9 '입'의 모양이 아니라 '입술'의 모양이다. 입술을 둥글게 모아서 앞으로 내민 상태로 발음하는 것을 '원순 모음'이라 한다. [ㅏ]의 경우 발음할 때 입의 모양은 둥글지만 입술을 모아서 앞으로 내민 상태로 발음하는 경우가 아니므로 '평순 모음'으로 분류한다. 이 지식은 외국인들이나 다문화 가정 구성원들을 대상으로 하는 한국어 발음 교육에 유용하게 사용될 수 있다.

10 고모음, 중모음, 저모음은 혀의 높이를 기준으로 한 용어이고, 입벌림을 기준으로 폐모음, 반폐모음, 반개모음, 개모음으로 구분하기도 한다.

평순 모음이다. 다만 혀의 높이만 차이가 난다. 즉, [ㅐ]는 [ㅔ]보다 입을 약간 더 벌려서 내는 소리이다. 이로 인해 두 소리는 명확히 구분되지 않기도 하고, 소리만 듣고 표기를 정확히 하기도 쉽지 않다.[11]

둘째, [ㅜ]와 [ㅗ]의 구분이다. 이 둘은 모두 원순 모음이면서 후설 모음인데 입벌림의 정도만 차이가 난다. 이 두 모음은 이중 모음의 발음과 표기에도 관련이 있다. 일부 자료에는 [ㅘ]가 [ㅗ]와 [ㅏ]가 결합된 소리로, [ㅙ]는 [ㅗ]와 [ㅐ]가 결합된 소리로 설명된 경우가 있다. 이것은 오개념으로 보인다. 이중 모음은 반모음의 종류에 따라 구분하면 j(ㅣ)계 이중 모음과 w(ㅜ)계 이중 모음으로 구분할 수 있다. 이를 정리하면 다음 〈표 3〉과 같다[12].

〈표 3〉 반모음의 종류에 의한 구분

반모음	이중 모음
j(ㅣ)계 이중 모음	ㅑ(ja), ㅕ(jʌ), ㅛ(jo), ㅠ(ju), ㅒ(jɛ), ㅖ(je), ㅢ(ij)[13]
w(ㅜ)계 이중 모음	ㅘ(wa), ㅝ(wʌ), ㅙ(wɛ), ㅞ(we)

〈표 3〉을 보면 ㅘ(wa), ㅙ(wɛ)는 w(ㅜ)계 이중 모음에 속한다. 이 모음의 발음은 각각 반모음 w(ㅜ)에서 ㅏ(a)로, 반모음 w(ㅜ)에서 ㅐ(ɛ)로 옮겨 가면서 내는 소리이다. 즉, ㅘ(wa), ㅙ(wɛ)는 소리의 구성과 글자의 구성이 다른 경우이다. 유현경 외(2018: 60)에 반모음 w에 대해 '후설이면서 원순이되 혀의 높이는 고모음보다 높음'이라 설명되어 있다. 이 설명에 의하면 반모음 w는 'ㅜ(u)'보다 혀가 더 높은 상태에서 소리 나므로 'ㅗ(o)'와는 입벌림의 차이가 더 크게 난다고 볼 수 있다[14].

다음으로 자음을 살펴보자. 자음은 발음할 때 방해를 동반한 소리이다. 자음을 분류할 때는

---

11 이런 상황을 반영하여 현실 발음을 기준으로 한 현대 국어의 단모음을 ㅏ, ㅐ, ㅓ, ㅗ, ㅜ, ㅡ, ㅣ의 7개로 설정하기도 한다. 유현경 외(2018: 55) 참고.

12 유현경 외(2018: 64)를 참고함.

13 'ㅢ'를 'ㅡ'계 이중 모음으로 구분하기도 한다. 자세한 내용은 유현경 외(2018) 참조.

14 물론 실제로 'ㅗ'와 'ㅜ'를 발음할 때의 입벌림 차이는 크지 않다. 이진호(2021: 63)에 제시된 반모음의 한글 표기에 대한 설명을 참고할 수 있다.

위치, 방법을 기준으로 분류하는데, 이를 정리하면 아래 〈표 4〉와 같다.

〈표 4〉 자음 분류표

방식 \ 위치		순음	치조음	경구개음	연구개음	후음
파열음	평음	ㅂ	ㄷ		ㄱ	
	경음	ㅃ	ㄸ		ㄲ	
	격음	ㅍ	ㅌ		ㅋ	
파찰음	평음			ㅈ		
	경음			ㅉ		
	격음			ㅊ		
마찰음	평음		ㅅ			ㅎ
	경음		ㅆ			
비음		ㅁ	ㄴ		ㅇ	
유음			ㄹ			

3. 발음 지도 내용

최규홍(2015: 692)에서는 발음 교육의 위치를 문법 교육의 측면에서 논의하면 '문법 교육 〉 규범 교육 〉 표준어 교육 〉 표준 발음 교육'으로 설정할 수 있다고 제안한다. 구체적으로는 표준어 규정에 제시된 표준 발음법의 내용 중에서 초등학생들이 오류를 보이는 발음을 교정하는 방식으로 지도 내용을 구체화할 수 있다.

발음 지도의 내용에 대한 접근의 기초는 실제 언어생활을 토대로 할 필요가 있다. 실제 언어생활에서 의미를 가진 발음의 최소 단위는 단어이다. 학문적 단위로서는 음소, 음절, 단어, 구, 문장, 담화(글)이라는 단위를 고려할 수 있지만, 실제 생활에서는 단어를 기본 단위로 의사소통한다. 자음은 모음이 개입되지 않은 상태에서는 소리를 낼 수 없으므로 자음은 단독으로 소리가 나지 않는다. 모음은 단독으로 소리가 날 수 있지만, 하나의 모음만 소리 내는 것은 의사소통에 기여하지 못하므로 실제 언어생활에서는 모음만 소리 내는 경우는 거의 없다. 단어의 의미는 음소와 운소에 의해 달라지므로 단어 발음에 음운의 발음이 포함된다. 구나 문장의 경우 단어를 조합하여 발음하기 때문에 구나 문장의 발음은 단어 발음을 기본으로 한다. 이를 정리하면 아래 [그림 1]과 같다.

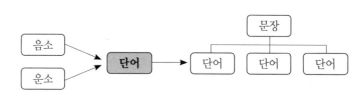

[그림 1] 음운, 단어, 문장의 발음 관계

[그림 1]을 발음 지도 내용 선정에 활용하자면 단어 발음을 중심으로 내용을 추가할 수 있다. 〈표 5〉는 발음 지도 내용 선정의 가이드 라인으로 활용할 수 있다. 즉, 〈표 5〉에 제시된 모든 내용을 지도 내용으로 선정해야 하는 것은 아니라는 의미이다.

〈표 5〉 단어 읽기 내용 상세화

활동	내용	구체화	세분화
단어 읽기	소리-표기 일치		표기된 대로 읽기
	소리-표기 불일치	연음	연음되는 낱말 읽기
		음운 변동	구개음화되는 낱말 읽기
			비음화되는 낱말 읽기
			유음화되는 낱말 읽기
			경음화되는 낱말 읽기
			'ㄴ', 'ㄹ' 첨가되는 낱말 읽기
			사이시옷 붙은 낱말 읽기

4. 발음 지도 방법

가. 음소 발음 지도

음소 발음 지도는 개별 모음과 자음의 발음을 정확하게 하도록 지도하는 것을 의미한다. 각각에 대해 간략히 살펴보면 다음과 같다.

(1) 모음 발음 지도

모음 발음 지도는 단모음 발음지도와 이중 모음 발음 지도로 나누어 살펴볼 수 있다. 단모음의 발음 지도는 위 〈표 2〉의 내용을 참고하여 지도한다. 혀의 높이(입벌림 정도)를 기준으로 할 때는 절대적인 기준을 적용하기보다는 상대적인 기준을 적용할 필요가 있다. 예를 들면 [ㅔ] 모음을 지도할 때는 입을 어느 정도 벌린다는 방식을 사용하기보다는 [ㅣ] 모음보다 입을 조금 더 벌린다는식으로 지도하는 것이다. 마찬가지로 [ㅔ]와 [ㅐ]을 지도할 때도 [ㅐ]는 [ㅔ]보다 입을 조금 더 많이 벌린다는 것을 인지하도록 지도할 필요가 있다. 원순 모음을 지도할 때도 평순 모음을 발음할 때보다 입술을 더 둥글게 모아서 앞으로 쭉 내밀어 발음하도록 지도할 필요가 있다.

이중 모음의 발음을 지도할 때는 반모음 j나 w에서 시작하여 재빨리 다른 모음으로 옮겨가도록 지도할 필요가 있다. 이것을 단계적으로 지도할 때는 처음에는 반모음에서 천천히 다른 모음으로 옮겨가도록 하고, 점차 시간을 줄여서 재빨리 다른 모음으로 발음하는 과정을 거치게 한다. 예를 들면, [ㅟ]를 발음할 경우 '[ㅜ]¹⁵~ ~ ~ ~ ~ [ㅓ]', '[ㅜ]~ ~ ~ [ㅓ]', '[ㅜ]~ [ㅓ]', '[ㅜ][ㅓ]', '[ㅟ]'로 발음하는 방식이다¹⁶.

---

15 이때의 [ㅜ]는 반모음 w 인데 이것을 한글로 표기할 수 없어서 편의상 [ㅜ]로 표기한 것이다.

16 ~ 개수가 많으면 최초 물결 앞의 모음을 더 길게 발음한다는 의미이다.

(2) 자음의 발음 지도

자음은 특성상 모음의 개입이 없이는 발음할 수 없다. 그러므로 자음의 발음을 지도할 때는 모음을 결합시켜 음절 단위로 지도할 수밖에 없다. 자음은 위 〈표 4〉에서 확인할 수 있는 바와 같이 위치와 방식에 따라 분류하므로 이를 발음 지도에 활용할 수 있다. 우선 위치를 중심으로 지도할 때는 해당 자음이 어느 위치에서 발음되는지 확인하도록 지도할 필요가 있다. 한국어를 모국어로 사용하는 사람들은 별다른 노력을 하지 않아도 해당되는 자음의 발음 위치를 정확히 인지할 수 있으나 간혹 그러하지 않은 경우도 있다. 예를 들어 [ㅅ]의 경우는 혀끝이 치조(잇몸)에 닿으면서 마찰이 일어나도록 하여 내는 소리이다. 어떤 사람들은 이 소리를 경구개와 치조 사이에서 마찰이 일어나도록 하여 발음하는 경우도 있다. 이 경우에는 [새]를 소리내기 직전에 입안의 움직임을 고정하여 혀가 입안의 어느 부위에 닿아 있는지를 학습자 스스로 확인하도록 지도할 수 있다. 다른 자음의 발음도 이와 같은 원리로 지도할 수 있다.

자음 조음 방식에 따라 지도할 때에는 학습자가 조음 방식의 차이를 느낄 수 있도록 지도하여야 한다. 보통 평음을 발음할 때에는 별다른 오류를 보이지 않는다. 그러나 경음과 격음은 발음 오류를 보이는 경우가 있다. 이들을 지도할 때도 평음, 경음, 격음을 따로 분리하여 지도할 것이 아니라 서로 관련되게 지도하여 소리의 차이를 인식하도록 할 필요가 있다. 예를 들어, [ㅂ], [ㅃ], [ㅍ]의 경우 실제 의미를 가진 낱말을 대상으로 '불', '뿔', '풀'을 발음하게 하여 그 차이를 인식하게 한다. 특히 격음의 경우, 발음하기 전에 자신의 손바닥을 입 앞에 입술 가까이에 대고 평음과 격음을 번갈아 발음하여 그 차이를 인식하게 하는 방법을 사용할 수 있다. 격음은 발음할 때 입안에서 센 기운이 순간적으로 뿜어져 나오는 것[17]을 느끼게 하여 그런 방식으로 발음하도록 할 수 있다. 경음은 목구멍 근처 근육이 단단하고 팽팽하게 된 상태에서 나는 소리이다. 이런 특성을 학습자가 신체적으로 느끼도록 지도할 필요가 있다.

---

17 이것을 '氣, aspiration'이라 하며, 격음을 유기음이라고하는 이유도 여기에 있다.

(3) 운소 발음 지도

앞서 살핀 바와 같이 운소에는 고저(高低), 장단(長短), 강세(强勢) 등이 있으나 현대 한국어에는 장단음만 인정되고 있으며, 운소의 기능은 점차 약화되고 있다. 표준 발음법 제6항과 제7항에 제시된 내용을 중심으로 지도하되 지도 방법은 동일한 음소로 이루어진 낱말 중에서 음의 장단에 의해서 의미가 구별되는 낱말을 대상으로 하여 서로 음의 길이를 비교하도록 하는 방법이 있다. 낱말의 의미는 그 낱말이 사용되는 구체적인 맥락이 제시되면 이해하기 쉬우므로 해당 낱말이 포함된 문장을 제시하여 발음하도록 하는 방법을 사용할 수 있다.

(예)

(1) ㄱ. 겨울에는 <u>눈이</u> 많이 내린다.

　 ㄴ. 그 사람은 <u>눈이</u> 밝아서 작은 바늘도 잘 찾는다.

　 ㄷ. 하늘에서 내린 ⓐ<u>눈이</u> ⓑ<u>눈에</u> 들어가서 녹은 물은 ⓒ<u>눈물</u>일까 ⓓ<u>눈물</u>일까?

위 (1)ㄱ의 '눈'은 [눈:]으로 장음으로 발음해야 하며, (1)ㄴ은 [눈]으로 장음이 아니다. (1)ㄷ의 ⓐ는 (1)ㄱ의 '눈'과 같고 (1)ㄷ의 ⓑ는 (1)ㄴ의 [눈]과 동일하다. (1)ㄷ의 ⓒ가 장음이라면 ⓓ는 단음이고 ⓒ가 단음이라면 ⓓ는 장음이다.

나. 낱말 발음 지도

낱말의 발음 오류는 개인적 요인도 있으나 지역 방언의 영향을 많이 받기도 한다. 낱말의 발음 지도는 표준 발음법에 어긋나는 낱말의 발음을 교정하는 데에 초점을 두어야 하며, 표준 발음과 오류가 있는 발음을 대조하여 지도할 수 있다. 학습자가 잘못 발음하는 낱말이 있으면 그 낱말의 표준발음을 들려주고 학습자가 둘의 차이를 인식할 수 있도록 해야 한다. 그렇게 하지 않으면 자신이 평소에 그 낱말을 표준 발음에 부합하지 않게 발음한다는 것을 인식할 수 없다. 영상 자료나 녹음 자료 등을 활용하여 자신의 발음과 표준 발음의 차이를 인식하고 표준 발음법에 맞게 발음할 수 있도록 지도할 필요가 있다.

제4장 [문법 지도]
2. 어휘

1. 어휘 교육의 개념과 중요성

가. 어휘 교육의 개념

어휘란 단어(낱말)들의 집합이다. 이때 집합은 일정한 범위를 가진 것을 뜻한다. 고유어 또는 표준어 등이 이에 해당한다. 사람들은 생각을 표현하는 단위로 문장을 사용한다. 그러기 때문에 문장의 문법적 의미를 '최소 생각의 단위'라고 표현하는 것이다. 하지만 문장을 생성하기 위해서는 '어휘'가 사용된다. 사람들은 일상생활 속에서 수많은 어휘를 사용한다. 어휘의 의미를 잘 알고 있어야 상대방의 말을 제대로 이해할 수 있고, 내 생각을 정확하고 적절하게 표현할 수 있는 것이다. 이런 측면에서 볼 때 어휘를 안다는 것은 어휘의 의미를 정확하게 이해하고, 상황에 맞게 적절하게 사용한다는 것을 포함한다.

어휘 교육은 어휘의 사전적 의미를 정확하게 파악하게 하고, 해당 어휘와 관련된 주변적인 것과의 관계까지 파악하게 하여 어휘의 개념을 형성하게 하며, 더 나아가 다양한 어휘를 원활하게 사용할 수 있도록 어휘력을 신장시키는 것을 말한다(신헌재 외, 2009). 즉, 어휘 교육은 어휘의 의미를 정확하게 이해하고, 어휘의 사용을 적절하게 표현하는 능력인 어휘력을 신장시키는 교육을 의미한다. 어휘 교육을 통해 학생들은 다른 사람들의 생각과 감정을 이해하고, 적절한 어휘를 사용하여 자신의 생각과 감정을 효과적으로 표현할 수 있을 것이다.

나. 어휘 교육의 중요성

어휘력은 오래전부터 강조되어 왔다. 최근에는 문해력에 대한 관심이 높아지면서 문해 능력에 가장 큰 영향을 미치는 어휘력에 대한 연구가 활발하게 이루어지고 있다. 어휘는 초기의 격차가 결손 누적으로 이어질 가능성이 높아 어휘력이 부족한 학생은 학년이 높아질수록 학교생활에 어려움을 겪을 가능성이 크다. 또한 텍스트의 가독성(이독성, Readability)을 결정할 때도 제일 먼저 고려하는 것도 어휘 난이도일 정도로 어휘력이 학습자에게 미치는 영향은 크다. 즉, 의사소통 과정과 학습 과정에서 학습자가 알고 있는 어휘가 부족하다면 자신의 생각과 감정을 바르고 효과적으로 표현할 수 없을 뿐만 아니라 다른 사람의 말과 글을 제대로 이해하지 못해 어려움을 겪게 되는 것이다.

루이사 쿡 모츠는 초등학교 1학년에 입학하는 아이들 가운데 언어적 혜택을 받은 학생과 그렇지 못한 경우의 어휘력 차이가 15,000단어 정도나 된다고 하였다. 그리고 로드 레스리와 베티 하트는 5세 기준으로 빈곤한 환경이 아이들이 평균적인 중산층 아이들보다 32,000단어가 차이가 난다고 하였다. 앤드로 바이밀러는 유아기의 낮은 어휘력이 초등학교 6학년이 될 때 어휘와 독해 모두 또래에 비해 약 3년 정도 뒤처지게 만든다고 한다(매리언 울프, 2019).

초등학생들은 학교 교육을 처음 시작하는 시기로 학습 상황에서 다양한 어휘를 만나게 되고, 여러 친구들과의 대화나 여러 가지 독서 활동을 통해 새로운 어휘를 만나게 된다. 이러한 시기에 어휘의 의미를 정확하게 익히고 어휘를 적절하게 사용할 수 있게 하는 교육은 학습 능력과 의사소통 능력을 기르는 데 필수적인 교육이라고 할 수 있다.

2. 어휘 교육의 내용

어휘 교육은 학습자의 어휘력을 신장시키는 데 목적이 있다. 어휘력은 어휘를 이해하고 사용하는 것을 말하므로 결국 어휘 교육은 어휘의 이해 능력과 표현 능력을 기르는 것이다. 어휘를 이해했다고 하는 것은 어휘의 형태적인 면, 의미적인 면, 사용적인 면에서 어휘를 알고 있다는 뜻이고, 어휘를 표현했다고 하는 것 역시 형태적인 면, 의미적인 면, 사용적인 면에서 이를 적절하게 표현했다는 것을 뜻한다.

또한 어휘 교육의 내용을 이해와 표현의 측면이 아니라 지식, 기능, 태도로 구분하여 제시하기도 한다. 이기연(2012)은 어휘 지식을 어휘 내적 지식과 어휘 외적 지식으로 구분하고, 어휘 기능을 변별, 추론, 정의, 생성으로 구분하였으며, 어휘 태도를 어휘 사용, 어휘 능력에 대한 태도로 구분하였다. 이 외에도 최규홍 외(2024)는 어휘 능력을 어휘 형태, 어휘 의미, 어휘 관계, 어휘 확장, 어휘 화용 측면으로 구분하고 이러한 내용이 평가의 대상이 되어야 함을 논의하기도 하였다.

〈표 6〉 어휘 능력의 구인

어휘 형태	어휘의 올바른 형태를 알고 있는가?
어휘 의미	어휘의 정확한 의미를 알고 있는가?
어휘 관계	어휘와 어휘의 관계를 이해하고 있는가?
어휘 확장	어휘의 중심적 의미와 확장적 의미를 구분할 수 있는가?
어휘 화용	어휘를 적절하게 사용할 수 있는가?

이러한 어휘력의 개념을 바탕으로 2022 개정 국어과 교육과정의 성취기준 중 어휘력과 관련이 있는 성취기준을 선정하면 다음과 같다.

[2국02-01] 글자, 단어, 문장, 짧은 글을 정확하게 소리내어 읽는다.

[2국03-01] 글자와 단어를 바르게 쓴다.

[2국04-02] 소리와 표기가 다를 수 있음을 알고 단어를 바르게 읽고 쓴다.

[4국04-01] 단어와 단거 간의 의미 관계를 파악한다.

[4국04-02] 단어를 분류하고 국어사전을 활용하여 능동적인 국어 활동을 한다.

[6국04-02] 표준어와 방언의 기능을 파악하고 언어 공동체와 국어생활과의 관계를 이해한다.

[6국04-03] 고유어와 관용 표현의 쓰임과 가치를 이해하고 상황에 맞게 표현한다.

[6국04-05] 글과 담화에 쓰인 시간 표현을 이해하고 상황에 맞게 표현한다.

[6국04-06] 글과 담화에 쓰인 단어 및 문장, 띄어쓰기를 민감하게 살펴 바르게 고치는 태도를 지닌다.

---

3. 어휘 교육 방법

어휘 교육 방법은 어휘 교육의 관점에 따라 구분할 수도 있고, 어휘 능력의 측면에서도 구분할 수 있다. 먼저 어휘 지도 관점에 따른 어휘 지도 방법은 학습자가 잘 모르는 어휘의 대략적인 뜻을 지도하는 데 관심을 두는 방식과 어휘의 의미를 개념 지식으로 지도하는 데 관심을 두는 방식으로 나뉜다. 강정일(2003)은 이러한 방식을 도구적 관점(풀이 중심)과 인지적 관점(개념 중심)으로 구분하여 다음의 〈표 7〉과 〈표 8〉로 제시한 바 있다.

〈표 7〉 풀이 중심 어휘 교육 방법

구분	사전적 뜻 익히기	문맥에서 뜻 익히기
교육 방법	• 사전에서 낱말 찾기 • 비슷한 말, 반대말 알기 • 어려운 낱말 뜻 풀이하기	• 글이나 문장에서 익히기 • 문장(글) 속에서 낱말 의미 추론
장점	• 의미의 명확한 이해 • 손쉽게 어휘 수 늘림 • 학년, 단원 관계없이 이용 용이	• 낱말의 다양한 의미 용법에 접근할 수 있음 • 실제 언어 사용 상황에서 전이도 높음 • 문장 이해력, 어법 등의 부수적 효과가 있음
단점	• 구체적 상황에서 낱말의 의미를 이해, 활용할 수 없음 • 개념을 충분히 익히기에 미흡	• 의미를 잘못 혹은 불확실하게 전달할 수 있음. • 많은 낱말 지도 시 부적합 • 시간과 노력이 많이 듦
한계	• 양적 어휘력 신장을 가져올 수 있으나 언어 사용 능력의 신장에 어려움	
개선 방안	• 두 방법을 병행해서 사용 　－사전/ 교사 설명 후 문맥 제시, 짧은 글짓기 　－문맥에서 의미 추측 후 사전 찾기/설명	

<표 8> 개념 중심 어휘 교육 방법

구분	의미자질 분석하기	의미지도 그리기	의미구조도 그리기
지도 방법	• 어휘의 범주화로 특질 파악(자질 제시–낱말제시–낱말자질 분석–낱말 간 차이 인식)	• 한 주제를 중심으로 관련된 낱말을 모두 동원하여 지도 그리기	• 낱말을 동일, 위계, 순차 구조 등의 의미망으로 도식화하기
장점	• 상위어, 하위어를 쉽게 파악 • 낱말 간의 관련성과 차이점을 명확히 인식 • 반대어, 유사어의 설명 용이	• 사전 경험 적극 활용 • 주제에 대한 개념 형성, 어휘 간 관련성 파악에 유용 • 읽기 전, 후 활용으로도 적절함	• 낱말 의미와 용법을 깊이 있고 정확하게 알게 함 • 낱말 개념상의 차이점, 유사점, 위계성 등을 명확히 인식하게 함
단점	• 복잡한 낱말의 자질 구성 시 전문가적 기술이 필요 • 시간과 노력이 많이 들 수 있음	• 낱말의 뜻을 명시적으로 제시하는데 미흡 • 시간과 노력이 많이 들 수 있음	• 낱말의 뜻을 명시적으로 제시하는 데 미흡 • 어느 정도의 지적 능력이 필요
한계	• 활동만으로 그칠 위험이 있음.		
개선 방안	• 학년이나 낱말 특성에 맞추어 조정하여 사용하되, 처음에는 가급적 쉬운 것부터 출발 • 범주화 연습: 처음에는 의미에 따라 범주화하기보다 첫 글자 같은 것, 동물/식물 등으로 범주화에 익숙해지게 함.		

학습자들이 배우게 되는 교육용 어휘는 크게 세 가지로 구분할 수 있다. 먼저 일상생활 속에서 이미 자연스럽게 익혔거나 생활 속에서 주로 사용되는 생활 어휘(예, 친구, 가족 등)가 있고, 다음으로 특정 교과 학습 상황에서 해당 교과 학습을 배우는 데 도움이 되는 교과 어휘(예, 맞춤법, 분수 등)가 있으며, 끝으로 학습자의 사고 작용을 동반하는 사고 어휘(예, 설명, 분석 등)가 있다.

생활 어휘는 학습자들이 새롭게 익혀야 할 어휘들도 있지만 이미 알고 있는 어휘들도 많다. 그러므로 이미 알고 있는 어휘들은 체계화, 범주화 과정을 통해 상황에 알맞게 사용하게 할 필요가 있다. 즉, 알고 있는 어휘를 활용하는 것에 중점을 두되 새롭게 나오는 어휘에 대해서는 이해하게 하는 것이다. 교과 어휘는 특정 교과에서 그 개념을 학습하게 된다. 그러므로 개념을 새롭게 설명하거나 학습할 필요 없이 어휘를 사용할 수 있게 지도하면 된다. 즉, 활용에 중점을 두고 어휘를 지도할 필요가 있다. 사고 어휘는 모든 교과에서 사용하고 있는 어휘이나 그 개념을 정확하게 익히지 못하여 적절하게 사용하지 못하는 경우가 많다. 그러므로 사고 어휘는 어휘의 의미를 이해하는 것에 중점을 두고 지도하되 적절한 상황에서 사용할 수 있게 할 필요가 있다.

이에 여기서는 어휘의 의미를 익히는 것에 초점을 둔 '이해하기'와 어휘를 사용하는 것에 초점을 둔 '활용하기'로 구분하여 어휘 교육 방법을 살펴보고자 한다.

가. 어휘 이해하기

어휘 이해하기 전략은 모르는 낱말의 의미를 학습하는 것에 초점을 둔 전략이다. 많은 어휘 학습 전략들이 어휘의 의미를 정확히 익히지 않은 채 어휘를 활용하여 다양한 활동을 하는 것에 초점을 두고 있다. 따라서 어휘의 종류에 따라서 어휘 이해하기 학습도 함께 병행되어야 할 것이다.

(1) 사전 찾기

어휘의 의미를 이해하기 위해서 가장 쉽게 할 수 있는 방법이 사전 찾기이다. 사전의 사전적 정의는 '여러 가지 사항을 모아 일정한 순서로 배열하고 그 각각에 해설을 붙인 책'이다. 즉, 국어의 의미를 이해하기 위해서는 국어 사전을 찾은 것이 가장 쉬운 방법이다. 따라서 사전에서 어휘의 의미를 찾게 하기 위해서는 사전을 찾는 방법을 지도해야 한다.

사전 찾기를 지도할 때는 ① 사전의 개념 이해, ② 사전에 실리는 단어의 순서(자모음자 순서), ③ 여러 낱말이 있을 경우 적절한 낱말 찾기를 지도해야 한다. 이와 더불어 두 가지를 추가로 지도할 필요가 있는데 첫째, 사전을 펼쳤을 때 좌우측 상단에 있는 표제어에 대해 이해하게 함으로써 빠르게 필요한 단어를 찾을 수 있게 한다. 둘째, 사전에 사용된 용례를 함께 익힐 수 있게 한다. 사전을 통해 익힌 의미는 단어 그 자체의 의미이므로 결국 표현을 고려할 때 문장을 함께 익힐 필요가 있다는 것이다.

낱말의 의미를 이해하기 위한 방법으로 문맥을 활용하는 방법이 있다. 이는 문장 속에 쓰인 어휘의 의미를 앞뒤 문장의 내용과 연관 지어 낱말의 의미를 유추하게 하는 방법이다. 하지만 유추한 의미의 정오를 판단할 수 없으므로 나중에는 결국 사전을 찾아 확인을 해야 한다. 그러므로 별도의 방법으로 제시하지 않고 이 항에서 붙여 설명하였다.

(2) 예측 가능한 책(predictable book) 읽기

예측 가능한 책은 아이들이 책을 읽으면서 다음에 무슨 말이 나올 수 있도록 예측할 수 있도록 책이다. 예측 가능한 책은 학습 대상 어휘를 반복적으로 제시함으로써 책을 읽어가는 과정에서 어휘 학습이 자연스럽게 이루어질 수 있게 도움을 주는 책이다. 초등학교 저학년 시기에는 그림과 함께 학습 대상 어휘를 반복적으로 노출시킴으로써 어휘 학습이 자연스럽게 이루어질 수 있게 한다. 예를 들어 동작 관련 어휘를 익히게 할 목적이라면 '앉다, 서다, 잡다, 던지다' 등의 어휘를 그림과 함께 지속적으로 노출시켜 학습자가 의미를 익힐 수 있게 하는 것이다.

[그림 2] 곰 사냥을 떠나자(마이클 로젠, 2022)

(3) 시각적 변별하기

시각적 변별하기는 그림으로 어휘를 익힌다는 점에서는 다른 활동과 유사할 수 있으나 대상 어휘들이 그림을 사용하지 않고 문자만으로 어휘의 의미를 익힐 때 혼란을 줄 수 있는 어휘를 대상으로 한다는 점에서 차별화를 할 수 있다. 학생들이 의미의 혼란을 겪는 어휘는 크게 두 종류로 구분할 수 있는데 첫째, 표기는 다르나 소릿값이 같은 어휘들이다. 이는 '반드시 – 반듯이, 걸음 – 거름, 느리다 – 늘이다' 등 문자 기호로만 변별이 어려운 어휘들이다. 둘째, 표기도 다르고 의미도 다르나 비슷한 표기로 인하여 혼란을 주는 어휘들이다. 이는 '잃다 – 잊다, 가르치다 – 가리키다, 작다 – 적다' 등의 어휘로 처음에 의미를 명확하게 익히지 않으면 혼란을 줄 수 있는 어휘들이다. 이 방법은 현재 초등학교 교과서에서도 많이 사용하는 방법이다.

[그림 3] 초등학교 1~2학년군 교과서

(4) 형태 분석하기

단어의 형태를 분석하여 어휘를 익히는 것은 낱말의 조어법을 익히게 되는 시기에 지도하기 적절하다. 형태를 분석하여 지도하는 것은 접두사나 접미사의 개념을 이해하여 해당 접사가 포함된 어휘를 계열별로 학습하게 함으로써 생산적인 어휘 학습을 하게 하는 것이다. 예를 들어 '헛–'이라는 접두사가 '이유 없이, 보람 없는, 잘못'이라는 뜻을 더해 준다(한정한다)는 것을 익히고 나면 '헛–'이 붙은 '헛걸음, 헛고생, 헛소문, 헛디디다, 헛살다' 등의 여러 낱말의 뜻을 자연스럽게 익힐 수 있게 된다.

나. 어휘 활용하기

어휘 활용하기 전략은 어휘의 사전적 의미를 어느 정도 알고 있는 상태에서 어휘의 이해 능력과 표현 능력을 향상하기 위해 사용할 수 있는 전략이다. 즉, 이미 알고 있는 어휘를 활용해 어휘의 의미를 더 정교하게 학습하거나 의미 간의 관계, 표현 등의 활동을 하는 것을 뜻한다.

(1) 어휘 놀이하기

어휘 놀이 전략은 학습자의 흥미를 유발하고 적극적이고 지속적으로 학습에 참여 할 수 있게 하는 방법이다. 어휘 놀이는 다시 형태 활용 놀이와 의미 활용 놀이로 구분할 수 있다. 형태 활용 놀이는 어휘 찾기 놀이, 동음절 연상 놀이 등이 있다. 어휘 찾기 놀이는 음절 단위로 나뉘어진 글자판을 가지고 어휘를 찾게 하는 방법 등이 있고, 동음절 연상 놀이는 끝말잇기, 같은 소리로 시작하는 낱말 말하기 등이 있다.

　의미 활용 놀이는 낱말의 의미 바탕으로 이루어지는 놀이로 십자말 풀이, '넓다넓다 놀이[18]', '꼬리따기 말놀이[19]', '말 덧붙이기 놀이[20]' 등이 있다.

(2) 어휘 범주화하기

　어휘 범주화는 그림이나 표 등을 이용하여 어휘의 포함 관계나 연상 관계 등을 시각적으로 나타내는 전략이다. 이는 가시적인 효과과 함께 어휘의 의미 관계, 어휘의 의미장 등을 함께 학습할 수 있다. 대표적인 방법으로는 '관련 어휘 묶기', '의미 관계 그리기' 등이 있는데 '관련 어휘 묶기'는 '얼굴과 관련된 어휘', '학교와 관련된 어휘' 등으로 주제와 관련된 어휘의 범주화를 해 보는 것이다.

[그림 4] 관련 어휘 묶기(EBS, 2020)

　이때 해당 어휘에 연상되는 어휘를 결합하는 표현 활동으로 확장할 수 있다. 예를 들어 얼굴 관련 어휘로 '눈, 코, 입, 귀'를 떠올리도록 한다. 그리고 각각의 신체 부위를 통해 할 수 있는 동작어휘로 '보다, 맡다, 먹다, 듣다'를 떠올리게 하고, 동작의 대상이 되는 어휘로 '색깔, 냄새,

---

18 넓다넓다 – 바다가 넓다 – 넓다넓다 – 하늘이 넓다 등 / 깊다깊다, 얇다얇다 등으로 변형

19 원숭이 엉덩이는 빨개 – 빨가면 사과 – 사과는 ~ 등

20 과일가게에 가면 – 사과도 있고 – 사과도 있고 배도 있고 등

음식, 동물소리' 등을 떠올리게 한다. 그 다음 이 어휘를 연결하여 문장을 만들도록 하는 활동으로 확장할 수 있다.

이외에도 어휘 의미의 반의 관계, 유의 관계, 포함 관계 등을 활용하여 위계 구조, 순차 구조 등으로 시각화하는 방법도 있다.

[그림 5] 낱말의 의미 관계 그리기(한국교육과정평가원, 2021)

(3) 의미 자질 분석하기

의미 자질 분석하기는 대략적인 의미를 알고 있는 어휘를 대상으로 해당 어휘의 개념을 정교화 하기 위해 대상 어휘와 비슷한 범주에 있는 어휘를 가지고 자질을 비교 분석하는 방법이다. 한 낱말의 의미나 개념은 그 낱말의 의미를 구성하고 있는 의미 자질의 총합으로 볼 수 있기 때문에 낱말이 가진 의미 자질을 분석하여 개념을 정교화 하는 것이다.

의미 자질 분석하기의 절차는 ① 범주 선택하기, ② 범주에 해당하는 단어 나열하기, ③ 자질들을 나열하고 추가하기, ④ 단어가 가진 자질 결정하기, ⑤ 자질 추가하기, ⑥ 표 완성하기, ⑦ 결과 토의하기이다(피텔만 등, 1991. 강정일, 2003. 재인용).

이 방법은 낱말의 의미를 정확하게 알 수 있다는 장점이 있으나 의미의 자질을 찾아내기 어렵고 시간이 많이 걸린다는 단점이 있다.

〈표 9〉 의미 자질 분석(한국교육과정평가원, 2020)

	진흙으로 이루어짐	물이 드나듦	…
갯벌	+	+	
모래사장	−	+	
늪지대	+	−	
…			

(4) 어휘 표현하기

어휘력에서 어휘를 이해하는 것만큼 중요한 것이 어휘를 표현하는 것이다. 어휘를 표현한다는 것은 말하기 또는 쓰기 과정에서 어휘를 활용해 문장을 만들거나 의사소통을 하는 것이다. 학습 과정에서 의도적으로 어휘를 활용한 의사소통은 어렵다는 측면을 고려할 때 어휘를 문장으로 표현하게 하는 활동은 어휘력을 기르는 데 있어 매우 중요한 활동이다.

어휘 표현 전략은 어휘를 적절하게 사용하는 것에 초점을 두고 자신의 생각을 문장으로 나타내는 것을 뜻한다. 이 전략도 교체와 생성으로 구분할 수 있다. '교체'는 문장을 주고 해당 어휘를 유의어나, 상위어로 교체하는 활동이고, '생성'은 반의어를 활용해 반대의 문장을 만들거나 해당 낱말을 활용해 새로운 문장을 만드는 활동이다.

제4장 [문법 지도]
3. 맞춤법

1. 맞춤법 지도의 개념과 필요성

가. 맞춤법의 개념과 유사 용어

일반적으로 맞춤법은 한글로 한국어를 표기하는 규칙 또는 '한글 맞춤법(1988)'의 동의어로 쓰인다(최규홍, 2011: 441). 한글 맞춤법은 어문 규범의 하나이다. 현재 우리나라의 어문 규범은 한글 맞춤법, 표준어 규정, 외래어 표기법, 국어의 로마자 표기법으로 구성되어 있다. 이 중에서 한글 맞춤법은 표준어를 문자로 표기하는 규칙을 담고 있으며, 표준어 규정은 표준어를 정하는 사정 원칙과 표준어의 바른 발음에 관한 내용을 담고 있다. 외래어 표기법은 외래어를 한글로 표기하는 데 필요한 규정이고 국어의 로마자 표기법은 한국어 낱말을 알파벳으로 표기하는 내용을 담고 있는 규정이다. 이들 네 가지 규정은 서로 독립적인 내용 영역을 가지면서도 서로 관련성도 가지고 있다.

맞춤법과 유사한 용어로는 철자법, 정서법, 표기법 등이 있다. 사전적 의미를 살펴보면 표준국어대사전의 뜻풀이는 다음 (ㄱ)과 같다.

(ㄱ)
맞춤—법(맞춤法):「명사」「1」『언어』어떤 문자로써 한 언어를 표기하는 규칙. 또는 단어별로 굳어진 표기 관습.≒정서법, 정자법, 철자법.

철자-법(綴字法): 「명사」『언어』 어떤 문자로써 한 언어를 표기하는 규칙. 또는 단어별로
　　　　　　　　 굳어진 표기 관습.=맞춤법.

정서-법(正書法): 「명사」『언어』 어떤 문자로써 한 언어를 표기하는 규칙. 또는 단어별로
　　　　　　　　 굳어진 표기 관습.=맞춤법.

표기-법(表記法): 「명사」『언어』 부호나 문자로써 한 언어를 표기하는 규칙.

사전적 정의를 보면 맞춤법, 철자법, 정서법은 의미하는 바가 유사하다. 이에 비해 표기법은
좀 더 상위 개념에 해당한다. 학문적 정의를 살펴보면, 이익섭(2004: 241)에는 아래 (ㄴ)과
같은 설명이 제시되어 있다.

(ㄴ)
어떤 문자로써 한 언어를 표기하는 규칙을 흔히 정서법(正書法, orthography)이라 한다.
표기법(表記法)이라는 용어도 널리 쓰인다. 맞춤법이란 철자법(綴字法)에 대한 새 조어(造語)
인데 철자(綴字 spelling)하는 법, 즉 글자를 맞추어 나가는 법이라는 의미로 만들어진 이름이
므로 결국 정서법과 같은 의미를 가진다.

위의 (ㄱ), (ㄴ)을 보면 맞춤법과 유사한 용어들은 미세한 차이[21]는 있으나 의미의 차이는 크지
않음을 알 수 있다.

나. 맞춤법 지도의 필요성

맞춤법의 대상이 되는 언어 단위는 주로 단어이다. 단어를 표기법에 맞게 표기하도록 지도하는
것이 맞춤법 지도이다. 맞춤법 지도의 의의는 다음과 같이 정리할 수 있다.

첫째, 맞춤법에 맞게 표기하는 것은 문장 쓰기의 기초이다. 문장 쓰기는 자신의 생각을 문장으
로 드러내는 것인데, 형식적인 면에서 문장은 단어가 모여서 구성된 단위이다. 내용적인 면에서

---

[21] 이익섭(1992)에는 다음과 같은 설명이 있다. "정서법'은 '표기법'과 '작문' 전반에 걸친 개념으로 '맞춤법, 철자법'보다
넓게 쓰이며, '표기법'은 학술적으로 잘 쓰이고,' 외래어 표기법, 국어의 로마자 표기법'을 포함할 수 있으며, '철자법'은
'맞춤법'보다도 더 좁게 쓰인다.'

도 문장은 단어로 구성된다. 이때의 단어는 성질에 따라 실질적 의미를 가지는 단어와 문법적 의미를 가지는 단어로 나누어 볼 수 있다[22]. 즉, 문장은 개념들 간의 관계를 나타낸 것인데, 개념을 담당하는 부분이 실질적 의미를 가지는 단어이고, 관계를 맺는 기능을 하는 것이 문법적 의미를 가지는 단어이다. 이때 자신이 드러내고자 하는 의미를 맞춤법에 맞게 표기해야 독자가 그 의미를 바르게 해석할 수 있다. 이처럼 단어를 맞춤법에 맞게 표기하는 것은 문장 구성의 기본 요소라는 점에서 중요하다.

둘째, 쓰기 유창성 향상을 위해 단어 쓰기를 익혀야 한다. 글을 쓴다는 것은 자신의 사고를 언어로 표기하는 것인데, 글은 문장이 모여서 하나의 텍스트를 구성하게 된다. 문장은 단어로 구성되는데 단어를 표기하는 것이 능숙하지 않으면 작문의 속도가 느려지게 된다. 작문의 속도가 느려지면 필자의 사고가 작문의 내용 생성에 초점을 두지 못하고, 표기에 초점을 두게 되어 작문 활동이 원활하게 이루어질 수 없다. 이런 문제점을 해결하기 위해서는 단어를 정확하고 신속하게 표기할 수 있도록 지도해야 한다.

셋째, 단어를 정확하게 표기하는 것은 표기와 구술, 음독[23]과의 관계를 인식하게 한다. 앞서 살핀 바와 같이 단어를 표기하는 것은 대상의 의미나 대상을 지칭하는 음성을 문자로 표기하는 것인데, 표기된 것을 소리 내어 읽는 음독과도 관련된다.

2. 맞춤법 지도를 위한 기본 지식

가. 문자, 자, 자모, 음절자

맞춤법은 표기와 관련이 있다. 맞춤법 지도를 위해서는 표기와 관련된 용어의 의미를 파악할 필요가 있다. 문자와 관련된 용어 중 문자, 자, 자모, 음절자에 대한 개념을 이익섭(1992)에

---

[22] 더 정확한 의미로는 실질 형태소와 형식 형태소이다.

[23] 여기서의 '구술'은 문자가 개입되지 않은 상황을 의미하며, 음독은 문자로 표기된 것을 소리 내어 읽는 것을 의미한다.

정리된 내용을 중심으로 살펴보면 다음 (ㄷ)과 같다[24].

(ㄷ)
① 文字(writing, script): 서사 기호의 전체 기호를 가리키는 용어.
② 字(=글자, 낱자): 다음 ㉠, ㉡의 영역을 다 가리킨다.
  ㉠ 어떤 문자의 개개 기호를 가리키는 용어. letter, sign에 해당 〈ㄱ, ㄴ, ㄷ, … ㅏ, ㅑ, …… a, b, c……〉 등을 가리킨다.
  ㉡ 자·모음자가 합쳐 이루어진 개개의 音節字(音節合字)를 뜻하는 용어. character나 logogram에 해당. 〈가, 國〉, 民, か, ま…〉 등을 가리킨다.
③ 字母(alphabet): 음소문자, 즉 자모문자의 낱자를 가리킨다.
④ 音節字(=음절합자, syllabograph, alphabetic syllabary): 음절 단위의 글자를 가리키는 용어

①의 문자(文字)는 한국어를 표기하는 한글, 영어를 표기하는 alphabet, 중국어를 표기하는 한자, 일본어를 표기하는 가나(かな)처럼 한 언어를 표기하는 문자 체계를 의미한다. ②의 자(字)는 때로는 ㉠의 의미로 때로는 ㉡의 의미로 사용된다. '자음자', '모음자'에 사용된 밑줄 친 '자'가 이에 해당한다. 이때의 '자(字)'는 발음과 관련해서는 '음소'와 대응된다. ㉡에 해당하는 '자(字)'는 한 글자에 해당하는 의미로 발음에서의 '음절'에 대응된다. ③은 자음과 모음으로 이루어진 문장의 낱자를 의미한다. 모든 음성 언어는 자음과 모음으로 나눌 수 있으나 이것을 표기하는 문자는 음소 단위로 나타낼 수도 있고(한글이나 알파벳), 음절 단위로 나타낼 수도(일본어를 표기하는 가나문자) 있는데, 전자를 가리키는 용어로 ③을 사용한다. ④는 한글처럼 음절 단위로 표기하는 문자의 한 글자를 의미한다. 한글은 음소 문자인데(자음자와 모음자가 나뉘어져 있음), 글자로 표현할 때는 자음자와 모음자를 조합하여 음절 단위로 표현한다. 예를 들어 『교육』 일정한 목적·교과 과정·설비·제도 및 법규에 의하여 계속적으로 학생에게 교육을 실시하는 기관.'을 의미하는 낱말을 표기할 때 'ㅎㅏㄱㄱㅛ'처럼 자음자와 모음자를 나열하여 표기하지 않고 '학교'처럼 모아쓰기 방식으로 표기하는데, '학', '교' 이 각각이 음절자에 해당한다. 알파벳은 음소 문자이지만 영어를 표기할 때는 'school'처럼 음소를 나열하는 방식을 사용한다. 이것은 음절자는 아니다.

---

24 이익섭(1992: 11-15)의 내용을 정리함. 번호 체계는 본고 집필자가 부여함.

나. 연철, 분철

다음은 표기 방식과 관련된 몇 가지 용어를 살펴보고자 한다. 한글은 자모문자이면서도 음절 단위의 합자법을 채택하였기 때문에 일반 자모문자가 가지고 있지 않는 맞춤법 문제를 하나 가지게 되었다(이익섭, 2004:242). 맞춤법은 표기와 관련 있는데, 모아쓰기에도 두 가지 다른 방식이 있는데 하나는 분철이고 다른 하나는 연철이다[25]. 연철은 앞 형태소가 자음으로 끝나고(받침이 있고), 모음으로 시작하는 형태소가 결합할 때 앞 형태소의 받침소리를 다음 소리로 내려 적는 방식이고, 앞 형태소의 받침으로 표기하는 방식은 분철이다. 예를 들어, '사람'에 주격 조사 '이'가 결합할 경우 형태소 분석을 하면 [사람]+[이]가 되는데 구술은 [사라미]가 된다. 구술한 대로 '사라미'로 표기하는 방식이 연철이고, 형태를 밝혀 적으면 '사람이'가 되는데 이것은 분철이다. 연철과 분철은 옳고 그름의 문제로 접근할 대상이 아니라 선택의 문제이다. 두 방식 모두 가능한 표기 방식인데 어느 방식을 선택할 것인가의 문제이다.

이 지식은 표기 지도를 할 때 학습자의 상태를 점검하는 일과 관련하여 중요성을 갖는다. 아래 (ㄹ)을 보자.

(ㄹ)

①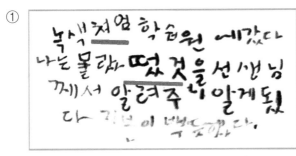

②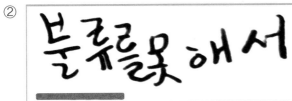

---

25 민현식(2008)에는 연철, 분철, 중철을 제시하는데, 중철의 경우 현재 맞춤법과는 다른 두 방식과 비교하였을 때 상대적으로 관련성이 적으므로 여기서는 다루지 않는다.

위 (ㄹ)은 초등학생이 쓴 문장이다. ①의 밑줄 쳐진 부분은 '체험', '던'을 잘못 표기한 것이다. 이 학생은 해당 낱말의 소리를 문자로 나타내는 것에 익숙하지 않은 상태이다. 이에 비해 ②의 밑줄 쳐진 낱말은 '분류'를 잘못 표기한 경우이다. 이 학생은 음성을 문자화하는 능력은 있으나 표기법에 맞게 표기하는 것이 서툰 상태이다. 왜냐하면 '분류'는 [불류]로 소리 나기 때문에 소리 나는 대로 적은 것이기 때문이다. 이런 학생들을 지도하기 위해서는 이 두 학생의 상태가 다르다는 점을 알아야 한다. 특히 ②의 경우는 틀리게 표기한 것이 아니라 현재 우리나라가 선택한 표기법에 맞지 않게 표기한 것이라 생각하는 것이 타당하다. 즉, 앞서 살펴본 표기 방식인 분철, 연철의 문제와 관련되며 이것은 음소문자를 모아쓰기 방식으로 음절 단위로 표기하는 한글 쓰기의 특성에 기인한다. 그러므로 분철, 연철과 관련된 내용은 학습자의 표기 지도에 필요한 지식이다.

3. 맞춤법 지도 내용

맞춤법 지도 내용은 주로 단어 표기와 관련이 있다. 맞춤법 지도 내용은 소리와 표기가 일치하는 낱말 표기 지도와 소리와 표기가 일치하지 않는 낱말 표기로 나눌 수 있다. 이에 관한 전체 내용은 한글 맞춤법의 내용 전체에 해당한다. 관련 내용은 아래 〈표 10〉과 같다.

〈표 10〉 표기 지도 내용

활동	내용	1차 세분화	2차 세분화	사례 및 관련 자료
단어 쓰기	소리-표기 일치	소리 나는 대로 쓰기		한글 맞춤법 1항
	소리-표기 불일치	연음	연음되는 단어 표기	한글 맞춤법 14항, 15항
		음운 변동	경음화되는 단어 표기	한글 맞춤법 5항
			구개음화되는 단어 표기	한글 맞춤법 6항
			'ㅐ'로 소리나는 모음 'ㅒ'로 표기	한글 맞춤법 8항
			'ㅣ'소리 나는 모음 'ㅢ'표기	한글 맞춤법 9항
			두음 법칙에 해당하는 단어 표기	한글 맞춤법 10항–12항
		사이시옷	사이시옷을 표기해야 하는 낱말	한글 맞춤법 30항

〈표 10〉의 내용은 표기 지도 내용 선정의 가이드라인으로 활용할 수 있다. 이 표에 제시된 모든 내용을 지도 내용으로 선정해야 하는 것도 아니고, 이 표의 순서대로 지도해야 하는 것도 아니다.

표기 지도 내용을 선정할 때는 실제 표기 오류가 많은 낱말을 중심으로 할 수도 있다. 몇몇 연구물에서 보이는 오류 예를 정리하면 다음과 같다.

최규홍(2011)에는 'ㅐ'와 'ㅔ'의 혼동, 받침 글자 'ㅎ, ㅅ'의 혼동, 겹받침의 혼동으로 유형화하였고, 이창근(2013)은 준말, 어간, 어미, 기타로 분류하였다. 문정은(2017)은 단모음 'ㅐ'와 'ㅔ'의 혼동, 이중모음, 음운 변동, 연음 현상, 구어적 발음 변이로 구분하였다. 서경희(2016)에는 음운 규칙이 없는 낱말에서 나타나는 오류, 연음화가 적용되는 낱말에서 나타나는 오류, 경음화가 적용되는 낱말에서 나타나는 오류, 구개음화가 적용되는 낱말에서 나타나는 오류, 유음화가 적용되는 낱말에서 나타나는 오류, 비음화가 적용되는 낱말에서 나타나는 오류, 기식음화가 적용되는 낱말에서 나타나는 오류, 겹받침 낱말 쓰기에서 나타나는 오류로 구분하였다.

위 연구를 통해 정리해 보면, 소리와 표기가 일치하는 낱말보다는 소리와 표기가 일치하지 않는 낱말에서 오류가 많음을 알 수 있다. 또 모음의 경우 단모음보다는 이중 모음에서 오류가 많다.

4. 맞춤법 지도 방법

기존 연구에서 보이는 맞춤법 지도 방법을 소개하면 다음과 같다. 최규홍(2011)에서는 실제를 중심으로 한 맞춤법 지도, 원리를 강조한 맞춤법 지도, 언어 인식(languageawareness)을 중심으로 한 맞춤법 지도를 제안한다. 문정은(2017)에서는 발음과 표기의 연계를 통한 맞춤법 교정 지도, 실제적 맞춤법 교정 지도, 탐구 학습을 통한 맞춤법 교정 지도를 제안한다. 이 중에서 최규홍(2011)에서 제안한 지도 원리에 대해 살펴보고자 한다.

최규홍(2011)에 제시된 지도 방법 중 첫째는 실제를 중심으로 한 맞춤법 지도이다. 실제를 중심으로 한다는 의미는 학생들이 실제 사용하는 어휘를 중심으로 이루어져야 한다는 의미이다. 이 연구에서는 '맏이'라는 낱말을 예로 들어 (ㅁ)과 같이 설명하고 있다.

(ㅁ)

예를 들어 '맏이'라는 낱말은 일상생활에 많이 쓰이는 낱말로 구개음화 현상이 일어나는 소리와 표기가 다른 낱말이다. 한글 맞춤법 규정에서도 예시 자료로 들고 있을 정도로 일반적으로 사용되는 낱말이나 기초학력 진단 평가가 수업 장면에서 학생들이 낱말을 모르고 있는 경우가 많다. 최근에 한 가정에 한 아이만 있는 가구들이 늘어나면서 '맏이'라는 말을 사용하는 경우가 줄어든 것이다. 문법적으로 기초적인 것이지만 인지적으로는 어려움을 느낀다는 것이다.

위 (ㅁ)을 보면 동일한 음운 변동을 보이는 어휘여도 학습자가 느끼는 친숙도가 높은 낱말을 대상으로 지도해야 한다는 점을 강조하고 있다.

둘째, 원리를 강조한 맞춤법 지도는 개념에 대한 정확성을 가지게 하는 것을 목적으로 하는 지도 방법이다. 원리를 익히면 전이력과 적용력을 높일 수 있다는 장점이 있다. 원리를 강조한 맞춤법 지도 모형은 다음 〈표 11〉과 같다.

〈표 11〉 원리를 강조한 맞춤법 지도 모형(PEQI)

단계	주요 활동
준비하기 (Preparation)	• 사전 지식 진단 • 학습 흥미 및 동기 유발 • 학습목표 제시 및 순서 안내
설명하기 (Explanation)	• 개념이나 지식의 제시 및 설명 • 개념이나 지식의 체계화 • 개념이나 지식의 적용 방법 안내
질문하기 (Question)	• 개념 이해 확인을 위한 질문 • 학생의 질문에 대한 대답 및 보충 • 중요 개념에 대한 재확인
점검하기 (Inspection)	• 활동을 통한 개념 이해 확인 • 다른 상황에 대한 적용 • 학습 활동 정리

셋째, 언어 인식(languageawareness)을 중심으로 한 맞춤법 지도 방법이다. 이 방법은 학습자 자신이 사용한 언어를 인식한 다음 이를 점검하고 보완하여 다른 사용 상황에서 적용할 수 있도록 지도하는 방법이다. 이 방법의 장점은 맞춤법을 자동화 하여 오류를 줄일 수 있게 된다(최

규홍, 2011:455)는 점이다. 언어 인식을 강조한 맞춤법 지도 모형은 다음 〈표 12〉와 같다.

〈표 12〉 언어 인식을 강조한 맞춤법 지도 모형(PEQI)

단계	주요 활동
준비하기 (Preparation)	• 사전 지식 진단 • 학습 흥미 및 동기 유발 • 학습목표 제시 및 순서 안내
분석하기 (Analysis)	• 기초 자료 분석하기(순환 후에는 자신의 글) • 추가 자료를 통해 정오 관계 확인하기 • 오류 현상의 일관성 찾기
성찰하기 (Introspection)	• 지식 확인하기 • 자신의 언어 사용에 비추어 보기 • 주요 개념에 대한 재확인
적용하기 (Application)	• 지식 확인하기 • 자신의 언어 사용에 비추어 보기 • 주요 개념에 대한 재확인

이 외에도 지도 방법은 다양하게 마련할 수 있다. 무엇보다 중요한 것은 학습자의 실태를 잘 분석하여 그에 맞는 내용과 방법을 찾는 것이다.

제5장 [문학 지도]

1. 그림책

1. 그림책의 개념과 특성

그림책(Picturebook)은 그림과 글이 대등하게 때로는 그림으로 서사를 전개한다. 그림책은 대체로 그림의 비중이 크고 글이 비교적 적은 글로 구성된 책, 혹은 글이 전혀 없고 그림만으로 정보나 이야기를 전해주는 책을 의미한다. 그래서 그림책은 다른 서사 작품과 달리 그림이 글에 종속되어 있지 않고 글과 대등하게 또는 글을 이끌며 서사에 개입한다. 그림책에서는 그림 없이 글만으로는 서사가 진행되지 않는다. 그림에는 글에 담겨 있지 않은 추가 정보가 있을 뿐 아니라, 글과 그림의 상호작용으로 그림책의 전체 의미가 생성되기 때문이다.

그림책은 매우 포괄적인 주제를 다루는 갈래이다. 많은 그림책이 허구 서사를 다루고 있지만, 모든 그림책이 문학 영역에만 한정되는 것은 아니다. 그림책은 문학 외에도 과학, 역사, 인물, 철학 등 사실상 경계가 없다고 할 정도로 넓은 범위를 다룬다. 그리고 그림책은 단순히 삽화가 있는 책과는 구별된다. 삽화가 많이 포함되어 있기만 하면 이 역시 그림책이라고 여기는 것은 그림책에 대한 잘못된 이해에서 비롯된다. 단순한 삽화와 그림책의 그림은 구분된다. 삽화의 경우, 그림은 이야기에 종속되기 때문에 그림이 본질적인 의미를 전달하는 역할을 하지 못한다. 다시 말해서, 그림에 새로운 정보가 거의 없고 글을 반복하고 있는 수준이라면 이것은 단순 삽화로 분류된다. 그림책에서의 그림은 글과 함께, 때로는 그림이 주도적으로 독특하고 풍성한 서사적 의미를 전달한다. 이처럼 그림책은 그림이 글과 상호작용하여 서사를 진행하거나, 그림만으로 서사를 진행하는 예술 작품이라고 할 수 있다.

초등국어교육에서는 일찍부터 그림책의 교육적 가치에 주목해왔다. 그림책은 초등학생들이 호기심을 가지고 읽기와 듣기를 즐겁게 훈련할 수 있도록 도와준다. 또한 학생들에게 예술적 심미안을 길러주고, 상상력을 발달시켜주는 데 매우 탁월한 교육적 도구라고 할 수 있다. 교육적 관점에서 본 그림책의 특성은 다음 세 가지로 정리할 수 있다

첫째, 그림책은 입문기 학생을 책과 문자의 세계로 안내하는 길잡이 책이다. 입문기 학생에게 글자보다 더 친숙한 것은 그림이다. 그림은 매우 직관적인 형태의 예술로, 유아에게도 즉각적이고 풍부한 정서를 불러일으킨다. 그림책은 일차적으로는 아름다운 색채와 흥미로운 형상으로 입문기 학생의 호기심과 즐거움을 충족시켜준다. 또한 그림책은 다른 아동용 도서에 비하여 글자 수가 적기 때문에 학생이 느끼는 심리적 부담감이 확연히 적다. 입문기 학생을 위한 그림책은 대부분 시처럼 압축적이고 리듬감 있는 글귀를 사용하며, 글과 그림이 서로 보완되도록 배치되어 있다. 이러한 구성은 글자를 잘 읽지 못하는 학생이 책에 접근하기 쉽게 하며, 글자 학습에도 도움을 준다. 따라서 그림책은 대부분의 학생에게 최초의 독서 경험을 제공해주는 책이라고 할 수 있다.

둘째, 그림책은 글과 그림의 상호작용으로 의미를 생성해야 하는 책이다. 그림책을 감상하는 것은 단순히 그림을 감상하거나, 줄글 책을 감상하는 것과는 다르다. 그림책의 독자는 그림이 제시하는 정보들을 글과 조합하여 작품 서사의 흐름을 구성해야 한다. 글을 읽고, 글의 내용을 잘 이해하기 위해 여러 단계의 훈련을 하듯이 그림책을 감상할 때에도 자세히 관찰하고 해석하는 과정이 필요하다. 그림책의 그림과 글은 이야기에 대한 정보를 상호 보완하여 진술하기도 하지만, 때로 완전히 상반되는 정보를 제공하여 아이러니를 만들어내기도 한다. 따라서 그림책을 깊이 감상하기 위해서는 글과 그림의 상호작용으로 새로운 의미를 생성하는, 그림책만의 독자적인 감상법을 익힐 필요가 있다.

셋째, 그림책은 전 연령대가 함께 즐길 수 있는 책이다. 그림책은 흔히 어린이의 전유물로 인식된다. 그림책이라는 용어가 정착되기 전까지 널리 사용된 '그림 동화책'라는 용어도 이러한 고정관념을 강화시켜 왔다. 그림책을 어린이가 즐겨 읽는 것은 사실이지만, 그림책이 아동문학의 경계 안에 머무는 것은 아니다. 그림책의 단순한 형식은 해석의 층위를 두텁게 한다. 훌륭한 그림책은 읽는 사람에 따라 작품이 여러 겹으로 깊이 있게 해석되기 때문에 전 연령대의 독자를 만족시킨다. 그림책에 대한 성인 독자의 수요가 꾸준히 증가하고 있는 것도 이러한 경향과 맞닿아 있다.

2. 그림책의 유형

그림책에서 글과 그림은 각자의 방식으로 서사를 구성하며 동시에 결합을 통해 다양한 의미를 만든다. 즉 글과 그림이 유기적으로 연계하여 일정한 시간과 공간, 배경을 만들고 사건을 형성하며 이야기를 구성한다. 그림책은 글과 그림의 상호작용이 핵심이다. 글과 그림 간의 광범위한 상호작용을 유형화하기 위해 글과 그림을 체계의 양극단에 두고 스펙트럼으로 나타낼 수 있다.

글(Word)

서사 텍스트   비서사 텍스트
간혹 삽화가 있는 서사 텍스트   플레이트 북(plate book)
           (알파벳 북, 삽화 시, 삽화 논픽션)

펼침면마다 적어도 그림 하나가 있지만 그림에
의존하지 않는 서사 텍스트

     대응(symmetrical) 그림책: 글과 그림이 서로 중복되는 두 개의 서사
     보완(complementary): 그림책: 서로의 빈자리를 채워주는 글과 그림
   확장 또는 강화 그림책: 그림 서사는 글 서사를 지지하고, 글 서사는 그림 서사에 의존
     대위법 그림책: 글과 그림이 상호 의존하는 두 개의 서사
     병행(sylleptic) 그림책: 글이 있든 없든, 두 개 이상의 독립 서사

글이 있는 순차적 그림 서사   글이 있지만 비서사적이고
글이 없는 순차적 그림 서사   비순차적인 전시형 그림책
글 없는 그림책

                 비 서사적이고
                 비 순차적인 전시형 그림책

그림(Image)

[그림 1] 글 중심 그림책과 그림 중심 그림책: 스펙트럼의 양 끝
(마리아 니콜라예바, 캐롤 스콧 지음, 서정숙 외 역, 2011)

[그림 1]에서 가장 위에는 글(Word)이 있고 가장 아래에는 그림(Image)가 있다. 이를 스펙트럼의 양극단이라고 하면 위로 갈수록 글의 비율이 높고, 아래로 갈수록 그림의 비율이 높다. 그림책

은 이 스펙트럼에서 유형화해 볼 수 있다.

그림이 차지하는 비중이 가장 큰 그림책은 '글자 없는 그림책'이다. 글자 없는 그림책은 그림만으로 서사적인 흐름을 이끌어가며, 비어있는 부분은 독자의 배경지식을 바탕으로 채워나가야 한다. 그리고 글과 그림 중 상대적으로 그림 비중이 큰 그림책도 있다. 글이 주는 정보보다 그림이 주는 정보량이 훨씬 많으므로 그림의 의미를 자세히 살펴보아야 한다. 또한 상대적으로 글의 비중이 큰 그림책도 있다. 그림이 주는 정보보다 글이 주는 정보량이 훨씬 많기 때문에 글을 정확하게 이해하는 것이 중요하다. 예를 들어, 글자 없는 그림책은 류재수(보림, 2007)의 《노란 우산》이 있고, 글자가 많은 그림책으로는 선안나(샘터사, 2010)의 《온양이》가 있다.

[그림 1]에서 글과 그림이 관계를 '대응, 보완, 확장 또는 강화, 대위법, 병행'으로 나누어 설명한다. 그렇지만 다소 모호한 측면이 있다. 가령, '보완'과 '확장 또는 강화'는 서로의 빈자리를 채워주거나 의존한다는 측면에서 구별하기가 어렵다. 여기에서는 그림책에 있는 글과 그림의 관계를 크게 세 가지로 분류하여 '일치 관계, 보완 관계, 대위 관계'로 유형화(이차숙, 2015)하고자 한다.

가. 일치 관계

그림책에서 글이 이야기하는 내용과 그림이 이야기하는 내용이 거의 비슷할 경우를 말한다. 글에 더 많은 정보가 담겼다거나 그 반대의 경우라 하더라도 이야기하고자 하는 방향성이 거의 같을 경우 일치관계로 볼 수 있다. 이때 글은 그림이 전달하는 장면을 설명하고 그림은 글이 설명하는 장면은 보여준다. 예를 들어, 권정생(국민서관, 2003)의 《훨훨 간다》에서 글과 그림이 비슷한 이야기를 하는 경우를 볼 수 있다.

나. 보완 관계

글과 그림이 서로 부족한 부분을 채워주면서 하나의 이야기를 전개해 나가는 경우를 말한다. 글에는 전혀 언급되지 않은 정보가 그림으로 제공되거나 반대로 그림만으로는 전혀 알 수 없는 정보가 그림에 제시되는 경우가 여기에 해당된다. 이는 글과 그림이 서로의 빈자리를 채워 의미를 완전하게 구성할 수 있다. 일치 관계와 달리 부가적인 정보가 글이나 그림에 각각 포함되는 경우이다. 예를 들어, 김장성(이야기꽃, 2014)의 《민들레는 민들레》에서 글과 그림이 서로의 부족한 부분을 채워 하나의 이야기를 전개하는 경우를 볼 수 있다.

다. 대위 관계

글과 그림의 내용을 의도적으로 서로 어긋나게 설정하는 경우를 말한다. 대위는 글과 그림이 서로 종속되지 않으며 각각 독립적인 이야기를 전개하는 가운데 새로운 차원의 의미를 형성하거나 글과 그림이 완전히 대조적으로 나타나 상호 간의 강한 의미 충돌을 일으켜 의미를 확장하기도 한다. 이는 작가가 의도적으로 독자를 놀라게 하거나 이야기 전달 효과를 높이기 위하여 사용한다. 대위 관계는 보완 관계와 달리 글과 그림이 전달하는 정보가 이질적인 것이 특징이다. 예를 들어, 이수지(비룡소, 2004)의 《동물원》에서 글은 '우리는 고릴라 집에도 갔고요.'라고 되어 있지만 그림에는 고릴라가 보이지 않는다. 그림에서 여자 아이는 우리 밖에서 걸어가고 있는 공작과 눈을 마주치고 있다. 이렇게 글과 그림이 다른 이야기를 전하며 새로운 이야기를 만드는 장면을 대위 관계로 볼 수 있다.

3. 그림책의 구성

그림책을 깊이 있게 감상하기 위해서는 그림책의 내용인 서사뿐만이 아니라 서사와 관계있는 서사 외부의 물질(파라텍스트, paratext)도 함께 살펴볼 필요가 있다. 그림책에서 파라텍스트는 그림책의 물리적 속성을 지니도록 하는 판형, 제본, 종이, 재질형태가 있고 서사의 진행을 곁에서 돕는 표지, 면지, 속표지가 있다(김정선, 2013, 김정준, 신원애, 2016 재인용).

파라텍스트는 그림책을 독자와 연결하는 장치이며 규칙의 역할을 한다. 그림책의 파라텍스트는 그림책에서 이야기를 담고 있는 그릇이며 동시에 잠재된 이야기의 역할을 할 수 있다. 그리고 그림책은 대체로 본문 쪽수를 32쪽으로 구성(유리 슐레비츠 지음, 김난령 옮김, 2017)하여 제약이 큰 편이기 때문에, 작가는 파라텍스트를 활용하여 밀도 있게 이야기의 내용을 전개한다.

가. 판형, 제본 형식, 종이 재질

판형, 제본 형식, 종이 재질 등은 그림책을 3차원의 사물로 만드는 물리적 요소라고 할 수 있다. 글과 그림이 더불어 상호작용하는 그림책에서 그림책 서사에 암시적으로 참여하는 구성 요소이다.

그림책은 일반책보다 대체로 판형이 크다. 그림으로 전달해야 하는 정보의 비율이 높아 큰 판형이 유리하기 때문이다. 물론 그림책 중에서도 상대적으로 더 큰 판형이 있고, 더 작은 판형이 있다. 이러한 판형의 차이는 독자에게 다른 기대를 불러일으킨다. 이를테면 큰 판형은 자유분방하고 활력이 있는 이야기를, 작은 판형은 섬세한 이야기 기대하게 한다. 그림책에서 가장 많이 사용되는 수직 판형은 인물을 초점화하기에 유리하며, 수평 판형은 공간과 움직임을 묘사하는데 효과적이다.

제본 형식은 이야기의 흐름과 관계가 깊다. 제본 형식은 그림책에서 중요한 요소인 제본선(gutter)에 영향을 준다. 두 쪽을 하나의 장면으로 구성하는 양면 펼침의 경우, 제본선은 보이지 않는 척해야 하는 요소이다. 그러나 때로는 제본선을 적극적으로 활용하여 이미지의 일부로 사용하기도 한다. 예를 들어, 이수지(비룡소, 2009)의 《파도야 놀자》에서는 그림책의 제본선이 파도를 막는 장벽 역할을 한다. 이는 그림책의 제본선이 흑백과 컬러, 아이의 세계와 파도의 세계를 구별하는 역할을 보여준다.

종이 재질은 2차원의 이미지와 3차원의 책 사이를 매개하는 중요한 요소이다. 종이의 질감, 투명도, 두께, 팝업 등의 요소 역시 잠재적 의미를 가지는 조형적 기호로 해석될 수 있다.

나. 표지, 면지, 속표지

그림책은 앞과 뒤에 표지와 면지, 속표지가 있으며 이들은 그림책 서사에 직접 참여하는 구성요소이다. 판형, 재질 등의 구성요소가 그림책의 서사에 암시적으로 작용하는 것이라면 표지, 면지, 속표지 등은 그림책 본문에 기여하는 그림이나 글 정보를 직접적으로 담는다. 이러한 정보는 독자에게 그림책에 대한 반응을 지시하거나 특정 기대치를 형성하게 한다.

표지는 그림책에서 가장 먼저 눈에 띄는 부분이다. 표지에는 책이 담고 있는 내용이나 특징이 한 눈에 드러난다. 책등을 경계로 앞에 있는 표지와 뒤에 있는 표지는 의미상으로는 긴밀하게 연결되어 있으며, 아예 하나의 그림으로 연결되어 있는 경우도 많다. 이 때문에 표지를 감상할 때에는 표지를 앞뒤로 동시에 펼쳐 살펴보는 것이 좋다. 예를 들어, 권정생 글, 정승각 그림(길벗어린이, 1996)의 《강아지똥》 표지를 살펴보면 앞표지에는 강아지가 담벼락에서 똥을 누고 있는 장면이 나오고 뒤표지에서는 그 자리에 민들레꽃이 핀 장면을 볼 수 있다. 이렇게 앞표지와 뒤표지가 순차로 이루어지는 경우가 있고, 앞표지와 뒤표지가 하나로 연결되는 경우도 있다. 예를 들어, 김상한 글, 최정인 그림(키위북스, 2023)의 《고래의 노래》 표지를 살펴보면 앞표지와 뒤표지가 하나의 그림으로 연결되어 있다.

면지도 표지만큼이나 중요하다. 그림책은 대체로 양장으로 제본되는데, 그 특성상 표지와 속표지 사이에 면지가 생긴다. 면지는 표지를 펼치고 본격적으로 그림책 감상을 시작하기에 앞서 휴지를 주며, 앞으로 펼쳐질 이야기에 대한 정보를 슬쩍 던지기도 하고 기대를 고조시키기도 한다. 본문을 모두 감상하고 난 후, 의미를 보완하거나 확장하는 역할도 수행한다. 최근에 출판되는 그림책은 앞과 뒤에 있는 면지를 대체로 표현 공간의 일부로 적극 활용하는 것을 볼 수 있다.

속표지 역시 중요한 정보를 담는 경우가 많다. 여기에는 책의 핵심적인 내용을 요약해 줄 수 있는 그림이나 글이 들어가기도 하고, 서사의 포문을 여는 프롤로그가 담겨 있기도 한다. 예를 들어, 권윤덕(길벗어린이, 1995)의 《만희네 집》에서 앞면지는 나팔꽃이 활짝 핀 모습으로 이야기가 시작되는 시간적 배경인 아침이라는 정보를 제공한다. 그리고 뒷면지는 나팔꽃이 오므린 모습으로 이야기가 끝나는 시간적 배경이 밤이라는 것을 의미한다. 속표지는 만희네의 이사 전후 집의 물리적 거리를 시각적으로 형상화하며 각각의 집에 대한 공간적 배경에 대한 정보를 제공한다.

4. 그림책 지도 방법

우리나라의 독서 관습은 일반적으로 좌에서 우로, 위에서 아래로의 방향성을 갖는다. 그러나 그림책을 읽을 때에는 이러한 독서 관습을 굳이 따르지 않아도 된다. 읽기 관습을 벗어나서 그림책을 읽으면, 때로는 더 즐겁게 더 깊이 있게 감상할 수 있다. 예를 들어, 독자의 성향에 따라 아래의 그림을 먼저 읽고, 위에 있는 글을 나중에 읽을 수도 있다. 또는 우측의 그림을 먼저 읽고, 좌측의 그림을 살펴볼 수도 있다. 그림의 세부적인 부분에 초점을 맞추어 읽는다거나 그림책을 뒷장부터 반대 방향으로 읽으면서 새로운 의미를 발견할 수도 있다

그림책은 특정한 미학적 목표를 달성하기 위하여 시각적, 언어적 요소로 치밀하게 구성한 서사 장르이다. 그림책은 이미지와 언어라는 복합양식을 띠고 있기 때문에 독자는 그림책 각 장의 내용을 파악해야 할 뿐 아니라, 장들을 연결하여 하나의 서사로 통합시켜야 한다. 장과 장의 기계적인 연결을 넘어, 독자가 능동적으로 상상력과 창의력을 발휘할 필요가 있다. 가령, 각 장이 연속적으로 매끄럽게 배치되어 있을 경우, 독자는 글과 그림의 의미를 시간성이나 논리적 인과성 수준에서 파악할 수 있다. 또는 각 장이 의미상으로 연속되지 않는 장면으로 비약할 일으킬 경우, 독자는 변증법적으로 서사를 구성해야 한다. 전체를 보고 부분을 읽는 과정을 교차하고 반복함으로써 장면과 장면의 관계, 글과 그림의 관계, 그림 안에서 요소들의 배치와 위치의 관계 등을 읽어야 한다. 이를 바탕으로 그림책을 지도하는 방법을 살펴보면 다음과 같다.

(1) 그림책의 그림 읽기

그림책 읽어주기의 가장 중요한 특징은 '그림 읽기'가 이루어져야 한다는 점이다. 그림책에서는 그림이 글과 대등하게, 때로 글을 이끌며 적극적으로 서사에 개입한다. 그림에는 글에 담겨 있지 않은 추가 정보가 있을 뿐 아니라, 글과 그림의 상호작용으로 그림책의 전체 의미가 생성된다. 따라서 그림책을 읽어 줄 때는 반드시 그림 읽기가 병행되어야 한다.

(2) 책 표지 그림과 제목을 보고 내용 예측하기

책을 읽기 전에 제일 먼저 훑어보는 것이 표지이다. 그러므로 표지는 책의 전체적인 주제와 인상을 요약적으로 제시하여 독자의 눈길을 사로잡아야 한다. 제목과 표지 그림을 보고 무슨 일이 일어날 것인지 예측해보도록 한다. 그리고 그림책을 듣거나 읽으면서 자신이 예측한 내용과 글의 내용을 비교하도록 한다.

(3) 책의 앞면지와 뒷면지의 내용 살피기

그림책의 본문이 시작되기 전, 표지를 넘기자마자 바로 이어지는 앞면지와 본문이 끝나고 난 뒤에 제시되는 뒷면지도 책의 매력을 풍부하게 하는 데 한 몫을 한다. 근래에는 면지에도 본문의 내용을 강조하거나 주제를 암시하는 그림이나 글씨가 제시되어 책의 예술적 가치를 높이고 있다.

예를 들어,《무지개 물고기》(마르쿠스 피스터 글·그림, 공경희 옮김, 시공주니어, 1994)의 앞면지에는 몸에 반짝이 비늘이 많은 물고기가 그려져 있으며, 뒷면지에는 자신의 잘못을 깨닫고 반짝이 비늘을 친구들에게 나눠 주고 반짝이 비늘 하나만 가진 물고기가 그려져 있다. 앞면지와 뒷면지의 내용을 비교하여 보고 어떤 일이 일어났을지 추측해보게 한다. 그리고 다 읽은 후에는 예측한 내용이 정확한지 판단하고, 근거를 들어 그 이유를 말하도록 한다.

(4) 그림의 크기와 색 살피기

그림책에서는 그림의 크기로 인물의 심리를 나타내기도 한다.《망태할아버지가 온다》(박연철 글·그림, 시공주니어, 2007)에서 '아이'는 작게, '엄마'는 크게 그려져 있다. 왜 아이는 작게 그리고 엄마는 크게 그려져 있는지 생각해보도록 질문한다. 그림의 크기로 '아이'와 '엄마' 사이의 갈등을 알 수 있다.

현실 세계와 비현실 세계를 구분하고 환상의 크기를 나타낼 수 있다.《괴물들이 사는 나라》(모리스 샌닥 글·그림, 강무홍 역, 시공주니어, 2002)에서는 주인공 맥스가 욕구가 해소되지 않은 현실 세계에서 짓궂은 장난을 할 때는 그림이 작고 여백이 넓었다가, 환상 세계로 가까이 갈수록 그림이 점점 커지고 여백은 줄어든다. 환상 세계에서 괴물들과 소동을 벌일 때는 지면 전체가 그림으로 채워진다.

《숲 속으로》(앤서니 브라운 글·그림, 허은미 옮김, 베틀북, 2004)의 '숲 속'은 현실에서 환상의 세계로 넘어가는 길이다. 숲 속의 세계는 모두 어두컴컴하게 그려져 있는데 왜 아이만 색이 칼라인지 생각하게 한다. 숲 속에서 주인공을 제외한 전 화면이 흑백처리 되는데, 이것은 주인공이 겪는 환상의 세계를 나타내기 때문이다.

또한, 그림책의 주제에 따라 알맞은 색조가 선택되기도 한다. 《동물원》(이수지 글·그림, 비룡소, 2004)의 책장을 넘기면 동물원과 어른의 시선은 흑백의 단조로운 색으로 그려진다. 그렇지만 공작새는 화려하고 밝은 천연색으로 등장하며 아이는 공작새를 쫓아간다. 우리가 빈 동물원의 공간은 지루하고 답답한 현실 세계와 어른의 시선을 그리고 있다. 이에 비해 파란색과 화려한 공작은 아이의 시선으로 현실을 벗어나며 환상 세계로 인도한다. 색을 보고 아이의 환상 세계를 생각해 볼 수 있다.

(5) 인물의 표정과 몸짓 살피기

그림책에서 인물의 표정과 몸짓은 이야기를 이해하는 중요한 요소이다. 그림책을 읽을 때는 그림에 나타난 인물의 표정과 몸짓을 글의 내용과 관련지어 잘 살펴보아야 한다. 가령, 《이파라파 냐무냐무》(이지은 글·그림, 사계절, 2020)에서 인물들이 '이파라파냐무냐무'라는 소리를 들었을 때 어떤 표정인지 살펴볼 수 있다. 그리고 이 말의 의미를 알기 위해 상상하는 모습을 보면서 인물의 마음 상태와 앞으로 전개될 이야기를 예측할 수 있다.

(6) 단서나 숨은 그림 찾기

앞으로 일어날 사건에 대해 독자를 준비시키는 복선은 다음의 사건에 대해 가능하면 이야기의 절정에 대해서까지도 힌트를 준다. 예를 들어, 《돼지책》(앤서니 브라운 글·그림, 허은미 옮김, 웅진주니어, 2001)은 숨은 그림이 있는 그림책이다. 처음에는 알지 못하다가 누군가 단서를 제공하면 나머지 숨은 그림들을 찾아 의미를 파악하게 된다. 이 책의 장면 중에 꽃무늬 벽지에 있는 꽃이 돼지 모습으로 바뀌고, 다양한 사물들이 돼지 모습으로 바뀌는 과정이 나타나 있다.

(7) 책으로 대화하기

책으로 대화화기는 책을 읽어주는 사람과 듣는 사람이 나누는 대화를 말한다. 책으로 대화하기 위해 교사는 학생 반응을 풍부하게 만드는 개방적인 분위기를 조성해야 한다. 학생이 마음 놓고 대화에 참여할 수 있는 장을 마련하여 대화를 양적으로 늘리는 전략이다. 일차적으로는 대화가 풍성하게 일어날 수 있도록 학생의 호기심을 불러 일으킬만한 매력적인 화제를 제공하는 것이 중요하다. 단답형으로 할 수 있는 질문은 지양하며, 학생의 반응을 적극적으로 수용하면서 열린 대화를 이끌어간다. 학생의 질문이나 대답에 대해 평가적인 언급을 하지 않도록 주의해야 한다.

그리고 학생의 논리적인 반응을 이끌어내야 한다. 왜냐하면 학생은 그림책 해석에는 경계가 있다는 것을 알아야 하기 때문이다. 그림책에 대한 해석은 하나가 아니지만, 모든 것이 옳은 해석은 아니다. 그림책에 대해 감상이나 해석을 말할 때 '~로 볼 때 ~라고 생각해'처럼 근거를 들어서 말하게 하는 연습을 하는 것이 중요하다. 비판적으로 읽기에 익숙하지 않은 학생일 경우, 교사가 그림책에 대해 명백하게 틀린 말을 하여 반론을 이끌어 내는 전략을 사용할 수도 있다.

① 읽기 전 대화

읽기 전 활동은 학생의 이전 경험, 곧 배경지식을 활성화함으로써 책과의 연결고리를 형성하는 활동이다. 이 단계에서는 그림책에 대한 흥미를 유발하고, 그림책을 잘 이해하기 위해 배경지식을 공유하는 활동이 이루어진다. 읽기 전 대화에 할애하는 시간은 여유 있게 설정하고 다양한 논의가 자유롭게 이루어지도록 하는 것이 좋다.

② 읽기 중 대화

그림책에 대한 독해가 본격적으로 시작되는 과정이다. 학생들은 사건의 흐름을 연결 짓고 머릿속에 장면을 떠올리기도 하며 인물의 마음을 이해, 공감하며 읽어야 한다. 이 단계에서 교사는 독자가 나름대로 의미를 구성하면서 이야기를 자유롭게 깊이 있게 이해할 수 있도록 격려한다. 이 단계는 읽기 후 대화의 준비 과정에 해당하기 때문에, 읽기 후 대화와 연계성이 있게 구성하는 것이 좋다.

③ 읽기 후 대화

그림책을 다 읽은 후에는 작품 이해와 감상 능력 신장을 위해 종합적인 대화가 이루어진다. 내용을 파악하는 기초적인 대화는 물론, 학생의 생각과 감상을 공유하는 심화 활동으로 나아가도록 한다.

〈읽기 전 대화의 예시〉
• 제목과 표지를 통해 그림책의 내용 예측하기 • 작가에 대해 이야기하기 • 책의 판형, 재질, 제본 형태에 대해 이야기하기 • 면지와 속표지를 보고 어떤 내용일지 예상하기 • 책과 관련하여 떠오르는 경험이나 생각 자유롭게 말하기
〈읽기 중 대화의 예시〉
• 글에는 있지만 그림에는 없는 부분, 혹은 반대의 부분 말하기 • 글과 그림을 바탕으로 등장인물의 마음이 어땠을지 짐작해 보기 • 글이나 그림에서 드러나지 않은 부분 추측하기 • 숨은 그림 찾기(예: 이 그림에서 돼지 그림이 몇 개나 있나요?)
〈읽기 후 대화의 예시〉
• 가장 인상적이었던 장면 다시 펼쳐보기 • 전체 줄거리 간추리기 • 책의 내용과 비슷한 경험이나 떠오르는 기억 나누기 • 표지, 면지, 속표지를 다시 살펴보고 새롭게 발견한 부분 말해보기

제5장 [문학 지도]

2. 동시 감상

1. 동시의 개념과 특성

가. 동시의 개념

초등학생들이 즐겨 읽는 동시(童詩)는 아동문학의 대표적인 서정 장르이다. 동시는 본질적으로 시의 특성을 가지고 있다. 시(詩)는 '인간의 체험이나 자연에서 느낀 감정과 생각을 운율 있는 간결한 언어로 나타내는 문학의 한 형태'(표준국어대사전)로, 일상 언어와 다른 용법으로 언어를 사용함으로써 독자에게 풍부한 감각적 심상과 깊은 정서적 감응을 일으킨다는 특성이 있다. 다만, 동시는 아동을 독자로 하여 만들어진 시(詩)이므로, 시에서 다루는 자연물이나 상황, 감정 등을 어린이들이 이해할 수 있는 범위 안에서 그려야 한다.

성혁이가 회장 후보로
나를 추천했다

진짜 회장 되고 싶은 생각
반의반의반도 없었는데
막상 선거를 하니까
가슴이 콩닥거렸다

표가 많이 나와서
진짜 회장 되면 어떡하나
아무도 안 찍어서
0표 소문나면 어떡하나

나라도 나를 찍을까
그러다 회장 되면 어떡하나
1표도 쪽팔리고 2표도 별로고
딱 3표만 받았으면……

다행히 5표!
회장은 몇 표 받았는지
기억도 안 난다

- 김개미, 〈왜 나를 추천하냐〉 -

김개미의 〈왜 나를 추천하냐〉는 어린이들이 학교 생활을 통해 경험할 수 있는 소재를 다루고 있다. 시적 화자는 친구의 추천으로 얼떨결에 회장 선거에 나가게 된 상황이다. 시적 화자는 회장이 되고 싶은 생각도 없었지만 막상 선거가 시작되니 '가슴이 콩닥'거리며 진짜 회장이 되지는 않을지, 0표를 받는 건 아닐지 걱정이 되기 시작한다. 시어 '어떡하나'의 반복적 사용은 시적 화자의 떨리고 긴장되는 마음을 표현하고 있다. 김개미의 〈왜 나를 추천하냐〉는 어린이들이 학교에서 경험할 수 있을 법한 상황과 감정을 다루고 있기 때문에, 어린이 독자들의 공감을 이끌어내기가 쉽고 다양한 반응을 불러일으킬 수 있다.

나. 동시의 특성

동시의 개념을 바탕으로 동시의 특성을 정리하면 다음과 같다. 첫째, 동시는 운율을 통하여 음악성을 지닌다. 운율이란 '시에 같은 소리의 글자나 음절을 반복하여 배치함으로써 발생되는 음악적 요소'인 운(韻)과 '음의 고저, 장단, 강약 등을 이용함으로써 발생되는 음악적 요소'인 율(律)을 의미(박민수, 1993: 111)한다. 동시 작가들은 어린이들이 사용하는 일상 언어의 리듬감을 운율로 활용하여 시적 재미와 감흥을 유발하는 경우가 많다.

어떤 동시는 음절의 수에 따라서 리듬감을 획득하기도 한다. 음절의 수를 일정하게 배치하여 리듬을 형성하는 동시를 정형동시라고 한다. 정형동시는 대개 3.4조나 4.4조, 7.5조와 같은 음수율을 사용한다. 음수율이나 음보율을 맞춘 정형동시는 멜로디를 붙여 동요로 불리우기도 했다. 1930년대 이후 외형율에 의한 정형동시가 거의 사라지고, 이후 동시는 거의 내재율에 의해 자연스럽게 리듬을 형성하고 있다.

다람다람 다람쥐
알밤 줍는 다람쥐
보름보름 달밤에
알밤 줍는 다람쥐
알밤인가 하고
솔방울도 줍고
알밤인가 하고
조약돌도 줍고

– 박목월의 〈다람쥐〉 –

박목월의 〈다람쥐〉에서는 'ㅏ'와 'ㅁ', 'ㅗ'의 반복과 '다람쥐', '알밤' 등의 시어를 반복하여 음악성을 발생시키고 있다. '다람쥐'나 '알밤', '보름', '달밤', '솔방울', '조약돌'과 같은 시어는 어린이들이 일상생활에서 자주 보는 자연물에 속한다. 어린이들은 자신들이 즐겨 사용하는 언어를 통해 마치 말놀이를 하듯 리듬감을 느끼면서 시를 읽는 즐거움을 느낄 수 있게 된다.

둘째, 동시는 감각적 표현을 통해 이미지를 형상화한다. 이미지란 감각을 통해 느껴지는 느낌을 마음에 그리는 심상을 의미한다. 시는 사물과 세계에 대한 시인의 고유한 느낌이나 생각, 정서 등 개별적인 체험을 그 내용으로 삼는다. 이에 시인은 자신의 개별적 경험을 독자에게 전달하기 위하여 다양한 감각적 표현을 활용하게 된다.

바람이 분다, 부 부
바람이 분다, 쉬 쉬
바람이 분다, 휭 휭
바람이 분다, 숭 숭
바람이 분다, 챙 챙
바람이 분다, 댕 댕
바람이 분다, 쏴―아―아
바람이 분다, 차―아―아
바람이 분다, 덜커덩
바람이 분다, 펄러렁
바람이 불면, 훌 훌
세상은 살아 있는 악기가 된다.

— 정유경, 〈바람이 불면〉 —

정유경의 〈바람이 불면〉은 바람이 불면서 나는 여러 소리를 청각적으로 표현하고 있다. 독자는 동시를 소리 내어 읽으며 바람이 내는 소리를 직접 입으로 따라해 볼 수 있는데, 이 과정에서 독자는 시 읽기의 재미를 느낄 수 있다. 또한, 독자는 자신의 경험을 활용하여 바람이 내는 여러 소리를 상상할 수도 있다. 시에 활용된 감각적 표현이 생생하고 구체적으로 재현될수록 독자의 마음에 보다 선명한 심상을 그릴 수 있으며 독자에게 미적 즐거움을 제공할 수 있다.

셋째, 동시는 함축적 표현을 통해 의미를 전달한다. 동시는 산문과 달리 시인의 생각이나 감정을 간결한 언어로 표현하기 때문에 시어를 함축적으로 사용한다. 그러나 무조건 짧게만 표현하는 것을 함축적 표현이라고 볼 수는 없다. 함축적 표현은 시적 형상화를 통하여 시의 대상이나 주제를 입체적으로 만들고, 창의적인 의미와 분위기를 형성하여 독자의 마음에 강한 울림을 남길 수 있어야 한다.

줄지어 고개 숙인 해바라기를 보며 생각한다
어떤 말들이 노래가 되나
거품을 감고 얌전히 누웠는 비누를 보며 생각한다
이런 건 노래하면 안 되나

어떤 말들이 노래가 되나

하늘에 박힌 별
먼 데서 흐르는 물
닭이 낳은 따끈한 알
이런 것들은 아직은 멀고
내 것이 아닌 것들

구겨진 수건을 보다가
시원하게 내려가는 변기 물을 보다가
자꾸만 생각하게 된다
이런 말들은 노래가 되나
어떤 말들이 노래가 되나

- 송선미, 어떤 말들이 노래가 되나 -

송선미의 〈어떤 말들이 노래가 되나〉는 시적 화자가 시의 글감을 찾는 과정을 담고 있다. '하늘에 박힌 별', '먼 데서 흐르는 물', '닭이 낳은 따끈한 알'과 같은 '이런 것들은' 시의 소재가 되기에 그럴 듯하게 보이지만, 시적 화자는 이들을 '내 것이 아닌 것들'이라고 이야기한다. 오히려 시적 화자는 '줄 지어 고개 숙인 해바라기'와 '거품이 박혀 얌전히 누워 있는 비누', '구겨진 수건', '시원하게 내려가는 변기 물'을 보면서 '내 것'이라고 느끼고 있다. 시적 화자는 '어떤 말들이 노래가 되나'라는 구절에 '내 것'이 될 수 없는 것들은 그럴 듯하게 보여도 '노래'가 될 수 없다는 자신의 생각을 함축적으로 표현하고 있는 것이다.

2. 동시 지도의 의의

동시는 시적 화자의 감정이나 사상 등을 간결하고 함축적으로 표현하는 것이 특징이다. 이러한 점에서 동시는 일상 언어와 다르게 표현된다. 따라서 학생들은 동시를 읽거나 쓰면서 다양한 정서를 경험할 수 있고, 언어를 창의적으로 사용하는 표현 방법을 익힐 수 있다. 동시 지도의 의의를 정리하면 다음과 같다.

첫째, 동시 지도는 학생들의 인식을 확장시킨다. 학생들은 동시를 읽으며 대상에 대한 새로운 이미지를 가질 수 있으며, 정서적 감응을 통해 인간과 삶에 대한 통찰력을 가질 수 있다. 또한, 학생들은 동시를 쓰며 대상을 새롭게 바라보는 관점을 가질 수도 있다. 동시를 쓰기 위해서는 먼저 '무엇을' 쓸지 생각해야 하는데, 이 과정은 일상적으로 지나치는 사소한 것들에 대해서 다시 한 번 생각해보게 한다는 점에서 대상에 대한 예리한 관찰력과 삶에 대한 통찰력을 가져온다. 이처럼 동시 지도는 일상의 사소한 것들에 대해서도 새로움을 발견할 수 있는 마음과 눈을 갖게 한다는 점에서 학생들의 인식을 확장시킬 수 있다.

둘째, 동시 지도는 정서를 풍부하게 하고 마음을 편안하게 한다. 동시는 시적 화자가 느꼈던 격렬한 감정적 체험을 다루고 있다. 따라서 학생들은 동시를 읽으면서 시적 화자가 느꼈던 기쁨과 슬픔, 분노와 두려움, 외로움 등 다양한 감정들을 느끼고 이해할 수 있게 된다. 또한, 학생들은 직접 동시를 쓰면서 자신의 마음 속에 일어나는 변화를 포착할 수도 있다. 시를 쓰면서 느꼈던 감정적 변화를 인식하는 과정을 통해 자신의 부정적 감정을 해소할 수 있다는 점에서 시 쓰기 활동은 치유적 효과가 있다고 할 수 있다.

셋째, 동시 쓰기는 문학을 표현의 방법으로 활용할 수 있게 한다. 학생들은 동시 쓰기 과정을 통해 일상 언어의 다양한 사용 방법을 알게 된다. 감각적인 표현이나 비유적인 표현을 사용하면서 학생들은 언어를 다양하게 사용하는 방법과 이러한 표현들이 주는 효과를 직접 경험함으로써 창의적으로 언어를 사용하는 주체로 성장할 수 있다.

3. 동시 지도 방법

가. 동시 낭송하기

동시 낭송 지도는 독자가 시를 직접 소리내어 읽으면서 시를 온전히 느끼고 즐길 수 있도록 하는 것에 목적이 있다. 일반적으로 '글을 소리 내어 읽음'이라는 뜻으로 낭독(朗讀)을 사용하지만, 시를 읽을 때에는 시가 지니는 음악성을 고려하여 의미를 살려 소리 내어 읽는 행위를 의미하는 낭송(朗誦)이라고 한다. 낭송 지도에는 동시를 소리 내어 읽는 낭독의 과정도 포함된다고 할 수 있다.

초등학생은 문식성 발달 과정에 있기 때문에 기본적인 통사 구조의 파악 능력에 개인차가 있을 수 있으며, 시어의 뜻이 잘 드러나도록 읽기 어려울 수 있다. 따라서 동시 낭송을 지도할 때에는 교사 혹은 전문가의 낭송을 먼저 들려주는 것이 좋다. 동시 낭송을 듣는 동안 동시의 장면을 머릿속에 그려본다거나 시의 전체적인 분위기와 정서를 느끼면서 들을 수 있도록 지도한다. 시를 읽으며 독자의 머릿속에 떠오르는 구체적인 장면은 독자마다 다르겠지만, 이미지에서 느껴지는 정서나 분위기는 대체로 비슷하다. 이는 작가가 표현하고자 하는 정서와 느낌이 시적 상황이나 시어, 형식적 특성 등에 드러나기 때문이다. 또한 동시 낭송은 음성 언어를 활용하기 때문에, 교사는 입술을 통해 전달되는 소리의 떨림과 음색, 어조, 톤 등 준언어적 표현을 고려하여 학생들이 시의 분위기와 정서를 표현할 수 있도록 지도해야 한다.

동시의 전체적인 장면을 상상하며 듣는 활동이 끝난 후에는 학생들 스스로 소리내어 동시를 낭독하도록 지도하는 것이 좋다. 낭독을 할 때에는 다같이 한 목소리로 낭독할 수도 있고, 짝 혹은 모둠별로 시행이나 연을 단위로 번갈아가며 읽을 수도 있다. 이때, 한 번만 읽는 것이 아니라 여러 번 소리내어 읽으면서 동시를 느낄 수 있도록 지도한다.

동시는 음악성을 지니고 있기 때문에 음악성을 살려 낭송할 수도 있다. 동시의 음악성은 리듬을 통해 드러난다. 리듬이 겉으로 드러나는 시를 읽을 때에는 시에서 반복되는 시어나 음수율, 음보율을 확인하고 이에 주의하며 읽어야 한다. 초등학교 저학년의 경우, 언어 발달 특성에 따라 소리나 리듬, 의성어 등이 반복되어 만들어내는 음악성에 흥미를 느끼는 경우가 많다. 그러나 반복되는 낱말이나 자음, 모음을 지나치게 강조하면 시의 리듬을 형식적으로 느낄 수 있기 때문에, 반복되는 낱말의 의미적 차원과 시어의 구어적 감각을 느끼며 동시를 낭송할 수 있도록 지도해야 한다. 리듬이 시에 내재되어 표현되는 자유시 혹은 산문시를 낭송하는 경우에는 먼저 시인의 의도에 따라 분절된 행과 연, 그리고 시의 전체적인 의미 구조에 대한 파악이 이루어져야 한다. 시인은 의도적으로 행과 연을 구분하며, 시의 전체적인 의미 구조를 통해 리듬을 만들어내기 때문이다.

시의 일부분을 몸짓으로 표현하며 낭송하는 방법도 있다. 먼저 시의 장면을 몸짓으로 표현하며 상상할 수 있도록 지도해야 한다. 동시의 경우 몸짓을 활용하여 표현할 수 있는 시적 상황이나 시어를 사용하는 경우가 종종 있기 때문이다. 몸짓으로 표현하며 시를 낭송하는 방법은 다른 학습자들에게 자신이 시에서 느낀 감정이나 정서를 표현할 수 있다는 장점이 있다.

나. 동시 토의하기

동시 감상에서 토의 활동은 매우 중요하다. 같은 시를 읽어도 읽는 사람마다 시에 대한 생각이나 느낌이 다를 수 있기 때문이다. 따라서 토의 활동은 시에 대한 서로 다른 관점을 공유할 수 있다는 점에서 매우 중요하다.

동시 토의는 크게 부분과 전체로 나누어 접근할 수 있다(신헌재 외, 2015: 189-190). 부분적으로 접근한다는 것은 시의 부분에 대한 질문을 하거나 이야기를 나누는 것을 의미한다. 예를 들어, 시어의 사전적 의미를 파악한다거나 시의 구문을 정확히 이해하기 위해 시적 상황을 재구성하는 활동 등이 있다. 교사는 학생들에게 '시를 읽고 떠오른 장면은 무엇입니까?' '시에 사용된 ○○은 무슨 뜻인 것 같습니까?' '시의 인물이나 사물의 마음은 어떠한 것 같습니까?' 등의 질문을 활용하여 시에 대해 자유롭게 이야기할 수 있도록 한다.

전체적 접근은 시 전체를 대상으로 자유롭고 심화된 반응을 격려하는 것에 초점을 둔다. '만약 자신이 시적 화자라면 어떠했을까요?', '시와 관련된 경험을 이야기해 봅시다.' '시에 대한 자신의 생각과 느낌을 자유롭게 이야기 해 봅시다.' 등의 질문을 활용하여 시에 대해 자유롭게 이야기하도록 한다. 이와 같은 질문들은 학생들이 시를 더욱 깊이 있게 읽도록 유도할 수 있다.

다. 동시 쓰기

어린이들은 동시를 읽으며 시를 쓰고 싶다는 생각을 하기도 한다. 동시는 어린이들의 경험과 생각, 감정 등을 다루고 있기에 어린이들은 시의 내용에 깊이 공감하거나 시를 통해 대상을 바라보는 새로운 시각을 갖게 되었을 때, 시를 쓰고 싶은 욕구를 느낄 수 있다. 이처럼 '시 읽고 시 쓰기' 활동은 어린이들에게 자연스러운 창작 경험을 갖게 할 수 있다는 장점이 있다. 동시 쓰기 지도 방법은 다음과 같다.

첫 번째는 시적 화자의 경험을 자신의 경험으로 바꾸어 쓰도록 하는 방법이다. 학생들은 시적 화자의 경험을 자신의 경험으로 바꾸어 시를 써 볼 수 있다. 이 방법은 시의 구조를 바꾸지 않고 내용만 바꿔 쓸 수 있기 때문에 창작 활동을 어려워하는 학습자들도 쉽게 접근할 수 있다. 교사는 학습자들이 시적 화자의 경험과 관련된 자신의 경험을 떠올리는 것에 유의하여 지도해야 한다.

두 번째는 학생들이 자신의 경험을 시적 언어로 표현하도록 지도하는 방법이다. 초등학생들은 어떤 경험을 떠올려야 하는지 잘 모르는 경우가 많다. 따라서 교사는 먼저 학생들이 일상에서 어떤 감정과 고민을 하는지 살펴볼 수 있도록 지도해야 한다. 자신이 겪었던 일들 중에서 절실한 체험과 감정을 자연스럽게 떠올릴 수 있는 수업 분위기 역시 중요하다. 학생들이 어떤 경험을 이야기하더라도 그 경험이 수용될 수 있는 허용적인 분위기가 조성되어야 한다. 그러한 상황과 감정을 떠올리는 것만으로도 학생들은 자신의 목소리가 담긴 시를 쓸 수 있게 된다.

제5장 [문학 지도]
3. 교육 연극

1. 교육연극의 개념과 특성

가. 교육연극의 개념

교육연극은 "전통적인 교육 방식의 한계를 극복하고 전통적인 공연예술로서의 연극에 대한 인식과 상호작용의 벽을 넘고자 '교육'과 '연극'을 접목한 학문이자 실천"(김병주, 2008: 30)이다. 따라서 교육연극의 지향점은 '교육'에 있으며 '연극'은 교육적 효과를 달성하기 위한 방법이라고 할 수 있다. 교육연극 개념은 연극교육과의 대비를 통하여 쉽게 설명할 수 있다. 연극교육이 공연예술로서의 연극을 가르치는 것이라면, 교육연극은 연극을 교육적 수단으로 활용하여 교과를 가르치는 데 중점을 둔다는 점에서 차이가 있다.

교육연극은 1900년대 영국과 미국을 중심으로 처음 소개된 개념으로, 드라마(drama)와 연극(theatre)의 접근 방법을 활용하는 것이 특징이다. 영어권에서는 연극(Theater)과 드라마(Drama)를 구분하여 이를 서로 다른 범주로 간주하기도 한다. 그 이유는 연극과 드라마의 어원이 서로 다르기 때문이다. 연극의 어원은 보는 것이 중심이 되는 그리스어인 'theatron'(보는 것)에서 왔지만, 드라마는 'to do'(하다)라는 의미인 그리스어 'dran'에서 유래하였기 때문에 행위(action)가 중심이 되는 연극을 가리킬 때 주로 사용된다. 그러나 이들의 개념이 엄밀하게 구분되어 사용되는 것은 아니며, 교육연극이 때로는 Educational Theater를 운위하는 동시에 Educational Drama를 포괄하는 넓은 개념으로 사용되기도 한다(김효 1997: 148).

우리나라에서 사용되는 교육연극 개념은 연극(theatre)과 드라마(drama)를 뚜렷하게 구분하지 않지만 기능적인 지식을 전수하는 방식의 대안적인 교육 방식을 의미하는 Educational Drama에 더 가까운 개념으로 사용되고 있다. 이는 과거 전통적인 교육 방식에 한계를 느낀 교사들이 다채로운 연극 기법을 통하여 이전과는 다른 전인격적인 교육을 목적으로 교육연극을 도입하였기 때문이다. 정리하면, 교육연극이란 교과교육에서 달성하고자 하는 목표에 도달하기 위하여 연극이 갖는 특성에 주목하여 연극을 교수 학습의 방법으로 활용하는 것을 의미한다.

나. 교육연극의 특성

교육연극의 특성은 연극이라는 매체가 가진 특성과 관련된다. 연극은 인류에게 오랜 시간 동안 사랑받아 온 예술의 하나이다. 인류는 언어를 사용하기 이전부터 손짓, 발짓 등을 통하여 자신의 감정과 생각을 표현하여왔으며, 이러한 율동적 몸짓(rhythmical gesture)은 연극의 시초이다. 어린 아이들이 말을 배우기 이전에 누군가의 행동을 따라하며 자신의 의사를 표현하는 모방적 행동 역시 연극적 행위라고 볼 수 있다. 특히 어린 아이들은 가상적 상황을 설정하여 스스로 이야기를 만들어내는 '소꿉 놀이'를 즐겨하기도 하는데, 이러한 가상 놀이는 배우가 대사와 동작으로 인물의 성격이나 마음을 표현하여 관객에게 보이는 연극의 모체라고 할 수 있다(신헌재 외, 2009: 366-367). 연극의 교육적 의의를 바탕으로 교육연극의 특성을 설명하면 다음과 같다.

첫째, 교육연극은 실질적인 학습자 중심의 교육을 가능하게 한다. 교육연극은 교육적으로 의미가 있다고 여겨지는 가상의 상황에 학습자를 던져 넣음으로써 학습자들에게 직접적인 표현을 요구한다. 연극이라는 매체의 특성상 학습자들은 언어적 표현뿐 아니라, 몸짓, 소리, 표정 등의 다양한 표현 방식을 활용하여 직접 자신이 알고 있는 것을 표현해야 한다. 따라서 교육연극은 객관적으로 존재하는 지식을 자신의 몸을 통해 재구성하여 표현한다는 점에서 실질적인 학습자 중심의 교육을 가능하게 한다.

둘째, 학생들의 전인적 성장을 가능하게 한다. '놀이-드라마-연극'이 포함된 교육연극은 학생들이 자연스럽게 친구들과 놀이하는 과정에서 친밀감을 형성하고 타인의 시선에 신경쓰지 않으며 자유롭게 움직일 수 있도록 도와줄 수 있다. 학생들은 허구의 세계에서 '마치~처럼' 행동하며 자신들의 상상을 타인과 공유하는 과정을 경험하기도 한다. 또한, 연극 공연을 준비하는 과정에서 서로 역할을 나누어 맡으며 주체적으로 참여하게 되는데, 이때 학생들은 자신의 행동을 스스로 선택하고 책임감을 느끼고 활동하게 된다. 이러한 과정들은 모두 학생들의 전인격적인 성장을 가능하게 한다.

셋째, 학생들의 삶의 인식, 세계관의 이해와 통찰, 그리고 민주적 교육을 가능하게 한다. 교육연극은 단순히 교과교육의 목표를 달성하기 위해 연극을 수단으로 활용하는 소극적인 방법이 아니라, 예술을 통한 교육을 추구한다. 예술 본연이 갖는 미학적 기능뿐 아니라, 예술을 통해 현실을 인식하고 직접 역할을 맡아 수행하는 과정에서 삶의 총체성을 체험함으로써 학생들에게 더 나은 사회를 만들어나가고자 하는 책임 의식을 길러줄 수 있다. 이는 교육연극이 사회의 다양한 이슈와 주제들을 탐구하는 시민 교육의 방법으로 활용될 수 있음을 의미한다.

2. 교육연극의 종류

교육연극의 학자들은 이론적 연구와 실천을 병행하면서 각자 독특한 접근 방식을 개발하여 왔다. 그 결과 교육연극의 종류가 매우 다양해졌으며, 여기에서는 일반적으로 잘 알려진 것들을 중심으로 소개하고자 한다.

가. 역할놀이(Role Playing)

역할놀이는 국어과 수업에서 가장 많이 활용되는 교육연극이다. 역할놀이는 놀이와 연기, 사고가 갖는 상호 관련성을 활용하는 방법이다. 역할놀이의 참여자는 실제 언어 사용과 관련된 특정한 상황에서 자신이 맡은 어떤 역할(인물)을 몸에 배도록 연습함으로써 언어 사용 능력이 향상되며, 역할 수행 과정에서 발화자(인물)의 처지와 삶을 이해할 수 있다는 점에서 장점이 있다. 또한, 역할놀이에서 설정한 문제 상황에 대한 이해와 나아가 문제를 해결할 수 있는 방법을 찾을 수 있으며, 자신이 맡은 역할을 수행하는 과정에서 자신의 말과 행동이 상대방에게 어떤 영향을 끼칠 지 생각해 볼 수 있다는 점에서 인간 행동에 대한 통찰력을 기를 수 있다.

나. 창의적 드라마(creative drama)

창의적 드라마(creative drama)란 미국의 워드(Winifred Ward)에 의해서 만들어진 개념이자 방법론으로, 참여자가 사전 준비나 대본 없이 즉석에서 상황이나 이야기를 만들어가는 창의적인 활동을 의미한다. 창의적 드라마는 공연을 목적으로 하지 않기 때문에 준비된 대본 없이 진행된다는 것이 특징이다(최지영, 2007: 59). 극의 구조는 기존에 알고 있는 고전이나 이야기를 바탕으로 만들어지지만, 그 내용은 즉흥적으로 만들어지기 때문에 어떤 이야기든 미리 대사가 쓰이지 않는다(장연주, 2018: 17). 또한, 공연을 목적으로 하는 활동이 아니기 때문에 작품의 예술적 완성도보다 학생들의 참여 과정이 더 중요한 의미를 갖는다. 학생들은 창의적 드라마 활동에 참여하는 과정에서 특정 상황과 역할에 대한 이해를 풍부히 할 수 있다. 창의적 드라마는 참여자들이 인물의 삶과 자신의 삶을 연관시켜 이해할 수 있도록 유도한다는 점에서 전인격적인 발달을 견인할 수 있다.

다. 과정 드라마(Process drama)

과정 드라마는 세실리 오닐(Cecily O'Neill)에 의해 제안되었으며, D.I.E(Drama in Education)과 거의 동일한 개념으로 사용된다. 또한 과정 드라마라는 용어는 즉흥적 연극 놀이 활동과 구별하여 연극적 맥락을 강조하기 위한 목적으로 사용되기도 한다(Taylor P & Warner · Christine D., 한국교육연극학회 옮김, 2013: 18).

과정 드라마는 창의적 드라마(creative drama)와 마찬가지로 공연을 목적으로 하지 않기 때문에 정해진 대본이 없다. 그러나 창의적 드라마가 전인교육을 바탕으로 학습자들의 인격적 발달에 초점을 두고 연극을 만들어나가는 과정 자체를 강조한다면, 과정 드라마는 교사와 학생이 함께 만들어가는 과정을 중요하게 생각한다. 과정 드라마는 창의적 드라마에 비해 참여자들이 협동하여 극적 세계를 함께 탐색하여 만들고, 그 안에서 직접 살아보고 경험하는 것을 더 강조한다고 볼 수 있다(김주연, 2016: 114). 또한, 과정 드라마와 창의적 드라마는 공연을 위한 목적이 아니기 때문에 관객과 정해진 대본이 없다는 공통점이 있지만, 창의적 드라마는 이미 경험한 이야기를 다시 재현하기 때문에 과정 드라마보다 실연을 중요하게 여기며 과정 드라마는 교실 상황에서 특정한 역할을 맡은 배우-교사(actor-teacher)와 학생들이 연극이라는 허구에 몰입되어 각각 에피소드별로 특정한 쟁점들을 탐색하는 과정을 중요하게 여긴다는 점에서 차이가 있다(장연주, 2018: 20).

또한 과정 드라마와 창의적 드라마는 즉흥적으로 진행되기 때문에 참가자들의 즉흥성이 매우 중요하다. 비록 처음에는 교사가 여러 개의 에피소드를 드라마 형식으로 구조화하며 시작하였을지라도, 드라마의 전개, 발전, 변화, 결말은 참가자들의 즉흥적 참여로 결정된다. 극이 시작할 때부터 끝날 때까지 어떻게 진행될지 예측할 수 없기 때문에, 극의 의미는 참가자들의 참여와 상호작용을 통해 만들어진다고 볼 수 있다.

라. D.I.E(Drama In Education)

D.I.E(Drama In Education)는 영국의 도로시 헤스코트에 의해 정립된 개념이다. D.I.E(Drama In Education)는 연극을 만드는 과정을 통해 학생들이 무엇인가를 배우게 하는 것을 목적으로 한다. 즉, 극적인 상황을 만드는 것 자체가 중요한 것이 아니라 학습자들이 그들이 다루고 있는 연극적 상황에 자신을 투사시켜 무엇인가를 배우게 하는 것을 강조하는 것이다. 따라서 D.I.E(Drama In Education)는 학습자의 직접 참여와 적극적인 자세가 요구되며, 교사 역시 일방적인 지시나 연출이 아니라 참여자들을 이끌어주고 진행을 돕는 역할을 해야 한다.

마. T.I.E(Theatre In Education)

앞서 소개한 '역할놀이', '창의적 드라마', '과정 드라마', 'D.I.E(Drama In Education)' 가 연극적 요소를 방법으로 활용하는 교육연극에 해당한다면, T.I.E(Theatre In Education)는 공연을 목적으로 한다는 점에서 구분된다. 학생들은 T.I.E(Theatre In Education) 활동을 위해 기존의 작품의 내용을 대본으로 개작할 수도 있고, 자신들이 경험한 일들 중에서 연극으로 만들면 좋을 이야기를 선정하여 직접 대본을 쓸 수도 있다.

연극을 만들기 위해서는 반드시 이야기를 맥락화하는 작업이 필요하다. 어떤 이야기가 연극에 적합할지 서로 의논하며 이야기의 주제 의식을 탐구하여 이야기의 구조를 구성하는 것이다. 이후, 학생들은 이야기에서 중요한 장면이나 상황을 설정하여 구체적인 대사와 지문을 넣어 대본을 쓰고, 등장인물을 비롯하여 각자 맡을 역할을 정하게 된다. 한 편의 연극을 만들기 위한 각각의 단계들은 학생들이 자발적으로 최대한 즐겁게 참여할 수 있는 방향으로 이루어져야 한다.

3. 교육연극의 지도 방법

가. 연극적 기법을 활용한 교육연극 지도 방법

연극적 기법을 활용하여 지도할 수 있는 교육연극의 유형에는 '역할놀이', '창의적 드라마', '과정 드라마' 등이 있다. 이 유형들의 공통점은 연극적 기법을 활용하여 학생들의 흥미를 유발하거나 자발적인 참여를 이끌어냄으로써 문학 작품을 적극적이고 주체적으로 감상하는 데 목표가 있다. 연극적 기법을 활용한 교육연극의 지도는 공연을 목적으로 하는 연극 지도와 달리, 학생들에게 특정한 체험을 제공하는 것을 강조하기 때문이다. 여기에서는 대표적인 연극적 기법인 '전문가의 망토', '빈 의자 기법', '핫 시팅' 등을 활용하여 지도하는 방법을 소개하고자 한다.

(1) 전문가의 망토(Mantle of Expert) 기법

전문가의 망토 기법은 학생들이 연극 내에서 특정 직업의 역할을 맡고, 마치 자신이 그 직업을 가진 사람처럼 행동하는 연극 기법이다. 이 기법은 학생들이 '구체적인 전문가'의 역할을 직접 수행하는 과정에서 특정 분야에 대한 전문가로서 갖게 되는 삶의 양식과 그에 맞는 기능을 습득할 수 있다는 점에서 의미가 있다. 이때, 망토(Mantle)는 직업이 가지는 삶의 양식 및 기준을 의미한다. 헤스콧은 '전문가의 망토'를 '학습을 위한 드라마(Drama for learning)'라고 부르는데, 이는 참여자들에게 역할 안의 상황을 분석하고 판단하여 행동하게 하는 동기를 부여하기 때문이다 (Bolton, 1995, 최선화, 2011:7에서 재인용).

전문가의 망토가 전문가라는 역할을 부여받는다는 것 외에 역할놀이와 큰 차이가 없다고 생각할 수도 있지만, 실제 학생들은 '전문가'라는 직업을 역할로 맡게 된다는 것에 큰 매력을 느낀다. 일상생활에서 경험할 수 있는 여러 상황에서 한 사람의 역할을 수행하는 것과 전문가로서 직접 그들의 삶을 경험하는 것에 큰 차이가 있기 때문이다. 학생들은 직업인으로서 전문가의 역할을 수행하는 과정에서 특정 문제 상황을 직접 경험하고, 그 문제를 해결하기 위한 다양한 방법을 찾는 과정에서 창의적인 문제 해결력을 기를 수 있다. 따라서 전문가의 망토 기법을 활용한 교육연극 지도는 장기적으로 지도되어야 한다. 또한, 전문가의 망토 기법은 실생활 맥락에서 지식과 지식을 연결하여 통합시킨다는 점에서 여러 교과와의 통합 수업에서 적용할 수도 있다. 전문가의 망토 기법은 다음과 같은 순서로 지도될 수 있다.

① 실제 상황 맥락을 제시함으로써 학습의 동기를 부여한다.
② 학생들에게 전문가 역할을 부여한다.
③ 전문가 역할을 실연하는 과정에서 해결해야 할 과제를 제시한다.
④ 전문가 역할을 수행하며 문제를 해결한다.

(2) 빈 의자 기법

빈 의자 기법은 대화의 상대가 의자에 앉아있다고 가정하고 빈 의자에 가정된 상대와 대화를 나누는 형식의 연극 기법이다. 이때의 빈 의자는 하나의 오브제로서 의미 있는 타인으로 간주되는 대체물이거나 자신의 정서적, 물리적 장애가 객관화된 상관물이다. 참여자는 빈 의자에 타인 혹은 등장인물이 앉아 있다고 상상하거나 빈 의자에 이름표를 붙여둘 수도 있다. 의자에 사람이 아니라 작품의 주제를 표현하는 다른 상징물을 올려두어도 좋다. 빈 의자 기법은 참여자들이 빈 의자를 향해 자신의 감정을 직접 쏟아내는 과정에서 심리적 치유의 효과를 경험할 수 있다는 장점이 있으며 등장인물 혹은 작품의 상징적 소재에 대해 갖는 자신의 무의식을 의식화한다는 점에서 중요한 의미가 있다. 빈 의자 기법은 다음과 같은 순서로 지도할 수 있다.

① 교실 앞에 의자를 준비한다.
② 책 속의 등장인물을 정한다.
③ 의자에 등장인물이 앉았다고 상상한다.
④ 의자에 앉아 있다고 생각하는 인물에게 하고 싶은 말이나 질문을 한다.
　(인물의 얼굴, 옷차림, 상황, 마음, 생각, 인물이 하고 싶은 말 등)

(3) 핫 시팅(Hot-sitting) 기법

　핫 시팅 기법은 학생들이 드라마(작품) 속 인물을 직접 인터뷰하는 것을 가리킨다. 이 과정에서 학생들은 등장인물에 대한 이해를 심화할 수 있다. 핫 시팅 기법은 작품 혹은 제재를 읽고 '지금 여기'에 초대하고 싶은 인물을 선정하며 시작한다. 이때, 학생들 중에서 인터뷰 대상이 되는 등장인물이 '되어 보고 싶은' 사람을 선정한다. 나머지 학생들은 인터뷰 대상이 되는 인물에게 물어보거나 궁금한 내용들을 질문한다. 인터뷰 대상이 되는 인물 역할을 맡은 학생은 자신의 생각이 아니라, 작품 속 인물의 성격과 마음에 대한 이해를 바탕으로 '마치 자신이 그 인물인 것처럼' 대답해야 한다. 이 과정은 학생들이 문학 작품에 몰입할 수 있도록 도와줌으로써 학생들이 문학에 대한 친밀감과 재미를 느낄 수 있도록 도와준다. 핫 시팅 기법은 다음과 같은 순서로 지도할 수 있다.

① 의자를 교실 앞에 준비한다. (상황에 따라 여러 인물이어도 됨)
② 책 내용을 충분히 파악하고 등장인물을 정한다.
③ 한 명의 학생이 의자에 앉는다. 이 때 의자에 앉은 학생은 책 속의 등장인물이 된다.
④ 다른 학생들은 인물에 대해 궁금한 것을 질문하고 의자에 앉은 학생은 이야기 속 인물이 되어 유추해 대답할 수 있다.
⑤ 또 다른 인물을 선정하여 인터뷰를 할 수도 있다.

나. 공연을 목적으로 하는 교육연극 지도 방법

공연을 목적으로 하는 교육연극은 연극을 만드는 과정에 따라 크게 '공연 준비', '공연', '공연 후 평가'의 단계로 구분하여 지도할 수 있다. 공연을 준비할 때 학생들은 어떤 작품을 공연할 것인지 작품을 선정하고, 작품의 내용을 각색하여 대본으로 만들고 역할을 나누어 연습하는 등의 활동을 하게 된다. 공연 단계에서는 준비한 대본과 맡은 역할을 충실히 수행하여 공연을 하게 된다. 공연이 끝나면 학생들은 자신들이 맡았던 공연이 잘 이루어졌는지 점검하고 성찰하는 시간을 갖는다.

공연 준비 단계에서는 어떤 이야기를 연극의 내용으로 할 것인지를 먼저 정하고, 정한 내용을 각색하여 극본을 만들고 역할을 나누어 공연을 준비하는 것이 주로 이루어진다. 이때, 학생들은 문학 작품을 극본으로 각색하여 공연을 준비할 수도 있지만, 자신들이 직접 경험한 것을 토대로 직접 극본을 만들 수도 있다. 학급에서 연극 만들기 활동을 진행할 경우, 한 학기 혹은 학년이 마치는 시점에서 학급에서 있었던 일들을 떠올려본다. 떠올린 일 중 다양한 인물이 등장하며 갈등이 두드러지게 나타나는 사건을 바탕으로 학생들이 직접 극본을 만들어 볼 수도 있다. 극본을 만들어볼 수 있다. 학생들이 직접 만드는 극본은 자신들의 경험을 의미화하는 과정을 경험할 수 있기 때문에 더욱 의미가 크다. 극본을 만들 때에는 등장인물이 여러 명인지, 사건에서 갈등이 두드러지게 나타나고 갈등의 해결 과정이 담겨 있는지, 무대에서 연출하기에 적절한 장면들이 포함되어 있는지, 대본 안에 등장인물의 말과 행동이 극적으로 표현되어 있는지 등을 고려하여야 한다.

공연할 극본이 만들어졌다면, 학생들은 각자 역할을 나누어 맡아 본격적으로 공연을 준비해야 한다. 이때, 되도록이면 학급의 많은 친구들이 연극에 참여할 수 있도록 배역을 정해야 하며, 주인공을 하고 싶은 친구가 여러 명일 경우에는 주인공을 나누어 맡을 수 있도록 한다. 또한, 연극에는 등장인물을 연기하는 배우 이외에도 연출자, 작가, 소품 담당, 무대 담당 등 다양한 역할이 필요하므로 자신이 잘 할 수 있는 역할을 찾아 연극에 참여할 수 있도록 해야 한다. 대본을 연습할 때에는 마치 실전처럼 실감나게 연습에 임하여야 하지만, 연기의 질이 중요한 것이 아니므로 연기에 부담을 가지지 않으면서 자연스럽게 연습이 이루어질 수 있도록 지도한다.

공연(presentation & participation) 단계에서는 자신이 맡은 배역을 무대 위에서, 관객 앞에서 직접 연기해야 한다. 많은 사람들 앞에서 연기한다는 것이 긴장될 수도 있지만, 너무 떨지 않도록 최대한 편안한 상태에서 연습했던 것을 충분히 보여줄 수 있도록 지도한다.

공연 후 평가(post-work) 단계에서는 공연을 마친 후 연극 만들기의 전 과정에 대해 서로 이야기할 수 있도록 지도한다. 공연을 마친 후에 느꼈던 소감이나 공연을 준비하면서 느꼈던 것들에 대한 이야기를 나누어도 좋고, 의상 및 소품 준비, 무대 만드는 과정에서 자신이 참여했던 부분에 대해 개선해야 할 점이나 자신들의 경험이나 작품의 내용을 각색하여 만들었던 극본에 대해 수정할 부분 등을 이야기하여도 좋다.

제6장 [매체 지도]
1. 정보 검색 도구의 활용

1. 인터넷 텍스트와 정보 검색 도구의 특성

기술이 고도로 발달하면서 인터넷과 생성형 인공지능 등을 활용한 정보 검색이 가능해졌다. 이제는 성인뿐 아니라 어린 학생들의 일상에도 인터넷이 주요 정보 검색 도구로 자리 잡았다. 과거에 인간은 정보를 얻기 위해 책을 활용해 왔다. 책을 읽어주며 지식을 전수하던 때도 있었지만, 인쇄술이 대중화되면서부터는 누구나 직접 책에서 정보를 구할 수 있었다. 현재는 그간 책을 매개로 축적되었던 정보가 디지털화되면서 인터넷을 활용하면 시간과 장소에 구애받지 않고 필요한 정보를 얻을 수 있게 되었다.

인터넷 환경의 디지털 텍스트가 보편화되기 전까지 읽기 교육에서는 학생들에게 인쇄 매체를 잘 읽기 위한 전략을 지도해왔다. 인터넷을 이용한 정보 검색 과정은 종이책과 같은 인쇄 매체 읽기와 중첩되는 지점도 있는 반면, 또 다른 인지 과정과 전략을 요구하기도 한다(Cho, 2011; Coiro & Dobler, 2007; Leu, 2000). 이에 따라 인터넷을 활용한 정보 검색이 새로운 문식 활동으로 교육의 대상이 되었다.

인터넷 텍스트는 다음과 같은 특성을 갖는다. 첫째, 인터넷 텍스트는 비선형적이다. 인터넷에서 정보는 노드(node)와 링크(link)를 통해 결합되어 표현된다. 이렇게 구성된 텍스트 혹은 정보의 구조를 '하이퍼텍스트(Hypertext)'라 한다. 문서와 각종 멀티미디어(노드)는 인간이 무언가를 머릿속에 연상하듯 자유로운 이동이 가능한 형태로 서로 연결(링크)되어 있다. 그렇기에 이용자는 하나의 주제를 중심으로 노드를 연관시키며 필요한 정보를 구축해 간다.

둘째, 인터넷 텍스트는 다양한 기호 양식으로 구성된 '복합양식 텍스트(multi-modal text)'로 이루어진다. 종이책이나 잡지, 신문 등의 인쇄 매체는 문자 언어와 이미지로 구성된다. 반면 인터넷 텍스트는 문자 언어와 이미지뿐 아니라 음향, 영상과 같은 다양한 기호 양식이 의미 구성에 복합적으로 기여한다. 그렇기에 인터넷 텍스트를 읽는 이용자는 문자 언어와 다른 기호 양식 간의 관계를 파악하여 의미를 종합하는 보다 복잡한 인지 과정을 거친다.

국어과 교육과정에서는 정보 검색 도구의 특성을 다음과 같이 제시하고 있다(교육부, 2022:40). 첫째, 핵심 단어를 중심으로 검색한다. 정보 검색 도구는 '검색엔진'이라고도 부르는데, 네이버(Naver)와 다음(Daum), 구글(Google) 등이 대표적이다. 이용자는 검색어를 입력해 검색어와 관련한 정보를 탐색할 수 있다. 검색엔진은 이용자가 작성한 검색어와 연관성이 높은 웹페이지를 제공한다. 이용자는 필요한 정보를 구하기 위해 자신의 목적에 부합하는 핵심 단어를 추려 검색어로 입력해야 한다.

둘째, 정보 검색 도구는 정보 유형별로 검색 결과를 제시한다. 이용자가 검색어를 입력한 후 정보는 웹페이지 내에서도 유형별로 달리 배치된다. 검색어 내용을 중심으로 이미지, 동영상과 같이 정보의 형태에 따라 구분되기도 하고, 사전, 뉴스, 학술 정보, 쇼핑 등 정보의 쓰임에 따라 별도의 웹페이지로 이동할 수 있는 검색 옵션을 제공하기도 한다. 이용자는 특정 텍스트를 선택하여 해석하고 평가하기 이전에, 정보의 유형에 따라 해당 텍스트의 내용을 예측해봄으로써 정보 탐색 목적과의 관련성을 예측해볼 수 있다.

2. 인터넷 텍스트 읽기를 통한 정보 검색의 과정

인터넷에서 정보를 탐색하는 과정은 전통적인 방식의 인쇄 매체 읽기 과정과 차이가 있다. 인쇄 매체와 인터넷 매체에서의 텍스트 읽기를 비교하면 다음과 같다.

〈표 1〉 인쇄 매체 텍스트 읽기와 인터넷 매체 텍스트 읽기의 비교(김성희, 2009:15)

읽기 관련 요인	전통적 인쇄매체 읽기	하이퍼텍스트 읽기
생산자의 역할	텍스트 생산자	텍스트 생산자 및 수정
수용자의 역할	생산자의 의미 수용	능동적 의미 구성, 재생산자
유통자의 역할	텍스트 배포자	텍스트의 재구성 및 배포자
텍스트의 구조	선형적	비선형적
읽기의 흐름	순차적	비순차적
읽기 단위	완성 텍스트	분절 텍스트
읽기 공간	페이지(page)	화면
의미 구성의 중심	생산자	수용자
의미 구성 방식	배경지식과 텍스트의 결합	배경지식, 텍스트의 의미, 다양한 정보들의 하이브리드적 결합

전통적인 인쇄 매체를 읽을 때 수용자는 생산자가 만들어낸 완성된 텍스트를 읽어 의미를 수용하는 역할을 해왔다. 수용자의 배경지식이 텍스트 의미를 구성하는 데 영향을 미치기는 하였으나, 그럼에도 의미 구성의 중심은 생산자에 있었다. 수용자는 생산자가 구조화한 텍스트의 구성을 따라 순차적으로 텍스트를 읽었다.

반면 인터넷 매체를 활용해 정보를 탐색하는 이용자는 이미 생산된 텍스트의 수용자인 동시에 분절된 텍스트로부터 능동적으로 의미를 재구성해내는 생산자의 역할을 한다. 웹상에는 비선형적인 텍스트가 마치 낱개의 조각처럼 존재한다. 이용자는 자신의 과제 목적을 중심으로 분절된 텍스트 조각을 비순차적으로 읽어내며 읽기 경로를 스스로 선택한다.

인터넷 텍스트 읽기의 과정을 보여주는 모형으로 Leu et al(2009)이 제안한 LESC 온라인 독해 과정 모형이 있다. LESC 모형은 기능에 따라 '탐색하며 읽기(Locate)', '평가하며 읽기(Evaluate)', '종합하며 읽기(Synthesis)', '의사소통하기(Communication)'로 구분된다.

먼저 이용자는 '탐색' 과정에서 자신의 과제 목적에 따라 정보를 찾기 위해 키워드를 입력한다. 검색 엔진은 키워드와 관련성이 높은 자료를 이용자에게 제공한다. 이용자는 헤드라인이나 섬네일(thumbnail) 등을 통해 자료의 본문 내용을 유추하면서 과제 목적과의 관련성을 고려해 여러 텍스트 중에서 읽을 텍스트를 선별한다.

다음으로 이용자는 선택한 텍스트를 '평가'하며 읽는다. 사이트의 저작자가 누구인지, 저작자의 권위나 텍스트에 드러나는 관점이 어떠한지, 그리고 텍스트 진술의 논리성이나 내용의 신뢰성 등을 판단한다. 이때 이용자는 기존의 인쇄 매체 읽기에서 주요하게 사용해왔던 '사전 지식 활성화', '중요 정보 평정', '추론'과 같은 전략을 활용한다.

이용자는 탐색과 평가의 과정을 반복하면서 여러 텍스트를 검토한다. 각각의 텍스트로부터 핵심 내용과 세부 사항들을 추출하고 이들을 '종합'하여 최종적으로 새로운 의미나 관점 등을 세운다. 이렇게 하나의 주제를 중심으로 여러 텍스트를 읽어 의미를 구성하는 읽기를 '다중 텍스트 읽기' 또는 '다문서 읽기'라고 한다.

종합한 의미는 의사소통 목적이나 과제의 유형, 예상 독자 등을 고려해 적합한 형태의 텍스트로 구성한다. 이용자는 문서 작성 프로그램이나 메신저, 소셜 네트워크 서비스와 같은 의사소통 도구를 활용해 자신이 작성한 텍스트를 타인과 공유하고 상호 평가한다.

3. 지도 내용

인터넷에서 정보를 찾는 과정은 전통적인 인쇄 매체 읽기에서 사용해왔던 전략에 더하여 또 다른 전략 사용을 요구한다. 인터넷에서 정보를 평가하고 종합하는 과정에는 기존의 인쇄 매체에서 활용해왔던 전략과 유사한 전략을 사용하기도 하지만, 탐색과 의사소통의 과정에는 특히 매체의 특성이 두드러지게 반영되기 때문이다. 최숙기(2017)는 LESC 온라인 독해 과정 모형의 각 과정에서 요구되는 기능과 이용자의 전략을 다음과 같이 제시하고 있다.

〈표 2〉 LESC 온라인 독해 처리 과정에 따른 온라인 독해 기능 및 전략(최숙기, 2017: 448-449)

온라인 독해 과정	온라인 독해 기능	온라인 독해 전략
1. 정보 탐색을 위한 읽기 (Locate)	(1) 웹 기반 검색 엔진에 대한 사전 지식 활용	• 브라우저 및 검색 엔진의 구조 및 활용 방법에 대한 사전 지식 활용 • 브라우저 및 검색 엔진의 적합한 선택
	(2) 적합한 검색어 선택 및 사용	• 필요한 정보를 탐색하는 데 요구되는 검색어 예측 • 상황에 따라 검색어 조정
	(3) 검색한 자료 읽기	• 전방 추론적 읽기 • 훑어 읽기, 찾아 읽기
2. 평가하며 읽기 (Evaluate)	(1) 저작자 및 웹사이트 관련 정보 출처에 대한 신뢰도 평가	• 저작자나 개발자에 대한 전문성 평가 • 개인 블로그 글, 신문 기사, 기관 보고서 등의 정보 출처 유형 평가
	(2) 정보 내용에 근거한 타당도와 신뢰도 평가	• 웹사이트가 내포한 편견이나 지지하고 있는 입장에 대한 비판적 접근 • 상업적 이유로의 정보 활용 여부 • 정보 자체의 타당성과 논리성 확보 • 불완전한 정보 구조의 파악
3. 종합하며 읽기 (Synthesize)	(1) 중요 정보에 대한 파악과 요약하기	• 정보 자료에서 세부 내용과 중심 내용의 분류 및 텍스트 중심 내용 요약하기
	(2) 여러 정보 자원을 종합하기	• 탐색한 온라인 다문서를 의미나 주제 중심으로 정보 통합적 읽기
4. 의사소통하기 (Communicate)	(1) 수사학적 과제 상황의 고려	• 예상 독자에 대한 명확한 인식과 고려 • 의사소통 목적과 과제 유형에 적합한 텍스트 형식 적용
	(2) 의사소통의 저작 도구나 기술의 활용	• 의사소통 및 상호 작용성 효과를 고려한 저작 도구 및 기술의 활용

독해 과정 모형의 각 과정에서 요구되는 기능과 이용자의 전략은 인터넷 정보 검색 도구의 활용을 위한 교육 내용 요소가 된다. 초등학교 교육과정에서는 인터넷을 활용한 정보 검색의 교육 내용 요소 중 '정보 탐색을 위한 읽기'에 초점을 두고 있다. 교육과정에서 제시하고 있는 교육 내용은 다음과 같다.

초등학교 중학년은 인터넷에 접속하기, 다양한 매체 자료 훑어보기, 자료의 내용 파악하기, 유용한 자료 선택하기 등을 학습한다. 보다 구체적으로는 교과 학습 맥락에서 인터넷에 접속하여 매체 자료에 효과적으로 접근하고 자신의 목적에 비추어 유용한 정보를 선택하여 활용하는 능력을 기르는 데 초점을 두어 지도해야 한다.

초등학교 고학년에서는 정보 검색 도구의 특성에 대한 이해를 바탕으로 적절한 정보 검색 전략을 수립하고 과제 목적에 맞는 매체 자료를 선택해 활용하는 능력을 길러주는 데 초점을 두어 지도한다. 목적에 부합하는 검색어를 생성하려면 핵심 단어를 중심으로 검색이 실행되는 정보 검색 도구의 특징을 이해할 필요가 있다. 그리고 정보 검색 과정을 지속적으로 성찰하고 점검하면서 과제 목적에 적절한 자료 검색이 이루어지도록 수행 과정을 조정해야 한다.

4. 지도 방법

가. 개념지도를 활용한 검색어 생성

인터넷 검색 엔진을 사용하여 자신의 목적에 맞는 매체 자료를 찾기 위해서는 적합한 검색어를 만들어 입력해야 한다. 개념지도를 활용해 검색어를 떠올리고 조정하도록 지도할 수 있다.

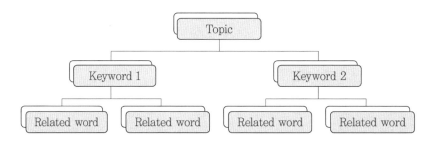

[그림 1] 검색어 개발을 위한 개념 지도(Brun-Mercer, 2019: 5)

먼저, 개념 지도의 최상단에는 해결해야 할 과제의 주제를 쓴다. 주제를 쓰기 위해서는 과제의 목적이나 필요한 자료의 유형 등을 검토해야 한다. 가령, '로봇세를 도입해야 하는가'라는 주제로 찬성 또는 반대 입장을 뒷받침하기 위한 자료를 조사한다고 하자. 학생은 주제 칸에 '로봇세 도입을 찬성(반대)하기 위한 근거 찾기'를 작성한다.

다음으로 주제로부터 핵심 단어(keyword)를 추출한다. 핵심 단어는 초기에 작성할 검색어이기도 하고, 검색어를 입력한 후 제공되는 사이트와 기사를 훑어 읽을 때 과제 목적과 본문 내용 간의 관련성을 평가하기 위한 단서로 활용된다. 또, 초기 검색어가 적합한 자료를 제공하지 못하면 검색어를 조정하는 데 사용할 수 있다. 사례로 든 과제에서는 '로봇세', '로봇 세금' 등을 핵심 단어로 설정할 수 있다.

핵심 단어를 중심으로 학생들은 관련어를 작성한다. 관련어는 사전 지식에 기반하여 내용을 떠올릴 수도 있고, 검색 과정에서 검토한 텍스트로부터 관련어를 추출할 수도 있다. 위 과제와 관련하여 '산업혁명', '일자리', '기술력' 등이 관련어가 될 수 있다.

학생들은 과제 목적이나 주제를 중심으로 생각 그물을 그려나가듯 개념 지도를 채워가면서, 적합한 매체 자료를 찾아내기까지 검색어를 만들고 조정하는 과정을 체계적으로 경험할 수 있다. 단, 중학년의 경우 인터넷 검색 엔진 사용에 익숙하지 않으므로 인터넷에서 자료를 탐색하고 목적에 맞게 선택하기를 지도할 때 인터넷 공간을 지정하여 제한된 범위에서 자료를 탐색하게 하고, 이후 자신의 과제 목적에 맞게 검색어를 조정하는 전략을 지도할 필요가 있다.

나. 인터넷 매체 자료 평가를 위한 질문 활용

인터넷에서 자신의 목적에 맞는 매체 자료를 찾기란 쉽지 않다. 인터넷상에는 다양한 출처의 자료가 비선형적으로 존재하기 때문에 이용자가 자신의 과제 성격에 알맞은 매체 자료를 찾기 위해서는 적합한 검색어를 생성하고 조정해가며 읽기 경로를 구축해야 한다.

또한 선택한 웹사이트나 개별 텍스트의 적절성을 비판적으로 판단할 수 있어야 한다. 웹사이트나 온라인 매체 자료는 제작자의 편견이나 신념, 상업적 목적 등이 관여하여 왜곡된 내용을 전달할 가능성이 있고, 누구나 자료를 제작하고 온라인상에 공유할 수 있어 내용의 정확성을 담보하지 못하기 때문이다.

인터넷에서 매체 자료를 탐색할 때에는 웹사이트와 인터넷 텍스트의 속성을 이해하고 이를 비판적으로 평가하기 위해 점검표를 활용할 수 있다. CRAAP 테스트는 Kent 주립대의 사서 교사들이 학생들의 온라인 정보 평가를 위해 개발한 평가 기준이다. 학생들은 최신성, 관련성, 권위성, 정확성, 목적성을 중심으로 자신에게 질문을 던지고 답하는 과정에서 개별 자료의 적절성을 평가할 수 있다.

<표 3> 온라인 정보 평가를 위한 CRAAP 테스트(Blakeslee, 2010)

최신성 (Currency)	**"최근 자료인가?"**
	• 정보가 게시된 날짜를 확인할 수 있나요?, 수정되거나 업데이트 되었나요? • 주제에 대한 정보가 최신인가요, 오래되었나요?
관련성 (Relevance)	**"과제 목적과 관련된 정보인가? 중요한 정보인가?"**
	• 어떤 독자를 대상으로 쓰여 졌나요? • 나의 탐구 주제와 어떤 관련이 있나요?, 나의 질문에 답해줄 수 있는 자료인가요?
권위성 (Authority)	**"정보의 출처는 어디인가?"**
	• 정보 작성자를 확인할 수 있나요? • 정보 작성자는 어떤 직업(자격), 어떤 기관 소속인가요? • 정보 작성자를 해당 주제의 전문가라고 판단할 수 있나요? • 해당 정보에 대해 이야기할 수 있는 연락처 정보가 있나요?
정확성 (Accuracy)	**"정보의 내용이 진실하고 정확한가?"**
	• 정보에서 제공하는 사실, 주장의 근거가 참고문헌으로 제공되고 있나요? • 편파적인 언어나 어조를 사용하지 않나요? • 다른 곳에 검토되거나 참조(인용)된 적이 있나요? • 철차, 문법, 인쇄상의 오류가 있나요?
목적 (Purpose)	**"이 정보는 왜 존재하는가?"**
	• 정보가 쓰여진 목적을 확인할 수 있나요? • 저자가 가진 가치관, 성향으로 인한 편견이 정보에 반영되지 않았나요? • 핵심 주장, 결론은 무엇인가요? 주장을 일관되게 하고 있나요? • 동일한 주제의 다른 정보와 비교하면 어떤가요?

다. 중요 정보 결정하기와 요약하기

이용자가 인터넷에서 찾은 매체 자료를 자신의 지식으로 재구성할 때에는 '텍스트에서 중요한 정보를 결정'하고 이를 중심으로 텍스트를 '요약'하며, 요약한 텍스트들을 '종합'한다(이명용, 2022: 31). 이용자는 배경지식과 인터넷에서 탐색한 매체 자료를 연결 지을 때, 과제 목적에 비추어 새로운 정보의 중요성을 판단한다. 그리고 이를 간추린 뒤에 요약 텍스트들을 꿰어 하나의 의미로 통합한다.

이용자가 여러 웹페이지를 검토하고 그 중에서 중요한 정보를 변별해내어 필요한 부분만을 요약해서 하나의 지식으로 종합하는 과정은 인지적으로 매우 복잡하다. 따라서 자료들을 꼼꼼히 검토하는 과정이 필수적이다. 그러나 읽기 능력이 충분하지 않은 채 스마트기기로 매체 자료를 빠르게 훑어 읽는 데 익숙해진 학생은 하나의 매체 자료를 깊이 있게 읽기보다 필요한 정보를 핵심 단어 중심으로 낚아채듯(Skimming) 읽는 데서 그칠 여지가 있다. 이런 경우 웹사이트의 매체 자료를 볼 때 중요한 정보를 파악하고, 이를 요약하는 활동지를 활용하여 자료를 더 깊게 읽을 수 있도록 지도할 수 있다.

〈표 4〉 중요 정보 결정하기와 요약하기 활동지(이명용, 2022: 131)

웹사이트를 선택하고 웹사이트의 내용 중 중요한 정보를 찾아봅시다.	
웹페이지를 훑어봅시다. 무엇에 대한 내용입니까?	
웹페이지에서 주제나 목적에 관련된 검색어 3개를 정하여 검색해 봅시다.(Ctrl + F)	
검색 결과를 참고하여 웹페이지에서 중요하다고 생각하는 그림, 아이콘, 도표 등을 그리거나 설명해 봅시다.	(선택)
웹페이지의 가장 중요한 내용은 무엇입니까?	
위의 내용이 왜 중요한지 설명해 봅시다.	

자신이 선택한 웹페이지의 정보를 요약하는 연습을 해 봅시다.	
살피기: 웹페이지의 제목, 메뉴, 이미지, 링크 등을 훑어봅니다. 이 웹페이지는 어떤 내용의 정보를 담고 있을지 예상해 봅시다.	(생략 가능)
질문하기: 제목과 주제가 무엇입니까? 제목과 주제를 질문으로 바꾸어 봅시다.	
읽기: 웹사이트의 검색 도구(또는 찾기(Ctrl + F)에 관련 검색어를 입력하고, 검색 결과 검색어가 포함된 문단을 읽습니다. 그리고 위에서 작성한 질문에 대한 답변을 씁니다.	

무엇이 중요한 정보인지 결정할 때에는 문자, 그림, 아이콘, 도표 등 다양한 매체 자료와 복합양식 텍스트의 특성을 고려해야 한다. 매체 자료를 요약할 때에는 단순히 웹사이트에서 제공한 내용을 복사하여 붙여 넣지 않고 자신의 언어로 재구성해볼 수 있도록 지도해야 한다.

제6장 [매체 지도]
2. 뉴스의 신뢰성 평가

1. 뉴스의 개념과 유형

가. 뉴스의 개념과 뉴스 가치

우리는 흔히 뉴스를 통해 새로운 소식을 접한다. 뉴스는 '우리 주변에서 일어나는 사건과 사고, 그리고 뉴스 가치를 지닌다고 판단되어 일정한 틀에 맞추어 보도되는 내용'을 의미한다. 지금 이 순간에도 주위에서 크고 작은 사건과 사고가 발생한다. 그중 뉴스로서 가치(value)가 있는 사안이 추려져 뉴스로 생산된다. 뉴스 가치는 무엇을 뉴스로 전달할 것인가를 정하는 기준을 의미하는데, 그 세부적인 기준은 영향성, 시의성, 저명성, 근접성이다.

'영향성'은 해당 사건으로부터 영향을 받는 사람의 수를 뜻한다. 어떤 사건이 많은 사람들에게 영향을 미칠수록 뉴스로서의 가치가 크다는 의미이다. 뉴스의 내용이 개개인의 현실 문제로까지 직결되는 경우 뉴스가 미치는 영향은 더 커진다.

'시의성'은 사건이 발생한 이후 경과된 시간을 의미한다. 최근에 발생한 사건일수록 시의성이 크며 뉴스 가치가 높다. 종이 신문은 일, 주, 월 단위로 발간되는 데 반해, 텔레비전 뉴스와 인터넷 매체를 기반으로 하는 온라인 뉴스는 실시간으로 내용이 수정·보완되어 시의성에 더 민감하게 반응한다.

'저명성'은 보도 대상이 되는 인물이나 기관, 단체가 얼마나 유명한지를 의미한다. 사건 당사자의 사회문화적 영향력이 클수록 저명성이 크다. 대중에게 잘 알려진 대상은 그렇지 않은 대상과 비교할 때 동일한 사건을 경험해도 기사화될 될 가치를 지닌다고 판단한다.

'근접성'은 사건이 발생한 지역과 뉴스가 보도되는 지역 간의 가깝고 먼 정도를 의미한다. 일반적으로 독자들은 나와 지리적으로 가까운 곳에서 벌어진 상황에 큰 관심을 보이지만, 먼 곳에서 발생한 상황에는 상대적으로 관심을 기울이지 않거나 추상적인 사태로 인식할 가능성이 크다.

대체로 누군가에게 뉴스 가치가 높다고 판단되는 사건은 대다수에게도 가치를 지녀 보도될 가능성이 크다. 그러나 동일한 사건에도 언론사 또는 기자의 판단 하에 뉴스의 가치가 조금씩 달리 매겨지기 때문에 우리는 뉴스가 모든 사실을 전경에 두어 다룬다는 환상에서 벗어나 뉴스를 선택적으로 수용할 필요가 있다.

나. 뉴스의 유형

뉴스는 주제와 전달하는 매체 종류에 따라 유형을 구분할 수 있다. 뉴스 주제의 차원에서는 정치, 경제, 사회문화, 교육, 연예, 스포츠 등을 중심으로 구분된다. 주요 포털 사이트와 언론사 홈페이지는 이용자가 관심사에 따라 원하는 분야의 기사를 집약해서 빠르게 찾아 읽을 수 있도록 주제를 중심으로 웹페이지 화면을 배치하거나 주제별로 별도의 페이지를 구성한다.

매체 종류의 차원에서는 전통적인 전달 매체인 종이 신문과 텔레비전 뉴스, 인터넷의 발달로 생겨난 인터넷 뉴스로 구분할 수 있다. 인터넷 뉴스는 이용자의 소비 행태를 반영해 다양한 형태(format)로 생산된다. 흔히 볼 수 있는 웹페이지 형태는 종이 신문을 웹상에 옮겨놓은 듯이 기사 면을 구성하고 하단에 댓글창을 배치하여 실시간으로 뉴스 이용자들이 의견을 교류할 수 있는 공간을 제공한다.

최근에는 짧은 글과 이미지를 선호하는 모바일 기기 이용자의 사용성을 고려하여 이미지의 비율을 높인 카드뉴스가 제작된다. 카드뉴스는 일반적인 웹페이지 형태의 뉴스와 달리, 짧은 단어나 문장을 포함한 여러 컷의 사각형 이미지를 좌우 또는 상하로 넘겨가며 읽는다. 카드뉴스는 이용자가 스마트폰의 작은 화면으로 기사를 읽기 때문에 가독성을 높이기 위해 만들어진 새로운 뉴스 형태이다. 카드뉴스는 뉴스뿐 아니라 개인과 공공기관, 기업 등이 소식과 정보를 전달하기 위한 매체로도 활용하고 있어 점차 활용도가 높아지고 있다.

2. 가짜뉴스의 문제와 신뢰성 평가의 필요성

뉴스의 내용과 표현에는 뉴스 생산자의 신념이나 가치관이 개입된다. 뉴스가 객관적인 사실만을 다룰 것이라는 기대와 달리, 뉴스는 생산자의 의도에 따라 일부 측면이 강조되거나 은폐되기도 한다. 특정 개인 혹은 집단의 이익을 대변하기 위해 사실을 왜곡하여 유통하는 행위는 가짜뉴스 (fake news) 또는 허위조작정보(disinformation)의 모습으로 나타난다.

가짜뉴스와 허위조작정보의 용어와 개념을 명확하게 구분 짓기란 쉽지 않다. 통상 가짜뉴스는 언론에서 잘못된 정보를 보도하는 경우를, 허위조작정보는 언론과 소셜네트워크서비스 등의 매체에서 악의적으로 왜곡하여 유통하는 정보를 가리킨다. 이하에서는 허위성과 고의성이 없어도 잘못된 정보를 포함하는 뉴스 또한 신뢰성 평가의 대상이 되어야 함을 전제로 '가짜뉴스'라는 용어를 사용한다.

소셜미디어 이용자가 급격히 증가하면서 가짜뉴스는 더 빠른 속도로 생산·유통되고 있다. 실시간으로 쌍방향 소통이 이루어지는 소셜미디어 공간에서는 누구나 별도의 규제를 받지 않고 정보를 (재)생산해서 공유할 수 있는 까닭에, 신뢰성이 확인되지 않은 정보가 빠르게 확산될 여지가 있다. 특히 최근 생성형 인공지능 기술이 고도로 발달하면서 대중의 눈과 귀를 속이는 그럴듯한 거짓 정보가 생산되고 있어 문제의 심각성은 더욱 커지고 있다.

Loos et al.(2018)은 학생들이 가짜뉴스에 얼마나 취약한지를 확인하기 위해 실험을 진행하였다. 이들은 "Save The Northwest Pacific Tree Octopus"라는 제목의 눈속임(spoofing) 웹사이트를 보여주었다. 해당 게시글의 소재는 멸종위기에 놓인 '북서태평양 나무문어'로, 실재하지 않는 꾸며낸 종(種)이다. 해당 페이지에는 북서태평양 나무문어의 사진과 이에 대한 설명, 더 구체적인 정보를 위한 참조 링크, 그리고 하단에는 기관명이 제시되어 있어서 이용자가 거짓정보임을 알기 어렵다.

[그림 2] Save The Northwest Pacific Tree Octopus(북서태평양 나무문어 구하기)
웹사이트 화면(https://zapatopi.net/treeoctopus/)

연구에 참여한 학생 중 10% 내외만이 웹사이트의 신뢰성을 의심하였다. 이러한 결과는 가짜뉴스나 허위조작정보를 비판적으로 읽어내기 위한 전략의 지도가 초등학교 수준에서부터 이루어져야 한다는 사실을 시사한다. 초등학생들은 디지털 원주민(Prensky, 2001)으로 디지털 기기 사용에 익숙한 세대이지만, 매체를 통해 유통되는 정보를 비판적으로 수용하는 능력은 디지털 기기 사용 능력과 별개의 능력이기 때문에 주요한 교육 내용으로 다루어질 필요가 있다.

3. 지도 내용

노들과 옥현진(2022)은 초등학생을 대상으로 하는 뉴스 리터러시 교육 내용으로 '뉴스의 개념 및 특징 이해하기', '뉴스의 형식 이해하기', '뉴스 생태계의 변화 이해하기', '뉴스의 공정보도 판단하기', '뉴스 만들기'를 제안하였다.

'뉴스의 개념 및 특징 이해'는 뉴스의 개념과 영향성, 시의성, 저명성 등 뉴스 가치를 결정하는 기준들을 다룬다. '뉴스의 형식 이해'는 육하원칙에 기반하여 작성하는 뉴스의 형식적 특성과 뉴스의 구성 요소(제목, 날짜, 기자, 내용, 사진, 영상 등)에 관한 내용이다. '뉴스 생태계의 변화 이해하기'는 뉴스의 전달 매체에 따른 유형과 이에 따른 특징, 디지털 매체의 발달로 확대되는 허위 조작 정보의 문제 등을 포함한다. '뉴스의 공정보도 판단'은 허위 조작 정보의 공정성과 신뢰성 판단하기를 주요 내용으로 한다. '뉴스 만들기'는 뉴스의 요건과 형식, 공정성을 갖추어 학생이 직접 뉴스를 만들어보게 한다.

위에서 제안한 교육 내용 중 '뉴스의 공정보도 판단'의 경우, 국어과 교육과정에서 제시하는 '뉴스의 신뢰성 평가' 내용과 관련지을 수 있다. 교육과정에서는 뉴스와 각종 정보 매체 자료의 영향성을 고려하여 수용자가 자료의 신뢰성을 평가하려는 태도를 지녀야 함을 강조한다. 매체 자료의 신뢰성을 평가할 때에는 ① 제작자가 얼마나 해당 분야에 전문적이고 권위가 있는지, ② 실제 취재하거나 수집한 근거 자료를 기반으로 제작된 것인지, ③ 근거 자료가 얼마나 정확하고 최신의 것이며 증빙 가능한 것인지 등을 검토해야 한다.

4. 지도 방법

가. 뉴스의 신뢰성 분석하기

국제도서관협회연맹(IFLA)은 가짜뉴스를 판별하기 위한 여덟 가지의 요소를 제시하고 있다 (IFLA, 2017). 이 중 일부를 활용해 학생들에게 인터넷 뉴스 기사의 신뢰성을 분석하는 점검표로 제공할 수 있다. 아래 검토 항목은 일반적인 형태의 인터넷 뉴스 기사를 점검할 때 유용하다.

(1) '제목'과 '본문' 내용 꼼꼼히 읽기

인터넷에서 검색어를 입력하였을 때 검색엔진은 전체 뉴스 기사가 아닌, 검색어와 관련한 여러 뉴스의 제목 목록을 제공한다. 제목은 이용자의 시선을 끌기 위해 과장되거나 자극적인 표현으로 작성되기도 한다. 이를 고려하여 학생들이 제목만으로 뉴스의 내용을 판단하지 않고 내용까지 꼼꼼히 살펴 뉴스에서 전달하려는 이야기가 무엇인지 파악해보도록 지도한다.

(2) '게시 날짜' 확인하기

오래된 내용을 그대로 다시 기사화한 뉴스는 최신성을 담고 있지 않아 뉴스 가치가 훼손된다. 하나의 사건은 발생한 이후에 구체적인 정황 등이 지속적으로 변하므로 중요한 사건일수록 최근 뉴스를 찾아 읽어야 한다. 또, 이전 시점에 작성된 뉴스를 읽고 현재 상황을 잘못 해석할 가능성이 있어 주의가 필요하다.

(3) '웹사이트의 신뢰성' 점검하기

현재 읽고 있는 텍스트의 내용과 별개로 웹사이트가 믿을만한지 아닌지를 조사해야 한다. 해당 웹사이트가 만들어진 목적이 적힌 부분이나 연락처 정보 등을 중심으로 웹사이트의 신뢰성을 판단할 필요가 있음을 알려주어야 한다.

(4) '저자' 확인하기

이 뉴스를 쓴 기자가 믿을만한지, 진정성이 있는지 등을 확인하게 한다. 정보의 신뢰성을 판단할 때는 무엇보다도 정보를 생산한 주체의 신뢰성이나 해당 분야에 대한 권위 등을 파악할 필요가 있다. 최근 소셜미디어 등을 통해 유통되는 뉴스는 원저작자로부터 다른 저작자로 옮겨가며 재구성을 거쳐 유통되는 특성을 갖는다. 최근에는 생성형 인공지능을 활용해 여러 뉴스 기사를 데이터화하여 새로운 요약 기사를 생산하기도 한다. 뉴스의 원저작자를 파악하기란 쉽지 않지만, 그럼에도 개별 뉴스의 저자 정보를 확인하여 신뢰성을 검토해야 할 필요성을 일러주어야 한다.

(5) '추가 자료'의 적절성 평가하기

인터넷 뉴스에는 기사 본문 외에도 링크(link)가 제공된다. 링크는 이용자가 현재 페이지에서 다른 페이지로 이동하게 할 수 있게 하는 통로에 비유할 수 있다. 뉴스 생산자는 뉴스 기사와 관련하여 이용자가 참고할 수 있는 페이지를 링크로 미리 설정해 두는데, 이용자는 링크를 눌러 연결된 페이지의 정보가 현재 페이지의 내용을 이해하는 데 실질적으로 도움이 되는지를 검토할 수 있다.

나. 뉴스 비교 · 평가하기

뉴스의 가치를 평가하고 양질의 기사를 선별할 때에는 한 편의 뉴스만 분석하기보다, 여러 편의 뉴스를 비교하며 평가하는 과정이 효과적이다. 예를 들어 각각의 뉴스에 대하여 다음과 같은 질문에 답하도록 지도할 수 있다. 여기에서는 카드뉴스를 예로 살펴보겠다.

[카드뉴스 1]	[카드뉴스 2]
1. 카드뉴스의 제목이 뉴스의 주제와 잘 어울리나요?	
(예시 답변) [카드뉴스 1] 대형마트 갈 때 장바구니 필수! [카드뉴스 2] 내년부터 대형마트서 종이박스 못 쓴다고?	
2. 이 카드뉴스를 제작한 사람은 누구인가요? 기자의 이름이나 직위, 소속 등이 명확하게 밝혀져 있나요?	
(예시 답변) [카드뉴스 1] 송광호 기자 / 김지원 기자 / 이수정 인턴기자(디자인) [카드뉴스 2] 기획 = 디지털뉴스국 이휘주 인턴기자 / 그래픽 = 조혜원 인턴기자	

[그림 3] 카드뉴스 간 비교(김정은, 2021: 328)

두 카드뉴스는 제목과 본문에 사용된 글과 그림의 배치 방식에서 차이가 있다. [카드뉴스1]의 "제목은 대형마트 갈 때 장바구니 필수!"이고 [카드뉴스 2]의 제목은 "내년부터 대형마트서 종이박스 못 쓴다고?"이다. 학생들에게 두 개의 카드뉴스를 보여주면서 "같은 내용을 다루고 있음에도 제목이 다른 이유가 무엇인가요?", "각 뉴스에서 강조하려는 부분은 무엇일까요?", "주제와 잘 어울리는 제목인가요?" 등을 질문할 수 있다.

두 개의 카드뉴스에는 뉴스 제작자의 이름과 직위 소속이 명시되어 있다. 여기서는 [카드뉴스 1]에 전문기자, 작가, 인턴기자(디자인)가 제작에 참여하였지만, [카드뉴스 2]는 인턴기자 2명이 제작하였음을 찾아내어 작성자의 전문성을 달리 평가할 수 있음을 지도할 수 있다.

뉴스는 동일한 정보원(source)을 다루더라도 다양한 주체에 의해 각기 다른 방식으로 생산된다. 따라서 생산 주체에 따라 뉴스의 질적 차이가 발생한다. 학생들은 이들 뉴스를 비교해보면서 보다 구체적이고 상대적인 근거에 기반하여 뉴스의 가치를 평가할 수 있다.

다. 유튜브의 가짜 뉴스 판별하기

유튜브(Youtube)는 세계 최대 규모의 동영상 공유 서비스로, 누구나 영상을 게시하고 감상할 수 있는 플랫폼이다.[1] 유튜브는 영상을 게시하는 절차가 간소해서 최소한의 디지털 기기 사용 능력만으로도 영상을 유통할 수 있고, 전 세계 이용자들에게 실시간으로 공유되어 영상 내용의 파급력이 매우 크다는 특징이 있다.

유튜브는 다양한 주제의 영상 자료를 쉽고 빠르게 소비할 수 있다는 점에서 큰 인기를 끌고 있으나, 이와 동시에 가짜뉴스 또한 무분별하게 생산·유통된다는 부작용을 안고 있다. 비전문가도 영상을 제작하여 게시할 수 있고, 사실이 확인되지 않거나 날조된 내용의 영상도 별도의 제재 없이 실시간으로 공유되기 때문이다.

유튜브에서 무분별하게 양산되는 가짜뉴스는 이용자에게 잘못된 정보를 제공하고 잘못된 신념이 굳어지는 데 일조한다. 유튜브의 추천 알고리즘은 개인의 영상 시청기록을 토대로 유사한

---

[1] 2024년 기준 대한민국의 유튜브 이용자 수는 약 4,640만 명에 달했고, 전 세계 2순위에 오른 미국은 약 4억 6,700만 명이 유튜브를 이용하는 것으로 집계되었다(statista, 2024, 최종검색일: 2024.06.23.).

주제와 관점의 영상을 제안하는데, 이는 이용자의 편의성을 높이기도 하지만 정보 편식을 유발하기도 한다. 이처럼 알고리즘이 추천하는 영상에만 의존하는 현상을 '필터 버블(filter bubble)'이라 한다. 다수의 가짜뉴스는 특정 개인 또는 집단의 이익을 대변하는 거짓 정보나 편향된 관점의 해석을 기반으로 제작된다. 그래서 이용자가 오염된 정보에 의존하면서 자신이 가진 그릇된 신념이 굳어지게 된다.

그럼에도 정보의 생산이 자유로운 유튜브와 같은 온라인 문식 환경에서는 가짜 뉴스를 규제하기 쉽지 않은 까닭에, 매체 교육에서는 이를 비판적으로 읽어낼 수 있는 역량을 강조하고 있다(백희정, 2022: 182). 남윤제 외(2021)는 유튜브에서 '가짜 뉴스를 퍼뜨리지 않는 방법'과 '가짜 뉴스를 판별하는 방법'을 다음과 같이 제시하고 있다. 학생들과 유튜브에서 뉴스를 볼 때 아래의 방법을 참고하도록 지도할 수 있다.

〈표 5〉 가짜 뉴스를 퍼뜨리지 않는 방법과 판별하는 방법(남윤제 외, 2021: 198)

가짜 뉴스를 퍼뜨리지 않는 방법	가짜 뉴스를 판별하는 방법
• 일단 멈추고 생각하라. • 출처를 확인하라. • 가짜일 수 있는지 의심하라. • 확실하지 않으면 공유하지 말라. • 사실을 개별적으로 확인하라. • 감정적인 게시물을 조심하라. • 동의한다고 공유하지 말라.	• 진짜인지 가짜인지 생각부터 한다. • 뉴스 제목으로 검색해 중앙지에 있는지 살펴본다. • 제목에 물음표(?), 느낌표(!), 밑줄, 색 표기 등이 많으면 가짜다. • 사람들이 그대로 믿으면 누가 이익을 볼지 생각하라.

제3부

초등 국어 교수 학습의 확장

제1장
한글 문해 지도

1. 한글 문해의 개념

한글 문해는 문자를 음성화, 의미화하는 초기 읽기와 음성을 문자로 기록하고 낱말의 의미를 알고 쓸 수 있는 초기 쓰기를 포함하는 능력이다. 초기 읽기와 초기 쓰기를 포함하는 개념임을 강조하기 위해 '초기 문해(early literacy)'라는 용어를 사용하기도 한다. '초기 문해'는 결국 한글 문해와 동의어로 초기 읽기와 초기 쓰기를 모두 일컫는다. 이는 한글 문해가 기초 문식성을 구성하는 가장 핵심적인 능력임을 의미한다.

한글 문해는 대체로 낱말 수준의 읽기, 쓰기뿐만 아니라 그 낱말의 의미를 아는 것을 말한다. 이 과정에는 음운 지식, 글자와 소리의 대응 지식, 철자 지식 등 다양한 지식들이 관여하고 기초 어휘에 대한 단어 재인 능력 등이 요구된다. 즉, 한글 문해란 '시각적으로 제시된 낱말을 말소리로 바꾸어 그 말소리에 해당되는 낱말을 자신의 어휘망(mental lexicon)을 탐색하여 의미와 연결 짓는 능력'이라고 정의할 수 있다.

2. 한글의 특성

가. 음소 문자

음소 문자는 문자 하나가 소리의 최소 단위인 음소와 1 : 1 대응이 되는 문자를 말한다. 즉 /ㄱ/ 소리를 나타내는 문자는 'ㄱ'인데, 이때 소리 /ㄱ/은 '가지'와 '바지'에서 알 수 있듯이 뜻을 구별할 수 있게 하는 소리의 최소 단위이다. 하나의 낱자가 하나의 음소를 나타낼 수 있다는 점에서 한글은 대표적인 음소 문자에 속하며 뛰어난 표음성[1]을 지니고 있어 많은 소리를 표기할 수 있다. 그 예로 한글에는 로마자에 없는 'ㅓ, ㅡ, ㅐ, ㅚ, ㅟ'와 같은 단모음을 나타내는 모음자와 'ㅕ, ㅛ, ㅠ, ㅒ, ㅖ, ㅢ, ㅘ, ㅙ, ㅝ, ㅞ'와 같은 이중 모음을 나타내는 모음자가 있어 여러 가지 소리를 나타낼 수 있다. 음소 문자는 음소를 단위로 하여 만든 문자이므로 글자나 의미를 나타내는 문자에 비해 문자의 수가 적다는 장점이 있다.

나. 음절 문자

한글의 낱자는 음소를 단위로 나타내지만, 한글을 운용하는 방식에 있어서는 낱자를 조합하여 하나의 음절을 이루는 글자로 모아쓰는 방법을 사용한다. 로마자를 사용하는 영어 사용자들이 자모를 옆으로 나열해서 풀어쓰기를 하는 것과는 대조적이다. 한글은 음소 문자이면서도 2~4개의 자모를 글자 단위로 표기하는 방식을 취하기 때문에 어느 정도는 음절 문자의 특성도 가지고 있다. 일본의 가나 문자는 하나의 음절이 하나의 낱자를 나타내는 음절 문자인데, 한글은 이와는 달리 낱자를 모아쓰는 방식으로 음절 단위를 생성함으로써 음절 문자의 특성을 가지는 것이다. 한글은 음소 단위의 자모 체계를 갖추고 있으면서도 음절 단위로 모아쓰기를 한다는 점에서 복합적인 특성을 갖는다. 이렇게 음절 단위로 모아 쓴 글자는 시각적인 경계가 분명하다는 특성이 있다.

---

1 문자의 표음성이란 문자와 음소의 대응 정도를 나타내는 말로 표음성은 해당 언어의 표기법에 따라 달라진다(김하수 · 연규동, 2015).

다. 형태주의 표기법

표기법의 원리를 나타내는 대표적인 이론에는 표음주의와 표의주의가 있다. 표음주의는 말(소리)을 적는 문자가 소리 나는 그대로를 반영해야 한다고 보는 입장이다. 표음주의(phoneticism)의 입장에서는 문자-소리의 대응이 1 : 1이 되어야 이상적인 것이라고 여긴다. 국제 음성 기호(IPA)는 문자 한 개에 한 가지의 발음이 대응되도록 정한 것으로, 표음주의 표기를 보여 주는 것이다.

반면 표의주의는 문자와 발음의 1 : 1 대응을 중요하게 여기지 않는다. 이는 문자의 인식에서 의미를 중시하기 때문이다. 표의주의는 문자를 소리 나는 대로 적는 것이 불합리함을 크게 두 가지로 설명한다. 첫째, 문자가 가진 보수성으로 발음은 시대에 따라 바뀌었지만 문자가 바뀌지 않게 되어 표음에 충실하지 못하는 경우가 생긴다. 둘째, 비슷한 소리를 구별하기 위해 의도적으로 소리와 다른 표기법을 사용하기도 한다. 이는 맞춤법이 까다롭게 된다는 단점이 있지만 읽기의 효율성을 높일 수 있다.

한글은 음소 문자, 음절 문자의 특성을 가지고 있으나 이를 조합하여 우리말을 글로 옮겨 적을 때에는 의도적으로 정한 표기법을 따른다. 현재 우리가 따르고 있는 표기법의 약속은 '한글 맞춤법'이다. 한글 맞춤법의 제1항에서는 다음과 같이 대원칙을 밝히고 있다.

> 제1항　　한글 맞춤법은 표준어를 소리대로 적되, 어법에 맞도록 함을 원칙으로 한다.

'표준어를 소리대로 적는다'라는 전제에, '어법에 맞도록 한다'는 조건이 붙어 있다. 먼저 표준어를 소리대로 적는다는 것은 표준어의 발음을 따라 표기함을 의미한다. 예를 들어 '나비', '고무'는 소리 나는 대로 적으면 그 자체로 뜻을 나타내는 낱말이 된다. 그런데 모든 낱말을 소리 나는 그대로 적을 수는 없다. 소리 나는 그대로 적을 경우 뜻이 잘 파악하기 어려워 독서의 능률이 떨어지기 때문이다. 예를 들어 '꽃이/꽃을/꽃으로'의 표기는 소리 나는 대로가 아닌 원래의 형태를 밝혀 적게 된다. 어법에 맞도록 한다는 것은, 결국 뜻을 파악하기 쉽도록 하기 위하여 각 형태소의 본모양을 밝히어 적는다는 말이다. 맞춤법에서는 각 형태소가 지닌 뜻이 분명히 드러나도록 하기 위하여, 그 본 모양을 밝히어 적는 것을 또 하나의 원칙으로 삼은 것이다.

3. 한글 문해 지도 방법

가. 발음 중심 접근법

발음 중심 접근법은 정확한 읽기, 쓰기를 목표로 한다. 문자 언어의 가장 기초적인 기능인 자소─음소의 대응 관계를 이해하는 것이 가장 중요하다고 생각한다. 따라서 자모의 음가를 정확하게 가르치는 것부터 지도하고, 점차 낱말과 문장 수준으로 그 대상을 확대해간다. 읽기, 쓰기 학습에서 중요한 것은 '정확한 글자의 형태'이며 효율적인 읽기, 쓰기 학습이 이루어지기 위해서는 음소─글자의 대응 원리를 먼저 터득한 후에 관습에 맞게 정확한 발음으로 읽기를 하고 바른 철자로 글자 쓰기를 하여야 한다는 것이다.

이 방법은 한글 자모음의 체계를 논리적으로 이해하고 발음의 규칙성을 지도하는 데 유용하다. 특히 자소와 음소의 대응이 매우 규칙적이고 자모가 글자를 형성하는 원리가 명확한 한글의 장점을 최대한 발휘할 수 있는 방법이다. 몇 가지 원리만 이해하면 모든 글자를 읽을 수 있을 정도로 학습의 전이도 매우 뛰어나다. 그러나 한편으로 너무 분석적이고 논리적이어서 한글 문해 교육을 받는 시기의 어린 학습자들에게는 적절하지 않다는 단점이 있다. 추상적이고 무의미한 단위를 강조하므로 학습자의 흥미나 동기를 유발시키기 어려운 것이다.

〈표 1〉 발음 중심 접근법의 장점과 단점

장점	• 한글 구조에 적합하며 체계적이고 논리적 지도 가능함 • 글자ㆍ소리 대응 규칙 지도에 적합함 • 맞춤법 학습에 유용함
단점	• 분석적, 추상적이어서 초기 독자와 초기 필자가 이해하기 어려움 • 학습 흥미와 관심을 유지하기 어려움 • 음운 변동이 있는 낱말의 읽기, 쓰기에 어려움을 겪음

이 방법은 관습적인 읽기, 쓰기에 비추어 얼마나 정확하게 읽기, 쓰기를 했느냐에 관심을 둔다. 발음 중심 접근법의 지도 내용으로는 청각 식별, 시각 식별, 시지각 운동, 눈의 좌우 진행

운동, 어휘에 대한 설명과 반복 연습, 글자와 소리의 연결, 새로운 낱말의 시각적 해독, 소근육 운동의 발달 촉진, 낱말 쓰는 시범보이기, 맞춤법이나 문법에 맞게 쓰기 등을 강조한다.

(1) 자모식

자모식은 자모법 또는 기억니은식 지도법이라고도 한다. 'ㄱ'에 'ㅏ'를 더하면 '가'가 되고, 'ㅂ'에 'ㅓ'를 더하면 '버'가 된다는 식의 문자 지도 방법이다. 실제 지도에서는 기본 음절표를 활용하여 자모인 'ㄱ, ㄴ, ㄷ, ㄹ…ㅎ'과 'ㅏ, ㅑ, ㅓ, ㅕ…ㅣ' 등을 가르치고, 'ㄱ'에 'ㅏ'를 더하면 '가'가 되며, '가'에 받침 'ㄱ'을 더하면 '각'이 된다는 식으로 지도한다. 자모식은 문자라는 집합체를 구조적으로 분석하고, 인지할 수 있는 성인 교육에 효과적이나 추상적 인식 능력이 부족한 학생에게는 다소 어려움이 있다.

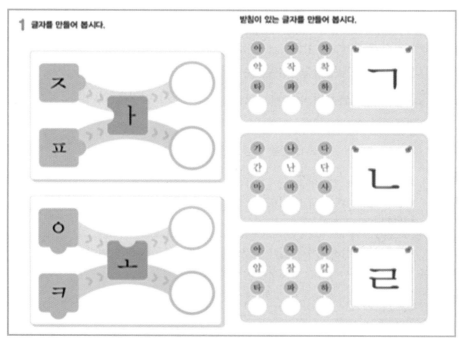

[그림 1] 자모식 지도 자료

(2) 음절식

음절식은 음절법 또는 가갸식 지도법이라고 한다. 음절을 중심으로 지도하는 방법에는 '체계적 자모 교수법'과 '동음절 연상법'이 있다.

첫째, '체계적 자모 교수법'은 음절의 체계적인 조직표인 기본 음절표를 활용하여 먼저 '가갸거 겨…'식의 개음절을 지도하고, 다시 여기에 받침을 덧붙여 폐음절 '각갹걱격…' 등의 음절을 지도한 다음에 문장으로 확장하는 방식이다. 한 음절을 자소의 단위까지 분석하여 가르친다는 점에서는 자모식과 별 차이가 없으나, 기본 음절표를 사용하여 음절 사이의 자모와 그 자모의 음가를 체계적으로 비교 식별하게 함으로써 자소–음소 대응 관계를 지도한다는 점이 특성이다. 이 방법은 한글의 특성을 살려 문자 체계의 이해를 지도하는 것이다.

〈표 2〉 기본 음절표(일부)

자음＼모음	ㅏ(아)	ㅑ(야)	ㅓ(어)	ㅕ(여)	ㅗ(오)	ㅛ(요)	ㅜ(우)	ㅠ(유)	ㅡ(으)	ㅣ(이)
ㄱ(기역)	가	갸	거	겨	고	교	구	규	그	기
ㄴ(니은)	나	냐	너	녀	노	뇨	누	뉴	느	니
ㄷ(디귿)	다	댜	더	뎌	도	됴	두	듀	드	디
ㄹ(리을)	라	랴	러	려	로	료	루	류	르	리
ㅁ(미음)	마	먀	머	며	모	묘	무	뮤	므	미
ㅂ(비읍)	바	뱌	버	벼	보	뵤	부	뷰	브	비

둘째, '동음절 연상법'은 낱말 분석은 음절 수준에 머물고, 하나하나의 음절을 단위로 새로운 낱말을 형성하거나 분석하도록 연습을 시키는 방법이다. 예를 들면, '우리'라는 낱말을 '우유'의 '우'와 '머리'의 '리'로 분석하고, '우'자와 '리'자를 결합하여 '우리'라는 낱말을 만들어보는 것이다. 이 방법은 학습 과제의 최소 단위가 음절이지만 기본 음절표를 사용하지 않는다는 점에서 체계적 자모 교수법과 차이가 있으며, 학습 과제의 최소 단위가 음절이라는 점에서 낱말식과 구별된다.

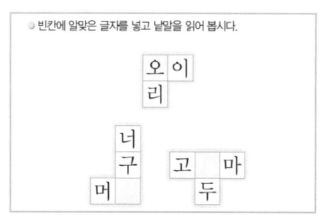

[그림 2] 동음절 연상법의 예시

나. 의미 중심 접근법

의미 중심 접근법은 문자의 모양이나 구성 원리보다는 낱말 또는 문자의 의미 이해에 중점을 둔다. 음소나 낱자가 아닌 의미를 중심으로 언어를 가르치는 방식이다. 추상적인 낱자 수준이 아니라, 구체적인 낱말이나 문장이 학습의 대상이 되므로 학습자의 흥미를 유발시킬 수 있고, 단순한 문자 읽기보다 의미 파악이 중심이 된다.

이 방법은 어린 학습자의 발달 수준에 맞고 학습자의 흥미를 유발할 수 있다는 장점이 있다. 실생활에서 익숙한 소재를 중심으로 그림을 제시하여 반복적으로 지도함으로써 학습자가 쉽게 학습하고 흥미를 느끼게 할 수 있다. 또한 제시된 글을 그대로 읽고 쓸 뿐만 아니라 의미를 확장하여 말하거나 생각해보는 활동과도 연계할 수 있다. 반면에 학습의 전이가 떨어진다. 학습한 낱말과 문장만을 기억하기 때문에 처음 보는 글은 읽기 어렵다.

〈표 3〉 의미 중심 접근법의 장점과 단점

장점	• 낱말의 발음보다 낱말의 의미에 초점을 둠 • 학습 흥미 유발과 관심 유지 • 읽기, 말하기, 쓰기의 통합 지도
단점	• 정확한 발음이 어려움 • 새로운 낱말이나 문장 학습에 학습 전이가 낮음 • 단어의 의미를 억측하는 경우가 있음

(1) 낱말식

낱말식은 낱말법이라고도 하며, '아버지', '우리' 등과 같은 낱말을 중심으로 지도하는 방법이다. 낱말식에서는 시각 어휘(sight word)나 학생들이 빈번하게 사용하는 낱말을 지도한다. 낱말식은 실생활에서 학습자에게 친숙한 낱말을 그림과 함께 익히게 하여 낱말을 통째로 익히는 방식이어서 쉽게 접근할 수 있고 흥미를 유발할 수 있다. 그러나 모든 글자를 일일이 시각화하여 지도하는 데 어려움이 있다. 주로 문자 학습의 초기에 시각 어휘화하기 쉽고 학습자에게 친숙한 어휘군을 중심으로 지도할 때 쓰인다. 예를 들어, 과일, 동물, 채소, 학용품 등은 낱말식으로 가르치기 좋은 어휘군이다.

[그림 3] 낱말식 지도 자료

낱말식은 읽기와 쓰기 활동에서 모두 활용할 수 있으며, 낱말의 난이도에 따라 가르치는 순서를 조절해야 한다. 성숙자(2001)는 한글의 쓰기 지도 단계를 '개음절 낱말 쓰기 → 폐음절 낱말 쓰기 → 문장 쓰기'로 제안하였다. 첫 번째, '개음절 낱말 쓰기'로 시작하는 이유는 자소와 음소의 대응이 이루어져 소리 나는 대로 적을 수 있는 것이 쉽기 때문이다. 개음절의 1음절 낱말은 일단 형태소와 소리, 낱말이 일치하므로 1음절 낱말부터 시작해야 글자를 인식하기 쉬울 것이다. 받침이 없는 개음절어 중에서도 자음이 예사소리, 기본형 자음인 것, 모음이 단모음인 것부터 시작해야 한다. 두 번째, 폐음절 낱말 쓰기 단계에서는 종성은 소리 나는 대로 쓸 수 있는 것부터, 홑받침, 겹받침의 순서로 지도하여야 한다. 세 번째, 폐음절 낱말이나 조사가 결합된 문장 쓰기는 형태소에 대한 문법적 지식이 있어야 하므로 문장 쓰기 단계는 소리 나는 대로 쓰는 표기법 다음의 단계라고 본다.

(2) 문장식

문장식은 문장법이라고도 하며 처음부터 간단한 문장을 통하여 문자를 지도하는 방법이다. '나는 사과를 먹는다.'처럼 '누가, 무엇을, 어찌하다'로 구성되는 문장을 여러 가지 제시하여 기본 유형의 문장을 자연스럽게 익히게 하는 방법이다. 이 때 문장만 제시하기보다 그림과 함께 제시하거나 이야기 속에서 제시하여 의미 파악을 돕는다.

문장식은 사물에 대한 이해는 전체적 파악이 우선되어야 하며, 그 이후에 부분의 분석으로 들어가야 한다는 구조주의 철학과 형태 심리학의 영향을 받은 지도법이다. 전체 구조에 해당하는 문장을 문자 지도의 기본 단위로 삼고 있다. 이 방법은 언어 운용의 실제적 단위인 문장을 직접 다룸으로써 생활과 직결되고, 학생의 흥미를 북돋울 수 있는 장점이 있으나 문자·음가의 연결을 소홀하게 다루기 쉽다.

의미 중심 접근법의 특징은 낱말이나 문장 단위를 가르치더라도 보다 큰 단위인 텍스트 안에서 지도한다는 것이다. 정확한 읽기보다는 독자가 능동적으로 텍스트와 상호작용하며 문맥에서 자연스럽고 의미 있게 익히는 학습을 지향하기 때문이다. 이러한 지도를 위해서는 문학 작품, 그 중에서도 그림책이 대표적이고 매우 효과적인 교육 자료가 된다. 그림책은 독자가 글을 읽지 못해도 그림을 보고 의미 구성이 가능하고, 짧고 쉬운 글 텍스트를 통하여 낱말과 문장을 효과적으로 가르칠 수 있는 자료이다. 여기에는 예측 가능한 그림책, 글 없는 그림책, 글 있는 그림책 읽기 및 읽어 주기 등이 포함된다.

① 글 없는 그림책 읽기

글 없는 그림책을 통해 독자의 흥미를 유지하며, 상상력, 사고력, 어휘력을 풍부하게 할 수 있다. 글 없는 그림책은 처음 글과 글자를 접할 때의 부담감을 줄이고 자유롭게 상상력을 펼치게 하는 데 유용하다. 각각의 그림이 지니는 의미를 탐구하고, 그림을 연결시켜서 이야기를 자유롭게 지어보는 활동을 한다. 또한 한글 해득이 되지 않은 경우라도 각 그림에 어울리는 이야기를 만들어 볼 수 있다.

② 글 있는 그림책 읽기

글 있는 그림책 읽기는 어느 정도 글을 읽을 수 있는 학습자에게 적합하지만 정확히 읽을 필요는 없으므로 역시 독자의 부담은 많이 덜어줄 수 있다. 낱말이나 문장을 정확히 읽지 못하더라도 그림이라는 단서가 추론을 활발하게 해 주기 때문이다. 학습자는 자신이 아는 낱말과 문장 중심으로 글을 읽되 그림과 연관시켜 전체 글의 의미를 추론해 볼 수 있다. 이러한 활동은 이야기와 낱말에 대한 개념을 발달시키고, 글자의 개념과 글자를 탐구하는 능력을 발달시킨다.

다. 균형적 접근법

균형적 접근법은 1990년대 초부터 의미 중심 접근법으로 교육받은 학습자가 해독에 어려움을 겪는다는 문제점을 해결하고자 나온 방법이다. Rasinski(2013)는 균형적 접근법을 풍부한 독서 경험 제공과 성공적인 읽기에 필요한 기능 및 전략의 명시적 지도 간 '균형'을 이루는 것이라고 하였다. 균형적 접근법에서는 의미 있는 실제 상황에서 글의 의미와 내용을 이해하도록 하고 실생활에서의 필요와 흥미를 유지하도록 하는 한편, 발음 중심 접근법에서 강조하는 음운 인식, 철자 지식, 자모 결합 원리, 글자 · 소리의 대응 지식, 해독을 명시적이고 체계적으로 학습하도록 하는 데 목적을 둔다.

<표 4> 균형적 접근법의 장점과 단점

장점	• 학습자의 개인차를 고려한 맞춤형 지도 　-낱말의 의미를 알지만 해독에 어려움을 겪는 경우에 발음 중심 접근법을 알맞은 때에 지도 　-해독은 유창하지만 의미 파악에 어려움을 겪는 경우에 의미 중심 접근법을 알맞은 때에 지도 • 한글 읽기와 한글 쓰기의 균형
단점	• 학습자의 개인적 특성에 맞는 지도 방법 판단의 어려움(개별 진단 필요)

　다음은 2022 개정 국어과 교육과정에 따른 초등학교 1-1 『국어』 교과서에 반영된 균형적 접근법의 예이다.

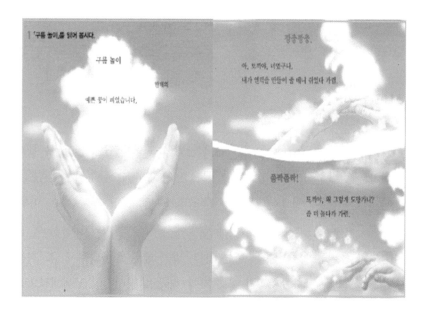

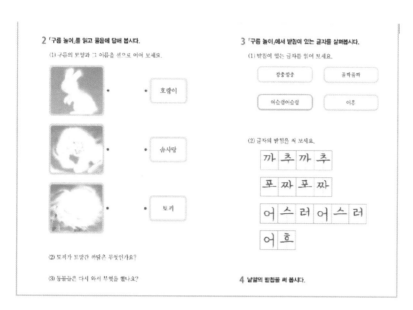

[그림 4] 균형적 접근법의 예시(초등 1-1 국어 교과서)

제2장
국어과 학습 부진 지도

1. 국어과 학습 부진의 개념

국어과는 언어사용 능력을 길러주는 교과이며 의사소통의 도구, 사고의 도구, 학습의 도구가 된다는 점에서 중요하다. 언어사용 능력이 부족할 경우 생활과 학습 장면에서 어려움을 겪을 수 있어 국어과 학습 부진 지도는 중요한 의미를 갖는다. 특히 초등학교 단계는 언어사용의 기초를 익히는 시기이므로 학습 부진이 누락되지 않도록 하는 것이 중요하다(임천택, 2011).

국어 학습 부진은 신체적, 정신적 장애를 지닌 경우보다, 환경적 요인에 의해 교육의 결손이 생긴 상태로서, 문자를 다룰 수 있는 기초 기능의 부진에서부터 국어과에서 제시하는 최소 수준의 목표에 도달하지 못한 상태까지를 포함할 수 있다. 또한 국어 학습 부진은 기본적인 문자 학습 여부를 의미하는 기초 학습 부진과 해당 교과 학습 부진 양쪽 모두에서 중요한 문제이므로 국어 학습 부진의 개념과 유형을 정하고, 그에 따른 판별 및 지도를 위한 노력이 무엇보다 중요하다(이경화, 2009). 국어과 학습 부진은 적절한 교육적 처치 뿐 아니라 학생 스스로의 노력이 동반될 때 문자 학습 뿐만 아니라 최소한의 학업 성취 수준에 도달할 수 있으리라 기대한다.

2. 국어과 학습 부진의 원인

국어과 학습 부진의 원인은 학습자 내적 요인과 외적 요인으로 나누어 살펴볼 수 있다. 국어과 학습 부진의 원인이 되는 학습자 내적 요인으로는 인지적 요인(지능, 지식, 기능, 사고력 등), 정의적 요인(학습 동기, 흥미, 주의 집중 등), 신체적 요인(청각, 발성, 시각 기능 등)이 있다. 학습자 외적 요인으로는 교육적 요인(교육 내용의 수준과 양, 교재의 질, 교사의 수준, 지도 방법, 수업 환경 등), 가정적 요인(가정 분위기, 부모의 교육열, 부모의 학력 수준 등), 사회적 요인(사회 환경, 동료 집단의 분위기, 작문 관습 등)을 제시할 수 있다(임천택, 2011).

국어과 학습 부진의 원인은 일반적인 학습 부진의 원인과 국어과에 한정적인 학습 부진의 원인이 복합적으로 작용하기 때문에 이를 종합하면 다음과 같다.

〈표 1〉 국어 학습 부진의 원인

학생 내적 요인	인지적 요인	• 일반 지능 • 기억력 • 배경 지식 • 일반적인 사고력
	정의적 요인	• 국어 학습 동기 • 국어 학습 효능감 • 국어 학습 흥미 • 국어 학습 습관 • 국어 학습 집중력
학생 외적 요인	교육적 요인	• 국어과 교육과정의 수준 • 국어 지도 방법 • 국어 지도 자료 • 국어 지도 프로그램 • 국어 지도 환경
	가정·사회적 요인	• 가정의 빈곤 및 무관심 • 가정의 지나친 관심과 압력 • 국어교과에 대한 잘못된 시각 • 국어 학습 분위기 조성 실패

학생 내적 요인 중 인지적 요인은 주로 일반적인 학습 부진의 원인에 해당된다. 지능, 기억력, 배경 지식, 사고력 등이 해당 학년의 평균적인 수준에 미치지 못하면 국어 학습뿐만 아니라 다른 교과 학습에서의 부진을 불러올 수 있다. 그러나 이러한 인지적 요인 중에서도 국어과에서 실행하는 적절한 지도 방법으로 향상시킬 수 있는 요인들이 있다. 학생 내적 요인으로 인지적 요인 외에 정의적 요인도 많은 영향을 미친다. 기본적인 인지적 능력을 갖춘 학생이라도 국어 교과에 대한 정의적 측면에서 부정적인 인식을 가진다면, 이는 국어 학습 부진으로 이어질 수 있다. 또한 일반적으로 인지적 능력이 부족한 학생들은 정의적 측면에서의 부정적 인식이 동시에 발생하기 때문에 이 두 요인은 서로 상호작용하면서 국어 학습 부진을 더욱 심화시킬 수 있다. 국어 학습 부진의 정의적 요인으로는 국어 교과에 대한 동기, 흥미, 효능감, 습관, 집중력 등이 있다. 국어 학습에서 정의적 요인은 그 중요성은 인식되고 있지만 국어과 지도에서의 실질적인 반영은 미흡하다.

국어 학습 부진을 일으키는 학생 외적 요인은 다시 교육적 요인과 가정·사회적 요인으로 나눌 수 있는데, 가정·사회적 요인은 학교에서 이루어지는 교육적 중재로 해결하기 어려운 부분이므로 여기에서는 교육적 요인에 초점을 두어 살피고자 한다. 교육적 요인으로는 국어과 교육과정, 교과서, 교육 내용과 방법, 교수 학습 자료, 수업 환경 등을 들 수 있다. 국어 학습 부진의 개념이 교육과정을 바탕으로 제시하는 최소한의 학습 목표에 미도달한 학생을 의미하지만, 교육과정에서 제시하는 목표 자체가 해당 학년의 학생들이 성취하기에 어려운 것이 아닌지를 점검할 필요가 있다. 또한 학년 간이나 학교 급별 간에 교육과정에서 제시하는 목표의 난이도가 갑자기 높아지는 부분이 없는지 확인하여야 한다. 이 외에도 교사의 지도 방법이나 지도 자료, 지도 환경 등의 요인이 있는데, 이들은 앞에서 제시한 학생 내적 요인을 제대로 반영하지 못한 데서 기인하는 것이 대부분이다(김명순 외, 2016).

국어과 학습 부진의 원인은 하나의 요인에 의한 것이 아니라 제 요인들이 상호작용하며 서로 간에 영향을 미친다. 한두 가지 요인이 원인이 아니기도 하지만 다르게 보면 한두 가지 요인을 개선함으로써 다른 요인들에도 영향을 미칠 수 있다. 교사는 국어과 학습 부진에 영향을 미치는 요인들의 상호작용을 고려하며 지도 방안을 모색할 필요가 있다.

3. 국어과 학습 부진아의 특징과 판별

가. 국어과 학습 부진아의 특징

국어과 학습 부진아의 특성을 국어과 교육의 내용과 관련하여 정리하면 다음과 같다(노명완 외, 2009). 국어과 학습 부진아는 언어적 정보(담화 지식과 내용 지식 등), 지적 기능(지능, 기억력 등), 인지 전략(이해 및 표현 전략, 초인지 전략 등), 언어수행 기능(낭독, 철자 쓰기, 어휘 구사, 해독 등), 태도(동기, 흥미, 습관 가치 등) 면에서 부족함이나 부정적인 특성을 갖고 있는 것으로 볼 수 있다.

읽기와 쓰기 학습 부진아의 특성을 인지적·정의적 측면에서 제시하면 다음과 같다(임천택, 2011).

〈읽기〉
- 읽기의 목적이 불분명하다.
- 읽은 내용을 제대로 기억해 내지 못한다.
- 배경 지식과 글의 내용을 잘 관련짓지 못한다.
- 글의 주제나 중심 생각을 파악하는 능력이 미흡하다.
- 글의 구조나 논리적 관계를 잘 파악하지 못한다.
- 읽기에 대한 흥미와 동기가 부족하다.
- 읽기에 대한 주의 집중력이 떨어지고 지속성이 부족하다.

〈쓰기〉
- 쓰기 계획을 세우지 않는다.
- 글의 목적과 예상 독자를 고려하지 못한다.
- 글감이나 주제에 알맞은 아이디어 생성에 어려움을 겪는다.
- 알맞은 쓰기 전략을 사용하지 못하고 생각나는 대로 써 내려간다.
- 글의 주제나 문단의 중심 생각을 분명하게 드러내지 못한다.
- 짜임이 허술하고 내용의 긴밀성과 통일성이 떨어지는 글을 쓴다.
- 시간이 충분함에도 불구하고 긴 글을 쓰지 못한다.

- 글씨나 맞춤법에 주의를 집중한다.
- 어휘 사용이나 문장 쓰기의 정확성이 떨어진다.
- 익숙한 어휘를 반복하여 사용하고 단문을 쓴다.
- 자신의 글을 스스로 점검하고 교정하고 평가하지 못한다.
- 주의집중력과 지속력이 부족하고 남에게 글을 잘 보여주지 않으려고 한다.
- 쓰기에 대한 자신감이 부족하고 쓰기에 흥미를 느끼지 못한다.

 학습 부진의 원인이 학습자나 언어 수행 상황에 따라 다양하게 나타나듯이, 학습 부진아의 특성도 마찬가지이다. 어떤 학습자는 언어적 정보의 부족이 주된 특성으로 나타날 수 있는 반면에 어떤 학습자는 낮은 학습 동기와 부정적인 태도가 주된 특성으로 나타날 수 있다. 또 다른 학습자는 지적 기능, 인지 전략, 태도 등 여러 가지에 걸쳐 학습 부진의 특성을 보일 수도 있다. 따라서 교사는 학습 부진아의 개별적 특성을 고려한 최적의 지도 방법을 모색해야 한다.

나. 국어과 학습 부진 판별

 국어과 학습 부진 지도를 위해서는 먼저 국어 학습 부진에 대한 평가와 판별이 필요하다. 초등학교 수준에서는 읽고 쓰는 기초적인 문자 기능을 갖추지 못하여 국어 학습 부진 및 기타 교과 학습 부진이 함께 발생하는 경우가 많지만, 중학교 이상의 수준에서는 학습 내용이 어려워지면서 기초적인 문자 기능을 갖추었어도 국어에 대한 부정적인 인식이나 해당 지식의 부족으로 국어 학습 부진이 발생할 수 있기 때문이다.
 부진 여부를 판단하는 평가는 표준화된 검사 도구와 관찰 자료, 면담 자료 등이 활용된다. 표준화된 검사 도구로는 지능 검사지나 학업 성취도 평가 등이 있다. 이러한 표준화된 검사 도구에 더하여 학교 현장에서 담당 교사가 할 수 있는 관찰과 면담, 수행 평가 과제, 포트폴리오 등의 자료들을 활용할 수 있다. 이러한 표준화된 검사 결과와 담당 교사가 수집한 자료들을 종합하여 교사, 전문가, 학부모 등의 토의나 상담을 거친 후, 국어 학습 부진 학생을 판별하는 것이 바람직하다.
 그러나 위와 같은 자료들을 통하여 학습 부진 학생을 판별한 후에도 국어 학습 부진이 발생한 원인과 부진의 상태는 각기 다를 수 있으므로 추가적인 진단이 뒤따라야 한다. 앞서 살펴보았듯이 국어 학습 부진이 기초적인 문자 기능의 부진 형태로 나타나는지, 아니면 최소 성취 수준에서의 부진으로 나타나는지 그 유형을 분류하고, 원인이 무엇인지를 밝혀야 한다. 이처럼 국어 학습 부진의 판별과 진단은 일회적으로 이루어지는 것이 아니라 단계적으로 실시되어야 하고, 국어 교과의 세부 영역인 읽기, 쓰기, 듣기, 말하기, 문학, 문법으로 나누어 실시되어야 더욱 효과적인 지도가 가능하다.

학교 현장에서 가장 손쉽게 이루어질 수 있는 1차적인 부진 판별은 학업 성취 수준을 비교하는 방법이다. 전국 단위로 실시되는 학업성취도평가를 통하여 하위 '2~3%'와 같이 매우 심각한 수준의 저성취를 부진으로 보거나(기초학력 최저 성취 기준 미도달), 하위 '20~30%'와 같이 상중하 수준에서의 하에 해당하는 수준의 저성취(기초학력 저성취 기준 미도달)를 부진으로 보거나, 하위 '50%'와 같이 상중하 수준에서의 중에 해당하는 수준의 저성취(기초학력 평균 성취 기준 미도달)를 부진으로 볼 수도 있다. 1차적 판별 이후에 이러한 저성취가 기초적 문자 기능의 부진에서 기인한 것인지를 판별하는 2차적 판별이 이루어져야 한다.

2차적 국어 부진 판별 도구로는 표준화 읽기 진단 검사나 받아쓰기 검사 등이 있다. 이러한 2차적 판별 도구는 읽기 기능이나 쓰기 기능이 얼마나 자동화되어 있는가와 관련 있으므로 시간 제한을 두고 검사하는 것이 좋다. 2차적 판별을 통해 기본적인 문자 기능에 큰 문제가 보이지 않는 학생들은 해당 영역에서의 최소 성취 수준을 바탕으로 마련된 구체적인 검사를 실시하여야 한다.

4. 국어과 학습 부진 지도 방법

국어과 학습 부진을 지도할 때에는 다음과 같은 점들을 고려하여 지도해야 한다(김명순 외, 2016). 첫째, 이전 학년 학습(catch-up)과 현재 학년 학습(keep-up)을 병행하여 지도한다. 학습 부진아의 경우 대개 이전 학년의 국어 학습 부진이 누적되어 생기지만 이전 학년 학습에만 초점을 두고 지도하면 이 학습 내용에 도달하였더라도 현재 학년 학습의 결손은 여전히 해결하지 못하게 된다. 이런 경우에는 현재 학년의 학습 결손이 계속되므로, 한 번 부진은 영원한 부진으로 남기 쉽다. 따라서 교사는 학습 부진아 지도 시에 이전 학년의 학습과 현재 학년의 학습을 병행하여 지도하는 것이 바람직하다.

둘째, 지도의 상황이나 장면을 고려하여 지도 방법을 선택한다. 국어과 학습 부진 학생들을 지도하는 상황이나 장면은 학교나 지도 교사에 따라 다양하게 펼쳐질 수 있다. 학습 부진 학생들만을 따로 모아 집중적으로 지도할 수도 있고, 한 교실에서 다른 학생들과 함께 통합적으로 지도할 수도 있다. 또한, 교사 중심의 개별적 지도를 할 수도 있으며, 학생 중심의 소집단 활동을 통해 지도를 할 수도 있다. 그러므로 국어과 학습 부진아를 지도하는 교사는 지도 방법을 선택할 때 학급의 편성과 관련된 지도의 상황이나 장면을 고려하는 것이 중요하다.

셋째, 기본 개념 및 어휘에 대한 학습을 강조한다. 국어과 학습 부진 학생들은 국어과에서 다루는 기본적인 개념에 대한 이해가 부족하다. 뿐만 아니라, 기본 어휘에 대한 이해도 부족한 상황이므로 학습 부진 학생들을 지도할 때에는 기본 개념에 대한 이해, 기본 어휘에 대한 이해를 강조할 필요가 있다. 기본 개념과 기본 어휘를 잘 이해하지 못하면, 이후의 학습을 보충하기 어려우므로 지도 교사는 이 점을 중요하게 인식할 필요가 있다. 기본 개념 및 기본 어휘의 이해를 돕기 위하여 상황에 따라 반복하여 지도하거나 암기하도록 지도하고, 예시, 비교, 비유 등의 방법을 활용하여 지도하는 것이 바람직하다.

넷째, 교사는 명확한 설명과 안내를 보여준다. 국어과 학습의 바탕이 되는 기본 개념과 관련된 학습 내용은 학습 부진 학생들에게 큰 인지적 부담을 느끼게 한다. 문법 영역이나 문학 영역의 기본 개념이 이러한 성격이 강하다. 특히 문법 영역의 기본 개념들은 보편적으로 모든 학생들이 학습 부담을 크게 느끼므로 학습 부진 학생들에게는 그 부담이 훨씬 더 크다고 볼 수 있다. 인지적 부담이 커지면 학습 부진 학생들의 적극성과 능동성이 떨어질 가능성이 매우 높으므로 학생 중심의 지도 방법은 효과를 얻기 어렵다. 그러므로 기본 개념에 대한 내용을 학습 부진 학생들에게 지도할 때에는 지도 교사의 명확한 설명을 제공하는 것이 중요하다.

다섯째, 생활 중심의 언어 자료를 활용한다. 국어과 학습 부진 학생들은 배경지식이 부족해서 글에 대한 이해가 떨어지는 경향이 있다. 기본 개념에 대한 이해가 요구되는 문법 영역에 대한 흥미가 매우 낮으며, 글에 대한 생각이나 느낌을 구체화하거나, 그것을 글로 표현하는 데 어려움을 갖고 있다. 그러므로 학습 부진 학생들의 흥미를 높이고 활동을 능동적으로 이끌기 위해서는 생활 중심의 언어 자료를 적극적으로 활용하는 것이 중요하다. 학생들이 일상적으로 경험하는 언어 자료를 활용하면 글에 대한 이해, 반응의 구체화 및 표현 활동의 능동성을 효과적으로 확보할 수 있다. 생활 중심의 언어를 활용하는 것은 학습 부진 학생들의 능력이나 관심을 고려하여 글을 선정하는 것과 맞물려 있다.

여섯째, 활동 및 연습의 기회를 충분히 제공한다. 표현·이해 영역에서 학습 부진이 발생하는 이유는 기초 기능이나 전략에 대한 숙달이 이루어지지 않았기 때문이다. 그러므로 국어과 학습 부진아 지도에서는 기초 기능이나 전략에 대한 숙달이 이루어질 수 있도록 활동의 기회와 연습의 기회를 충분하게 제공하는 것이 중요하다. 표현·이해 영역은 학습 내용이 기능이나 전략, 즉 절차적 지식이 대부분을 차지하므로 활동과 연습의 기회를 특히 더 중요하다.

일곱째, 기능이나 전략 활용에 대한 교사의 시범을 보여준다. 표현·이해 영역의 학습 부진 학생들이 기능이나 전략을 익히기 위해서는 그것을 능숙하게 적용하는 전문가의 행동(인지 활동)을 자세하게 관찰할 수 있도록 해야 한다. 테니스를 배울 때 능숙한 선수를 관찰하는 것이 도움이 되듯이, 능숙한 교사의 시범이 학습 부진 학생들의 기능이나 전략의 학습을 돕는다. 시범을 보일 때에는 사고구술과 같은 현시적 전략을 적극적으로 활용해야 한다.

여덟째, 학생들에게 자기 선택의 기회를 제공한다. 학습 부진 학생들의 공통된 특징 중의 하나는 학습 동기가 낮다는 것이다. 동기가 낮으면 표현·이해 활동에 대한 참여 빈도, 적극성, 노력 등이 감소하므로 동기를 높이는 것이 중요하다. 이를 위해서는 학생들에게 자기 스스로 선택할 수 있는 기회를 제공하는 것이 필요하다. 자기 선택성이 높아질 때 일반적으로 동기가 향상되는 경향이 있기 때문이다. 표현 영역에서는 쓰기 주제나 쓰기 유형을, 이해 영역에서는 글(이나 책)의 주제, 유형 등을 선택할 수 있도록 기회를 제공하는 것이다. 이 원리는 절차 모형에 직접 반영되지는 않지만, 절차 모형의 전제로 작용하도록 하는 것이 바람직하다.

아홉째, 성공적인 학습 경험을 제공한다. 학습 부진 학생들은 표현 및 이해 영역에 대한 효능감이 낮아 학습과 활동이 위축되는 경향이 있으므로 이를 개선할 수 있도록 도울 필요가 있다. 높은 수준의 효능감은 활동 참여의 빈도를 높이고 활동의 적극성 및 능동성을 촉진하므로, 효능감 수준을 높이도록 학습 부진 학생들을 지도한다면 그 학생들이 겪는 학습 부진을 효과적으로 극복할 수 있다. 이를 위해서는 표현·이해 영역 지도에서 성공적인 경험을 얻을 수 있도록 하는 것이 중요하다. 성공적인 학습 경험을 제공하기 위해서는 학습목표와 학습내용을 세분하여 제시할 필요가 있으며, 지도 교사는 학습 부진 학생들을 격려하고 수업 분위기가 우호적으로 형성될 수 있도록 해야 한다.

제3장
범교과 학습 지도

1. 범교과 학습 지도의 개념과 특성

가. 범교과 학습 지도의 개념

범교과[1] 학습 지도는 국어교과에서 학습한 읽기, 쓰기를 다른 교과에서 활용하는 교육 방법을 말한다. 범교과 학습 지도는 국어 교과의 도구성, 다시 말해 타 교과의 학습에 국어 교과가 중요한 도구가 될 수 있음을 잘 보여주는 접근이라 할 수 있다. 국어과는 범교과적으로 모든 학습 활동에서 요구되는 고등사고 기능의 도구 교과로, 읽기와 쓰기는 사회, 과학, 수학 등 모든 교과를 학습하는 도구로 기능한다(이경화 외, 2007:33). 교사는 국어 시간에 지도한 읽기와 쓰기 방법을 과학 교과나 사회 교과 등에서 유용하게 활용할 수 있다. 교과제로 운영되는 중등학교와 달리 담임제로 운영되는 초등학교에서는 이 범교과 학습 지도가 더 유용하고 효율적으로 활용될 수 있다. 범교과 학습 지도의 특성을 먼저 살펴보자(전제응, 2019:110).

---

1 '범교과'라는 말은 '다층적'이고 '다열적'인 개념이다. '다층적'은 국어 교과와 타 교과를 횡적으로 보았을 때 국어 교과가 가장 아래에 놓이고 그 위에 타 교과가 쌓인 경우를 말한다. 반면에 '다열적'이라는 것은 종적(열적)으로 보았을 때 국어 교과와 타 교과가 나란히 놓인 경우를 말한다(전제응, 2017:3).

나. 범교과 학습 지도의 특성

범교과 학습 지도의 특성은 동시성, 통합성, 선택성 측면에서 살펴볼 수 있다. 첫째, 범교과 학습 지도는 국어 교과와 다른 여러 교과를 동시에 지도 대상으로 고려해야 한다. 시간 차를 두고 각 교과를 지도할 수는 있으나, 범교과 학습 지도는 여러 교과를 가로지르면서 지도한다. 국어 교과에서 배운 내용을 타 교과에서 활용할 수도 있고, 타 교과의 내용을 국어 교과에 가져와 활용할 수도 있다.

둘째, 범교과 학습 지도에서는 '통합적인 접근'을 강조한다. 각 교과는 고유한 교육 내용과 체계를 가지고 있다. 따라서 교과 간에 벽이 생기는 현상은 자연스러운 일이다. 그러나 초등학교는 중등학교보다 교과 간의 벽이 낮다. 또한 교육과정 편성과 운영이 유연하다. 중등학교에서 교과목 간 통합이 필요한 경우 담당 교사 간의 협력과 소통을 전제로 하지만, 초등은 다르다. 한 명의 담임교사가 여러 교과목을 가르치기 때문에 교사가 자신의 판단에 따라 자율적으로 교과 간 통합을 편성, 운영할 수 있다.

셋째, 범교과 학습 지도는 '선택적인 접근'이 중요하다. 범교과 학습 지도는 모든 국어과 내용이나 모든 교과에 적용할 수 있는 것이 아니다. 교사는 여러 교육적 요인들을 종합적으로 고려해 범교과 학습 지도 여부를 결정해야 한다. 다시 말해, 교사는 자신이 설정한 학습 목적이나 목표, 학습자의 성취 수준이나 학습 내용의 난이도, 교과 내용 간의 유사성이나 통합 필요 등에 따라 선택적으로 접근해야 한다. 범교과 학습은 학습자에게 부담이 될 수도 있다. 학습자가 국어 교과에서 읽기나 쓰기 방법을 배웠더라도 이를 자유자재로 활용하기 어려울 수 있기 때문이다. 또 사회 교과나 과학 교과에서 다루는 학습 내용의 난이도가 높은 경우, 학습자는 학습에 대한 부담을 이중으로 가지게 된다. 따라서 범교과 학습 지도는 교사가 여러 교육적 요인을 고려해 선택적으로 접근해야 한다.

2. 범교과 학습 지도 내용

범교과 학습 지도는 '범교과 읽기 지도'와 '범교과 쓰기 지도'로 구분할 수 있다. 범교과 읽기 지도는 '읽기 학습'과 '학습 읽기'를, 범교과 쓰기 지도는 '쓰기 학습'과 '학습 쓰기'를 아우르는 접근법이다. 읽기 학습이 국어 교과 학습에서 읽기 능력 신장을 위해 이루어지는 읽기 활동이라면, 학습 읽기는 타 교과에서 지식과 정보 습득의 학습 능력 신장을 위해 이루어지는 읽기 활동이다. 마찬가지로, 범교과 쓰기 지도는 '쓰기 학습'과 '학습 쓰기'를 아우르는 접근법이다. 쓰기 학습이 국어 교과 학습에서 쓰기 능력 신장을 위해 이루어지는 쓰기 활동이라면, 학습 쓰기는 타 교과에서 교과 내용에 대한 학습을 위해 이루어지는 쓰기 활동이다. 쓰기 활동은 학습한 내용을 정리, 기록하고 탐구 과정이나 결과를 다른 사람과 소통하는 데에도 유용하다.

실제로 읽기 학습과 학습 읽기, 쓰기 학습과 학습 쓰기가 명백하게 구분되는 것은 아니다. 그러나 교사가 어느 영역에 중점을 두고 지도할 것인가에 따라 위와 같은 의도적인 구분이 가능하다. 범교과 학습 지도 내용은 범교과 읽기와 범교과 쓰기 모두를 강조하는 것이다. 초등 교실의 실천성을 강조하는 몇 가지 전략을 중심으로 범교과 학습 지도 내용을 살펴보자.

가. 개념 정의 지도 그리기

개념 정의 지도 그리기는 단어나 개념을 학생들이 좀 더 풍부하게 이해할 수 있도록 도와주는 전략이다(이경화 외, 2007: 234). 이 전략은 도해 구조로 짜여 있는데, 이는 학생이 개념의 핵심 요소에 주의를 기울이도록 하는 데 초점이 맞추어져 있다. 개념의 핵심 요소로는 개념의 범주, 의미 자질, 구체적인 예 등이 있다.

개념 정의 지도 그리기는 개념을 강조하는 과학 교과나 사회 교과에서 유용하게 활용할 수 있다. 이들 교과에서는 개념을 정의하는 텍스트를 자주 다루므로 개념 정의 지도 그리기를 활용해 다양한 범교과 읽기 학습과 쓰기 학습 지도를 할 수 있다. 초등학교 6학년 과학 교과에 나오는 '생태계란 무엇일까요?'라는 텍스트를 읽을 때, 이 전략을 활용할 수 있다. 주요 절차를 간단히 소개하면 다음과 같다.

① 개념 정의 지도가 무엇인지 설명하고 제시한다.
② 새로운 단어나 개념을 제시하고 개념 정의 지도에 채우게 한다. 개념의 범주, 의미 자질, 구체적인 예 등을 찾아보는 활동을 한다.
③ 개념 정의 지도의 내용을 바탕으로 단어의 정의를 써 보게 한다.

나. 글 구조 활용하기

글 구조 활용하기는 설명적 텍스트가 대부분인 타 교과의 글을 이해하는 데 유용한 전략이다(이경화 외, 2007:223). 글 구조를 파악하면 상세한 내용을 파악하기 쉽고, 상세한 내용들 간의 관계를 설정할 수 있으며, 정보를 기억하는 데 유용한 뼈대를 마련할 수 있다. 뿐만 아니라, 글 구조 활용하기는 글을 쓰는 데에도 유용한 전략이다. 학습자가 생성한 내용들을 조직하는 틀로 활용할 수 있고, 나아가 글의 구조를 파악하는 데에도 유용하게 활용할 수 있다. 설명적 텍스트의 구조 유형으로는 열거, 시간 순서, 비교와 대조, 문제와 해결, 원인과 결과 등이 있다.

① 열거는 어떤 주제에 관한 항목들을 배열하는 구조이다.
② 시간 순서는 '시간' 속성을 고려하여 주제에 관한 항목들을 열거하는 구조이다.
③ 비교와 대조는 항목들 간의 차이점과 유사점을 제공하는 구조이다.
④ 문제와 해결은 문제의 진술에 뒤를 이어 가능한 해결 방향이나 일련의 해결점이 뒤따르는 구조이다.
⑤ 원인과 결과는 하나 이상의 원인에 의해 결과가 나타나는 구조이다.

글의 구조를 파악하기 위해서는 표지어를 활용하거나 도해 조직자를 활용하는 것이 효율적이다. 글을 읽으면서 열거 표지어(첫째, 둘째, 셋째 등), 시간 순서 표지어(그 후에, 먼저, 다음에, 마지막으로 등), 비교와 대조 표지어(그렇지만, 반면에, 그러나 등), 문제와 해결 표지어(문제는, 해결 방안은 등), 원인과 결과 표지어(원인, 결과 등)를 찾아 볼 수 있다. 또한 도해 조직자를 활용해 글의 주요 내용을 간략히 정리할 수 있다.

다. KWL 전략

KWL(Ogle, 1986)은 글을 읽기 전에 배경지식을 활성화하며, 글을 읽는 동안 학생들의 학습을 안내하는 도해 조직자로 '학생이 알고 있는 것(know)', '알고 싶은 것(want to know)', '알게 된 것(learned)' 세 개의 항목으로 나뉘어져 있다(이경화, 2007: 218). 학생들은 KWL 전략을 통해 앞으로 읽을 글에 관해 예측하면서 구조화하며, 자기 질문 전략을 발달시키고, 주제에 대해 자신의 질문에 대답하기 위해 능동적으로 글을 읽는 방법을 배운다. 또한 과학 교과나 사회 교과에서 글을 쓸 때, 자신이 알고 있는 내용과 더 알아야 할 내용을 구분한 후 추가로 조사하거나 탐구해야 할 내용을 생성하는 데에도 활용할 수 있다.

◇ 주제:

K(알고 있는 것)	W(알고 싶은 것)	L(알게 된 것)

라. 학습 일지 쓰기

학습 일지 쓰기는 학습자가 교과 내용에 대한 생각이나 학습 과정을 일지 형식으로 작성하는 학습 쓰기를 말한다. 학습 일지는 학습자가 개념뿐만 아니라 구체적인 학습 내용을 기록할 수 있고, 학습 과정에서 알게 된 내용이나 관찰한 내용, 떠오른 생각이나 아이디어 등을 상세히 기록할 수 있다. 특히 학습자가 자신의 학습 과정을 기록할 수 있다. 일정 시간이 흐른 후 학습자가 자신의 학습 일지를 살펴봄으로써 학습한 내용이나 학습 과정을 상위인지적 관점에서 복기하거나 성찰할 수 있을 뿐만 아니라, 앞으로의 개선 방안 등을 함께 기록할 수 있다는 점에서 유익하다.

학습 일지 쓰기를 지도할 때에는 내용의 분량에 얽매이지 않고 내용을 간결하게 작성하도록 안내하여 효율성을 높인다. 글을 쓰는 시간은 10분을 넘지 않는 것이 좋다. 교사가 일정한 학습 일지 양식을 만들어 제공하는 것도 좋은 방법이다. 앞서 범교과 읽기 지도에서 활용한 KWL양식을 변형해 학습 일지 쓰기 양식으로 활용하는 것도 가능하다. 교사는 교실 상황이나 학생들의 특성을 고려해 KWL 양식을 다양하게 변형해 활용할 수 있다. 학습 일지 쓰기의 활용은 과학 교과에서 탐구 일지 쓰기, 사회 교과에서 조사 일지 쓰기 등으로 확장될 수 있다.

3. 범교과 학습 지도 방법

범교과 학습 지도 방법은 크게 두 가지로 구분해서 살펴볼 수 있다. 하나는 국어 교과에서 타 교과 내용을 활용해 지도하는 방법이고, 다른 하나는 타 교과에서 국어 교과 내용인 읽기와 쓰기를 활용해 지도하는 방법이다. 먼저, 국어 교과서 속에 나오는 다른 교과의 내용을 활용해 읽기와 쓰기를 지도하는 방법을 살펴보자.

가. 국어 교과에서 범교과 학습 지도하기

초등학교에서 사용하는 국어 교과서의 학습 활동을 분석한 결과, 과학 교과와 사회 교과 내용이 국어 교과의 쓰기 학습과 읽기 학습에 활용되었음을 확인할 수 있다(전제응, 2019).

(1) 국어 교과에서 국어 쓰기 학습과 사회 교과 학습과 연계

3학년 2학기 국어 교과서 8단원 단원명은 '글의 흐름을 생각해요'이다. 이 단원은 글의 흐름에 따라 글을 읽고 글의 흐름을 생각하며 내용을 간추리는 것이 목적이다(교육부, 2018). 크게 두 가지 활동으로 구성되어 있다. 하나는 시간이나 장소 변화에 따라 여러 사건이 달라지는 글과 일 차례를 나타내는 글을 읽고 요약하는 활동이고, 다른 하나는 글의 흐름을 선택해 사건을 글의 흐름에 맞게 써 보는 활동이다.

8단원에서 '범교과 학습 지도'가 반영된 차시는 9~10차시이다. 차시 학습 목표는 '우리 지역을 소개하는 글을 쓸 수 있다.'이다. 이 차시의 주요 학습 활동(〈표 1〉)에서 범교과 문식성이 반영된 것은 학습 활동 1과 학습 활동 2라고 할 수 있다.

〈표 1〉 초등학교 국어 3-2 나권 8단원 실천 학습 주요 학습 활동

1. 충청북도 괴산에 사는 친구가 괴산에 있는 자랑거리를 소개하는 글을 썼습니다. 친구가 쓴 글을 살펴봅시다.
2. 괴산 친구가 글을 쓴 과정을 보고 우리 지역을 소개할 준비를 해 봅시다.
3. 2를 바탕으로 하여 우리 지역을 소개하는 글을 써서 친구들과 바꾸어 읽어봅시다.
4. 친구들이 쓴 글을 읽고 잘된 점을 찾아 칭찬해 봅시다.

학습 활동 1에는 충청북도 괴산의 특산물인 한지를 만드는 방법, 괴산이라는 지명의 변화, 지도와 더불어 산막이 옛길을 안내하는 글 등이 제시되어 있다. 이 내용들은 3학년 사회과에서 직접 다루는 교과 내용들이다. 학습 활동 2에서는 학생 각자가 자신의 지역을 소개하는 글을 준비하는 활동으로 주제 정하기, 조사 계획 세우기, 조사한 내용 기록하기, 글의 흐름 정하기, 글에 넣을 그림이나 사진 계획하기 등의 하위 학습 활동을 한다. 학생들이 '우리 지역'을 소개하는 글을 쓰기 위해서는 사회 교과에서 다루었던 내용들을 국어 교과에서 직접 다루고 있다. 이것은 국어 교과를 중심으로 한 범교과 학습 지도 방법의 예를 보여 주는 것이다.

(2) 국어 교과에서 읽기 학습과 과학 교과 학습 연계

5학년 2학기 2단원명은 '지식이나 경험을 활용해요'이다. 이 단원은 지식이나 경험을 활용해 글을 읽고 쓰면서 자료와 정보를 처리하는 능력을 기르는 것이 목적이다. 학생들의 경험뿐만 아니라 학생들이 사회, 과학과 같은 교과 시간에 학습한 지식을 활용해 읽고 쓸 수 있는 방법을 배움으로써 학생들은 읽기와 쓰기를 학습 도구로 사용할 수 있다(전제응, 2019). 이 단원의 개관에서 알 수 있듯이 '학생들이 사회, 과학과 같은 교과 시간에 학습한 지식을 활용해 읽고 쓸 수 있는 방법' 학습을 이 단원에서 강조하고 있다.

먼저, 2단원 도입 면에 '5학년 1학기 과학교과서' 표지와 '기체에서 열은 어떻게 이동할까요?' 과학 교과서 차시의 내용 지면이 들어왔다. 국어 교과서 도입 면에 타교과의 교과서 표지뿐만 아니라, 5학년 학생들이 1학기 때 배운 '기체에서 열은 어떻게 이동할까요?'라는 과학 교과서 지면을 그대로 넣어서 구성하였다. 이러한 방식의 도입 면 구성은 단원 학습 목표인 '지식이나

경험을 활용해 글을 읽고 써 봅시다.'를 새롭게 접근한 것이다.

　다음으로, 2단원 3~4차시에서는 학생들이 지식이나 경험을 활용해 글 읽는 방법을 익히고, 이를 실제로 적용해 보는 것이 목적이다. 기본 학습은 크게 6개의 학습 활동으로 구성되었다.

〈표 2〉 초등학교 5-2 가권 2단원 기본 학습 주요 학습 활동

1. 5학년 1학기 과학 시간에 배운 '열의 이동'을 정리해 봅시다. 활용 붙임2의 열의 이동 알아보기 자료를 활용하세요.
2. 열의 이동과 냉장고를 관련지어 생각해 보고 친구와 묻고 답하기를 해 봅시다.
3. 빈칸에 떠오르는 생각이나 질문을 쓰며 「조선의 냉장고 '석빙고'의 과학」을 읽어 봅시다. 활용 붙임3의 붙임딱지를 활용하세요.
4. 「조선의 냉장고 '석빙고'의 과학」을 읽고 물음에 답해 봅시다.
5. 지식이나 경험을 활용해 글을 읽는 방법을 알아봅시다.

　먼저, 학습 활동 1은 '1. 5학년 1학기 과학 시간에 배운 '열의 이동'을 정리해 봅시다.'이다. 이번 차시의 제재 글인 「조선의 냉장고 '석빙고'의 과학」을 읽기 전에 학생들이 열의 이동에 대해 배운 내용을 떠올리는 활동이다. '학습 활동 1'에서는 '붙임 자료'를 활용한다. 학습자가 1학기에 배운 과학 교과서 내용을 2학기 국어 교과서 2단원에 가져와서 직접 확인할 수 있도록 구성하였다. 앞서 제시한 8단원과 달리 2단원에서는 변형 없이 가져왔다는 점이 다르다. [그림 1]은 과학 교과서의 정리 자료 내용을 국어과 교과서 붙임 자료로 그대로 제시한 것이다.

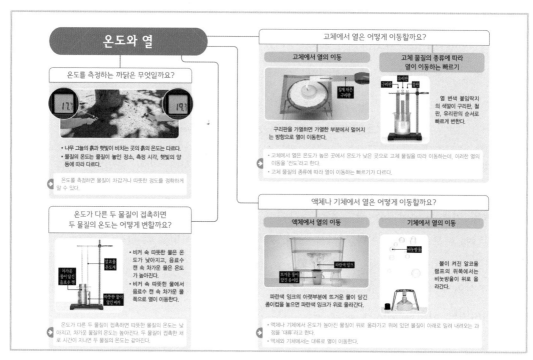

[그림 1] 기본 학습(3~4차시) 학습 활동 1의 붙임 자료 (교육부, 2019)

나. 타 교과에서 범교과 학습 지도하기

이번에는 타 교과에서 국어 교과 내용인 읽기와 쓰기를 활용하는 지도하는 방법을 살펴보자. 과학 교과와 사회 교과에서 국어과의 읽기와 쓰기를 활용해 지도할 수 있다.

(1) 과학 교과에서 탐구 일지 쓰기

과학 교과에는 탐구 일지 쓰기 활동이 있다. 탐구 일지에는 탐구 일시, 날씨, 탐구 장소, 탐구 활동, 준비물, 탐구 내용, 느낀 점이나 알게 된 점, 탐구 계획 중에서 바꿀 내용, 앞으로의 계획 등의 내용을 기록다. 학생이 탐구 일지를 작성할 때에는 탐구를 실행하는 동안에 있었던 일과 알게 된 사실을 자신이 생각한 대로 기록하는 것이 아니라, 예시 자료에서 보는 바와 같이 관찰하고 측정한 내용을 있는 그대로 기록한다는 점을 강조하고 있다. 주어진 탐구 일지 양식에 따라 객관적으로 기록하는 내용이 주를 이루고, 느낀 점이나 알게 된 점을 쓰는 칸이 자신의 시각에서 기록하는 공간이라 할 수 있다.

탐구 일시		날씨	
탐구 장소			
탐구 활동			
준비물			
탐구 내용			
느낀 점			
알게 된 점			
앞으로의 계획			

(2) 다른 교과에서 보고서 쓰기

사회 교과, 과학 교과 등에서는 보고서 쓰기 활동이 있다. 사회 교과(교육부, 2015)에서는 수행 평가 방식으로 (연구) 보고서 쓰기를 제시하고 있다. 사회 교과의 보고서 쓰기는 교사가 주제를 부여하거나 학생들이 선택한 주제에 대해 개별 또는 소집단별로 자료 수집, 자료 분석, 자료 처리 등의 과정을 거쳐 보고서를 작성하고 교사가 이를 평가의 도구로 활용한다. 예를 들어, '과학 기술의 발달이 불러온 사회적 문제(예 유전자 조작, 인간 복제 등)를 조사하고, 이를 통해 과학 기술이 우리들의 일상생활에 미치는 영향과 문제점에 대해 보고서를 작성하시오.' 라는 주제를 제시하고, 교사는 내용 이해, 자료 수집, 자료 분석, 결과 도출, 보고서 작성 방식, 창의성 등의 평가 요소로 학생의 보고서 작성 과정 또는 최종 보고서를 평가할 수 있다.

과학 교과에서는 탐구 보고서 쓰기 활동을 한다(교육부, 2015). 과학 교과에서는 탐구 보고서 양식과 작성 방법을 구체적으로 제시하고 있다. 탐구 보고서 양식은 준비물, 탐구 순서, 탐구 결과, 결론, 느낀 점이나 더 탐구하고 싶은 점 등으로 구성되어 있다. 탐구 보고서를 작성하는 방법도 설명하고 있다. 탐구 계획에 따라 탐구를 실행하고 작성하기, 탐구 계획서와 탐구 일지에 기록한 내용을 정리해 작성하기, 탐구 양식에 맞게 작성하기, 탐구 보고서 개요 작성하기, 정보와 참고 자료 출처 밝히기 등을 안내하고 있다.

참고문헌

교육인적자원부(2000), 제7차 국어과 교육과정에 따른 1-6학년 국어 교사용 지도서, 대한교과서주식회사.

교육부(2017), 2015 개정 국어과 교육과정에 따른 1-6학년 국어, ㈜ 미래엔.

교육부(2017), 2015 개정 국어과 교육과정에 따른 1-6학년 국어 교사용 지도서, ㈜ 미래엔.

교육부(2024), 2022 개정 국어과 교육과정에 따른 1-6학년 국어 교사용 지도서, ㈜미래엔.

교육부(2014), 사회 3-2 교사용 지도서, 지학사.

교육부(2018), 사회 3-1 교사용 지도서, 지학사.

교육부(2018), 사회 3-2 교사용 지도서, 지학사.

교육부(2019), 과학 6-1, ㈜비상교육.

교육부(2015), 과학 6-2 교사용 지도서, ㈜미래엔.

교육부(2015), 사회 5-2 교사용 지도서, ㈜천재교육.

교육부(2023), 교과용 도서에 관한 규정.

교육부(1998), 초등학교 교육과정 해설 Ⅲ.

교육부(2023), 교과용 도서에 관한 규정, 2023년 10월 24일 자.

교육과학기술부(2007), 국어과 교육과정.

권윤덕, 《만희네 집》, 길벗어린이, 1995.

권정생 글, 정승각 그림, 《강아지똥》, 길벗어린이, 1996.

권정생, 《훨훨 간다》, 국민서관, 2003.

김개미(2017), 《쉬는 시간에 똥 싸기 싫어》, 문학동네.

김상한 글, 최정인 그림, 《고래의 노래》, 키위북스, 2023.

김장성, 《민들레는 민들레》, 이야기꽃, 2014.

류재수, 《노란 우산》, 보림, 2007.

박목월(2016), 《산새알 물새알》, 푸른책들.

박연철 글·그림, 《망태할아버지가 온다》, 시공주니어, 2007.

선안나, 《온양이》, 샘터사, 2010.

송선미(2016), 《옷장 위 배낭을 꺼낼 만큼 키가 크면》, 문학동네.

이수지, 《동물원》, 비룡소, 2004.

이수지, 《파도야 놀자》, 비룡소, 2009.

이지은 글·그림, 《이파라파냐무냐무》, 사계절, 2020.

정유경(2013), 《까만 밤》, 창비.

마르쿠스 피스터 글·그림, 공경희 옮김, 《무지개 물고기》, 시공주니어, 1994.

모리스 샌닥 글·그림, 강무홍 역, 《괴물들이 사는 나라》, 시공주니어, 2002.

앤서니 브라운 글·그림, 허은미 옮김, 《돼지책》, 웅진주니어, 2001.

앤서니 브라운 글·그림, 허은미 옮김, 《숲 속으로》, 베틀북, 2004.

가은아(2009), 중·고등학생을 위한 쓰기 윤리 교육의 방향과 지도 방안, 작문연구 8, 한국작문학회.

강정일(2003), 의미망 만들기 활동을 통한 어휘 지도 방안 연구, 대구교육대학교 대학원 석사학위논문.

김대식, 박우신, 성정민(2021), 좋은 수업의 이론과 실제, 박영스토리.

김명순 외(2016), 초등학교 국어 학습 부진의 이해와 지도, 박이정.

김병주(2008), 연극을 통한 교육, 문화, 그리고 사회적 변화 : 참여와 소통의 교육연극 방법론(Theatre in Education)를 중심으로, 영미문화 8(1), 한국영미문화학회.

김성희(2009), 인터넷 매체언어의 읽기와 쓰기 특성과 효과적 통합 지도 전략 연구, 동국대학교 대학원 박사학위논문.

김영석(2008), 설득 커뮤니케이션, 나남.

김윤옥(2020), '자신 있게 말하기' 지도에 대한 고찰, 청람어문교육 77, 청람어문교육학회.

김정선(2013), 그림책 파라텍스트: 표지, 속표지, 면지(1), 조형미디어학 제16권 4호, 한국일러스아트학회.

김정은(2021), 카드뉴스를 활용한 뉴스 리터러시 교육 활동: 뉴스 분석을 중심으로, 새국어교육, 127권 127호, 한국국어교육학회.

김정준, 신원애(2016), 그림책에 나타난 파라텍스트의 의미 분석 : 볼로냐 라가치상 국내 수상작을 중심으로, 육아지원연구 11(3), 한국육아지원학회.

김종훈(2019), 교사학습공동체 교사들이 인식하는 '수업 나눔'의 의미와 그 특징, 학습자중심교과교육연구 제19권 제23호, 학습자중심교과교육학회.

김주연(2010), 구조와 즉흥의 관점으로 바라본 교육 연극 실천들, 연극교육연구 17, 한국연극교육학회.

김주환(2016), 대학생 토론 담화의 반박 전략 분석, 화법연구 3, 한국화법학회.

김찬종(2009), 교사 연수와 수업 전문성 발달, 교육연구와 실천 75, 서울대학교 교육종합연구원.

김하수, 연규동(2015), 문자의 발달, 커뮤니케이션북스.

김해인(2020), 성인 애독자와 비독자의 독서 가치와 목적 인식 비교, 독서연구 56호, 한국독서학회.

김현욱(2018), 수업 관찰 분석, 박영 스토리.

김혜진(2018), 국어과 토론 지도 방안 연구, 청주대학교 박사학위논문.

김효(1999), 교육연극의 본질:드라마와 놀이, 연극교육연구 3, 한국연극교육학회.

김효수, 김은남(2018), 나와 공동체를 세우는 수업 나눔, 좋은 교사.

남윤재, 노광우, 봉미선, 양선희, 이상호(2021), 유튜브의 이해와 활용, 한울아카데미.

노들, 옥현진(2022), 초등 학습자를 대상으로 한 디지털 미디어 기반의 뉴스 리터러시 프로그램 개발

연구, Culture and Convergence, 44권 2호, 한국문화융합학회.

노명완 외(2012), 국어교육학 개론, 삼지원.

류성기(2001), 문장쓰기 실태와 지도 방법 연구, 한국초등국어교육 제19집, 한국초등국어교육학회.

매리언 울프 저, 전병근 역(2019), 다시, 책으로, 어크로스.

문정은(2017), 초등학생 맞춤법 오류 유형별 교정 지도 방안 연구, 서울교육대학교 교육전문대학원 석사
학위 논문.

민현식(2008), 국어 정서법 연구, 태학사.

박미영(2009), 배려적 화법의 교육 내용 연구, 한국교원대학교 대학원 석사학위논문.

박민수(1993), 아동문학의 시학, 양서원.

박승억, 신상규, 신희선, 이광모(2005), 토론과 논증, 형성출판사.

박영민 외(2013), 쓰기지도방법, 역락

박영민(2009), 중학생의 쓰기 윤리 인식 분석, 작문연구 8, 한국작문학회,

박영민, 최숙기(2008), 중학생 쓰기 윤리 실태 연구, 청람어문교육 Vol. 70, 청람어문교육학회.

박용한(2003), 토론 대화 전략 연구, 역락.

박재현(2012), 정책 토론의 입론 구성 교육 내용 연구, 우리말글 60, 우리말글학회.

박재현(2016), 국어교육을 위한 의사소통 이론, 사회평론.

박창균(2016), 배려의 소통적 자질 탐구, 새국어교육 108, 한국국어교육학회.

박태호, 이수진(2003), 김교사의 읽기 교수화법 분석 연구- 수업대화 구조를 중심으로 -, 교육과정평가
연구, 6권 1호, 교육과정평가학회.

백희정(2021), 다중 텍스트의 몰입 읽기 교육 연구, 한국교원대학교 대학원 박사학위논문.

백희정(2022), 온라인 문식 환경에서 독자의 편향성에 관한 읽기 교육적 고찰, 한국초등국어교육, 75,
한국초등국어교육학회.

백희정(2023), 질문에 관한 질문들, 노르웨이숲.

변홍규(1996). 질문제시의 기법. 교육과학사.

서경희(2016), 초등학생 4-5학년 학생들의 받아쓰기에 나타난 맞춤법 오류유형 분석, 대구대학교 재활
과학대학원 이학석사(언어치료) 학위논문

서울대학교국어교육연구소(1999), 국어교육학사전, 대교출판.

서현석(2007), 말하기 교육의 내용으로서 '배려적 사고'의 개념 탐구, 국어교육학연구, 28, 국어교육학
회.

서현석(2016), 화법교육에서 '배려'의 실행 가능성 탐구, 화법연구 33, 한국화법학회.

서현석(2017), 초등학교 듣기말하기 교육의 실제화 연구 - 1,2학년을 위한 '발표하기'를 중심으로 -,
한국초등국어교육 63, 한국초등국어교육학회.

성숙자(2001), 단계별 문자쓰기 지도에 대한 연구, 국어교육 105, 한국국어교육연구회.

신헌재 외(2004), 초등 국어과 교수 학습 방법, 박이정.

신헌재 외(2009), 초등 국어과 교수 학습 방법, 박이정.

신헌재 외(2009), 아동문학의 이해, 박이정.

신헌재 외(2015), 초등국어교육의 이해와 실제, 박이정.

신헌재 외(2015), 초등문학교육론, 박이정.

신헌재 외(2017), 초등국어과교육론, 박이정.

신헌재·이재승 편(1996), 학습자 중심의 국어교육, 박이정.

연세대사회과학대 편(2009), 사회과학의 이해, 연세대학교출판부.

유승아, 김해인(2015), 초등 독자의 그림책에 대한 흥미 비교 연구, 한국초등국어교육 58권, 한국초등국어교육학회.

유현경 외(2018), 한국어 표준 문법.

육인경(2018), 학습읽기 전략을 활용한 내용교과 교과서 구성 연구-사회 교과서, 과학 교과서를 중심으로-, 한국교원대학교 대학원 석사학위 논문.

윤금준(2022), 자기표현적 글쓰기의 교육 방안 연구—2015 교육과정과 '화법과 작문'교과서 분석을 중심으로, 국어교육학연구 57(1), 국어교육학회.

윤평현(2008), 국어의미론, 역락.

이경남(2018), 정보 텍스트의 추론적 읽기 특성 연구-잠재 의미 분석(LSA)을 활용하여-, 한국교원대학교 대학원 박사학위 논문.

이경화 외(2012), 교과 독서와 세상 읽기, 박이정.

이경화 외(2017), 초등 국어과 방법론, 한국교원대학교.

이경화 외(2024), 초등국어과교육론, 박이정.

이경화(2009), 초등학교 국어 학습 부진의 특성과 통합교육 방안, 통합교육연구 제4권 제1호, 한국통합교육학회.

이경화(2011), 초등국어 수업 평가 기준 설정 및 수업 평가의 실제, 초등교과교육연구 13, 한국교원대학교 초등교육연구소.

이경화(2017), 문해 능력 증진을 위한 한글 교육 운영 방안, KEDI 국내 현안 쟁점 보고서(2017-02-09), 한국교육개발원

이경화, 이수진, 김지영, 강동훈, 최종윤(2018), 세상을 향한 첫걸음 한글 교육 길라잡이, 미래엔.

이경화, 최규홍(2007), 국어 수업 전문성 발달 양상 연구, 새국어교육 77집, 한국국어교육학회.

이관규(2012), 학교문법론(제3판), 월인.

이기연(2012), 국어 어휘 평가 내용 연구, 서울대학교 대학원 박사학위논문.

이명용(2022), QUEST 모형을 활용한 웹 텍스트 읽기 지도 방안, 한국교원대학교 대학원 석사학위논문.

이문규(2005), 국어과 발음 교육의 개선 방향에 대한 연구, 국어교육연구 제38집, 국어교육학회.

이수진(2003), 국어교육과 수업 대화 분석, 학습자중심교과교육연구, 3권 1호, 학습자중심교과교육학회.

이수진 외(2024), 교실에서 바로 적용하는 초등 쓰기 교육론, 미래엔.

이순영(2006), 독서 동기와 몰입에 영향을 주는 요인에 관한 이론적 고찰, 독서연구 16호, 한국독서학회.

이익섭(1992), 국어표기법 연구, 서울대학교출판부.

이익섭(2004), 국어학 개설, 학연사.

이재기 외(2007), 초·중학교 국어과 교육과정 해설, 한국교육과정평가원 연구보고 CRC;2007-12.

이재승(2005), 좋은 국어 수업 어떻게 할 것인가?, 교학사.

이재승(2018), 국어과 교수 학습 모형 적용의 문제와 개선 방안 – 직접 교수 모형과 문제 해결 학습 모형을 중심으로-, 청람어문교육 67집, 청람어문교육학회.

이정아(2016), 초등학생 쓰기 윤리 지도 방안 연구, 한국교원대학교 대학원 석사학위논문.

이정우(2011), 정보전달 텍스트 쓰기에서 필자의 정보 변환 양상, 국어교육, 136, 한국어교육학회.

이주섭 외(2002), 국어과 교육 내실화 방안 연구: 좋은 수업 사례에 대한 질적 접근 [학교 교육 내실화 방안 연구(Ⅱ)], 한국교육과정평가원 연구보고서 RRC 2002-4-2.

이지영, 박소희(2011), 초등학생의 책 선택 요인에 관한 이론적 고찰, 한국초등국어교육 46권, 한국초등국어교육학회.

이진호(2021), (개정증보판)국어 음운론 강의, ㈜집문당.

이차숙(2015), 그림책 텍스트의 구조와 의미 작용 방식에 대한 이해, 유아교육연구 35(4), 한국유아교육학회.

이창근(2013), 초등학생 작문 실태 분석 –낱말 형태 오류를 중심으로, 디지털융복합연구 제11집 제3호, 한국디지털정책학회.

이창근(2011), 맥락을 고려한 초등 문법 교육 –문장 쓰기를 중심으로, 한국초등국어교육 제47집, 한국초등국어교육학회.

이창덕, 임칠성, 심영택, 원진숙(2000). 삶과 화법, 박이정.

이창덕, 임칠성, 심영택, 원진숙(2010). 화법교육론. 역락.

이창덕, 임칠성, 심영택, 원진숙, 박재현(2017). 화법 교육론, 역락.

이해진(2009), 표현적 글쓰기 교육 내용 연구, 한국교원대학교 대학원 석사학위논문.

이현진(2008), 문장 성분을 활용한 문장 쓰기 지도 자료 개발, 부산교육대학교 교육대학원 석사학위논문.

이혜진(2002), 초등학교 발음 지도 방안 연구, 대구교육대학교 교육대학원 석사학위 논문.

임천택(2011), 국어과 교수 학습 모형의 적용 사례에 대한 타당성 검토, 청람어문교육 44집, 청람어문교육학회.

임천택(2011), 국어과 학습 부진아 지도 방법–읽기와 쓰기를 중심으로-. 어문학교육 제42집, 한국어문교육학회.

장연주(2018), 교사를 위한 교육연극의 이론과 실천, (주)피와이메이트.

장윤경(2001), 초등학생의 말하기 불안에 관한 연구, 한국교원대 석사학위논문.

장은아(1999). 수업 중 교사학생의 대화 전략. 한양대학교석사학위논문.

전은주(2010), 말하기 불안 해소의 교수-학습 방법, 화법연구 16, 한국화법학회.

전제응(2004), 읽기동기의 본질과 읽기동기 모형」,〈청람어문교육〉, 29권, 청람어문교육학회.

전제응(2013), 쓰기에 대한 관점과 역사 학습에서의 쓰기 활동 분석, 역사교육연구 Vol 17, 한국역사교육학회.

전제응(2017), 범교과 쓰기의 구조와 초등학교 범교과 쓰기 활동 분석, 작문연구 제33집, 한국작문학회.

전제응(2019), 범교과 문식성 탐구와 2015 개정 초등 국어 교과서 학습 활동 분석, 청람어문교육 70호, 청람어문교육학회.

정상섭(2006), 공감적 의사소통의 본질 고찰, 새국어교육 72, 한국국어교육학회.

정성희(2006), 교육연극의 이해, 연극과 인간.

정혜영(2010), 배려적 화법에서의 대화 학습 방법 연구, 한국교원대 석사학위 논문.

조용길(2012), 토론에서 경청이 갖는 역할과 중요성 – 반론을 중심으로, 독어학 26, 한국독어학회.

주삼환, 이석열, 김홍운, 이금화(2009), 수업관찰분석과 수업연구, (주)한국학술정보.

천경록, 염창권, 임성규, 김재봉(2001), 초등국어과 교육론, 교육과학사.

최규홍 외(2024), 어휘 능력 진단 검사 개발 기초 연구 보고서, ㈜미래엔.

최규홍(2011), 초등학생의 맞춤법 지도 방법 연구, 청람어문교육 제43집, 청람어문교육학회.

최규홍(2015), 초등학생의 표준 발음 지도 방법 연구, 학습자중심교과교육연구 제15권 제6호, 학습자중심교과교육학회.

최선화(2011), 도로시 헤스콧의 전문가의 망토를 통한 통합수업 연구, 한국예술종합학교 연극원 석사학위논문.

최숙기(2017), 청소년 온라인 독자의 LESC 독해 처리 과정 모형에 기반한 읽기 교수 학습 프로그램 개발 연구, 학습자중심교과교육연구 17(8), 학습자중심교과교육학회.

최승식(2015), 설명문 쓰기의 담화종합 과정 연구, 고려대학교 대학원 박사학위논문.

최종윤(2019), 쓰기 양상 분석을 통한 쓰기 기초학력 도달 수준 설정 가능성 탐색 – 문장 쓰기를 중심으로, 한국초등국어교육 제67집, 한국초등국어교육학회.

최지영(2007), 교육연극에서의 연극 만들기, 교육연극학 2, 한국교육연극학회.

최진희(2000), 수업 담화 분석을 통한 교사와 학생의 발화 특성에 관한 연구. 서울대학교석사학위 논문

최현섭 외(2001), 국어교육학개론, 삼지원.

한국초등국어교육학회 편(2000), 말하기·듣기 수업 방안, 박이정.

한명숙(2007), 이야기문학교육론, 박이정.

한우진, 이상수(2018), 수업대화 분석범주 개발, 학습자중심교과교육연구 18권 7호, 학습자중심교과교육학회.

황정현(2011), 말하기 불안 해소를 위한 지도 방법 연구, 한국교원대학교 대학원 석사학위논문.

허영실(2007), 쓰기 능력 신장을 위한 문장성분 호응 지도 내용 연구, 이화여자대학교 교육대학원 석사학위논문.

Bandura, A. (1982). 「Self-efficacy mechanism in human agency」. 〈American psychologist〉, 37(2), 122.

Blakeslee, S. (2010). Evaluating information: Applying the CRAAP test. Meriam Library, California State University, Chico.

Boushey, G., & Behne, A.(2017), 〈The CAFE Book: Engaging all students in Daily literacy assessment and instruction(2rd)〉, Stenhouse pub.

Brun-Mercer, N. (2019). Online Reading Strategies for the Classroom. In English Teaching Forum (Vol. 57, No. 4, pp. 2-11). US Department of State. Bureau of Educational and Cultural Affairs, Office of English Language Programs, SA-5, 2200 C Street NW 4th Floor, Washington, DC 20037.

Cazden, C. B.(1988). Classroom Discourse, NH : Heinemann Portsmouth.

Crosswhite, J. (1996). The rhetoric of reason: Writing and the attractions of argument. Univ of Wisconsin Press.

DataReportal, & We Are Social, & Meltwater. (April 24, 2024). Leading countries based on YouTube audience size as of April 2024 (in millions) [Graph]. In Statista. Retrieved June 22, 2024, from https://www.statista.com/statistics/280685/number-of-monthly-unique-youtube-users/

Dijk, Teun Adrianus van.(1980). Macrostructures. New Jersey: L. Erlbaum Associates.

Duke, N. K., & Bennett-Armistead, V. S. (2003). Filling the great void why we should bring nonfiction into the early-grade classroom. American Educator.

Duke, N. K., & Pearson, P. D. (2002). Effective practices for developing reading comprehension. In A. E. Farstrup & S. J. Samuels (Eds.), What research has to say about reading instruction (pp. 205-242). Newark, DE: International Reading Association.

Eagleton, M. B., & Dobler, E. (2012). Reading the web: Strategies for Internet inquiry. Guilford Press.

Kamil, M. L., & Lane, D. (1998). Researching the relationship between technology and literacy: An agenda for the 21st century. Handbook of literacy and technology: Transformations in a post-typographic world, 323-341.

Kintsch, W.(1997). Comprehension. Colorado: Cambridge University Press.

Lipman, Matthew(1995). "Caring as Thinking" in Inquiry : Critical Thinking across the Disciplines, 15(1), 1-13.

Loos, Eugene & Ivan, Loredana & Leu, Don. (2018). "Save The Pacific Northwest Tree Octopus": a hoax revisited. Or: how vulnerable are school children to Fake News?.

10.1108/ILS-04-2018-0031.

McLaughlin, M., & Allen, M. B. (2002). Guided Comprehension: A Teaching Model for Grades 3-8. Newark, DE: International Reading Association.

Meany, J & Shuster, K., On that point！: an introduction to parliamentary debate, 존 미니, 케이트 셔스터 지음, 허경호 옮김(2008), 모든 학문과 정치의 시작 토론, 커뮤니케이션북스.

Nikolajeva, Maria., & Scott, Carole., How Picturebooks Work, 마리아 니콜라예바, 캐롤 스콧 (2001), 서정숙 외 공역(2011), 그림책의 보는 눈, 마루벌.

Noddings, Nel., (The) Challenge to care in schools : an alternative approach to education. 추병완 외 옮김(2002), 배려교육론, 다른우리.

Prensky, M. (2001). Digital natives, digital immigrants part 2: Do they really think differently?. On the horizon, 9(6), 1-6.

Pressley, M. (2000). Comprehension Instruction: Research-Based Best Practices. New York, NY: Guilford Press.

Rasinski, T. (2013). Supportive fluency instruction: the key to reading success. Reading & Writing, Center, Kent State University.

Rasinski, T., & Padak, N. (2004). Effective Reading Strategies: Teaching Children Who Find Reading Difficult (3rd ed.). Upper Saddle River, NJ: Pearson Education.

Reiser, R. A. & Dempsey,J. V.,(2002), Trends and issues in instructional design and technology, NJ: Pearson education.

Schön, D. A. (2017). The reflective practitioner: How professionals think inaction. Routledge.

Serravallo, J.(2023). The reading strategies book 2.0. New Hampshire: Heinemann.

Shulevitz, Uri., Writing with Pictures: How to Write and Illustrate Children's Books, 유리 슐레비츠 지음, 김난령 옮김(2017), 그림으로 글쓰기, 다산기획.

Toulmin, S. E., The uses of argument. 스티븐 툴민 지음, 임건태, 고현범(2006), 논변의 사용, 고려대학교 출판부.

Wilson, P. T., Anderson, R. C., & Fielding, L. G. (1986). Children's book-reading habits: A new criterion for literacy. Book Research Quarterly, 2, 72-84.

Wutz, J. A., & Wedwick, L. (2005). 「BOOKMATCH: Scaffolding Book Selection for Independent Reading」 〈The Reading Teacher〉, 59(1), 16-32. http://www.jstor.org/stable/2020431 5

국제도서관협회연맹(2017.3.) How To Spot Fake News. (https://repository.ifla.org/handle/123456789/167)